Rudolf Buchmann

# Die Flötenspielerin

Erzählungen und Gedichte

Foto: Philipp Eichert

Rudolf Buchmann, 1928 in Gurschdorf (Ost-Sudeten) als zweites von sieben Geschwistern geboren, wurde nach der Lehre im August 1944 zum Kriegsdienst einberufen. Als 17-Jähriger geriet er in russische Gefangenschaft. Ab 1949 arbeitete er zwanzig Jahre lang in einer Stahlbaufirma. Danach war er bis 1991 im Dienst der Stadt Horb am Neckar tätig, wo er heute mit seiner Frau im Ruhestand lebt.

2010 erschien seine autobiographische Erzählung *„Eine Fahrkarte einfach, bitte!"*

Rudolf Buchmann
Bildechinger Steige 44
72160 Horb am Neckar

Rudolf Buchmann

# Die Flötenspielerin

## Erzählungen und Gedichte

Bibliografische Information der Deutschen Nationalbibliothek: Die Deutsche Nationalbibliothek verzeichnet diese Publikation in der Deutschen Nationalbibliografie; detaillierte bibliografische Daten sind im Internet über http://dnb.ddb.de abrufbar.

ISBN 978-3-86870-762-5



Titelbild: Ausschnitt eines Gemäldes von Rudolf Buchmann
Autorenfoto: Philipp Eichert, SÜDWEST PRESSE/Neckar- Chronik
Layout und Cover: Fritz Peter Seitz



www.rediroma-verlag.de
11,95 Euro (D)

*

*Meiner lieben Frau Hannelore*
*und meiner Tochter Birgit Hipp mit Familie gewidmet!*

*

**Inhalt:**

## Ein Vorwort

„Schreiben Sie ein Buch!“, riet mir vor einigen Jahren ein unbekannter älterer Herr. Der Gedanke hatte mich seither immer wieder beschäftigt. Anlass zu dieser Bemerkung war eine landesweite Ausstellung für Freizeitkünstler. Nachdem sich etwa fünfzehn Personen bereit erklärt hatten, an der Veranstaltung mitzuwirken, wurden wir gebeten, eine kleine Biographie zu schreiben. Keinen Lebenslauf, nur Stationen und die Beweggründe, die dazu führten, sich neben dem Beruf diesem oder jenem Hobby zu widmen.

So versuchte ich zum ersten Mal, schriftlich über meine Schulzeit, Lehre, Kriegsdienst, Gefangenschaft und Flucht zu berichten. Ich befestigte meine kleine Biographie an der Wand neben meinen bereits aufgebauten Ausstellungsgegenständen. Während ich noch mit dem Aufhängen meiner Ölbilder beschäftigt war, bemerkte ich, wie einige Besucher lange vor meinen Exponaten standen und kopfschüttelnd weitergingen. Ich war überzeugt, etwas falsch gemacht zu haben und überprüfte alles noch einmal, konnte aber nichts feststellen, was sie zum Kopfschütteln veranlasst haben könnte. Nach einigen Ansprachen von Persönlichkeiten des öffentlichen Lebens wurde die Ausstellung eröffnet. Während ich mich mit einem Berufskollegen am Nachbarstand unterhielt, sah ich, wie ein alter Herr mit gebeugtem Rücken und weißem Haar meine Biographie zu lesen versuchte. Er wandte sich meinen ausgestellten Gegenständen zu, setzte seine Brille auf und begann von Neuem zu lesen.

Kopfschüttelnd, wie schon einige Gäste vor ihm, verließ er meinen Stand und ging geradewegs in das Veranstaltungsbüro. Kurz darauf kam er in Begleitung des Ausstellungsleiters auf mich zu und er wurde mir vorgestellt. Dabei erfuhr ich, dass er Professor der Philosophie am Weizmann-Institut in Israel sei und Deutschland einen Besuch abstatte.

„Sie sind das also!“, waren seine kurzen Worte und er reichte mir die Hand. „Ich habe in Ihrer Biographie gelesen, dass Sie ein bewegtes Leben hinter sich haben. Da würde es sich doch lohnen, ein Buch darüber zu schreiben“, sagte er mit freundlicher Stimme.

„Ich habe es nicht so mit dem Schreiben“, antwortete ich und erinnerte mich im gleichen Augenblick an die ‚Weinuntersuchung‘ vor vierzehn Tagen und konnte mir ein Lächeln nicht verkneifen.

„Lächeln Sie nicht, sondern schreiben Sie, ich meine es ernst!“, nickte er mir aufmunternd zu. Der alte Herr reichte mir die Hand und verabschiedete sich.

Es war an einem späten Nachmittag gewesen, als mein Freund Manfred mit einer Weinflasche unter den Arm das Labor betrat. Fast entschuldigend meinte er, dass es nun an der Zeit wäre, mit mir eine Flasche Wein zu leeren, sozusagen als kleines Dankeschön dafür, dass ich ihm vor einiger Zeit einen rustikalen Holzrahmen für ein handgesticktes Bild angefertigt hatte.

Der Wein stand nun vor uns auf dem Tisch und wartete darauf, getrunken zu werden. Weingläser hatte ich keine. Also nahm ich mit seinem Einverständnis zwei zuvor gespülte Messgläser aus dem Laborschrank und Manfred schenkte ein.

Als wir die letzten guten Tropfen des Weines genossen hatten, stellte ich noch eine kleine Flasche Bocksbeutel, die mir ein Vertreter als Werbegeschenk überlassen hatte, auf den Tisch. Inzwischen war es fünf Uhr und eine halbe Stunde nach Feierabend. Unsere Unterhaltung über Familie, Politik, Umwelt und Glaubensfragen waren ergiebige Themen und alte Erinnerungen wurden in uns wach. Wir tranken den Rest aus unseren Gläsern und plauderten mit schon etwas schwerer Zunge über den heutigen Abend und den guten Wein. Manfred sah mich nachdenklich an und meinte: „Du hast so viel erlebt, das gäbe ein interessantes Buch!“, sinnierte er vor sich hin.

„Zum Bücherschreiben muss man geboren sein, das konnten nur unsere Dichterfürsten Schiller und Goethe“, entgegnete ich schmunzelnd in Erinnerung an einige ihrer Trinksprüche und Zitate. Wir reichten uns die Hände und wünschten einen guten Nachhauseweg.

Nur wenige Wochen nach der ‚Weinuntersuchung‘ hörte ich von einer kleinen Schreibgruppe, deren Mitglieder schon einige Bücher veröffentlicht hatten und Lesungen veranstalteten. Interessiert schloss ich mich ihnen an und erhielt wertvolle Anregungen, die mich ermutigten, zunächst kleine Geschichten zu schreiben. Schließlich wagte ich den Einstieg in etwas Größeres und nach dreijähriger Arbeit erfolgte die Herausgabe meines ersten Buches mit dem Titel **„Eine Fahrkarte einfach, bitte!“**

Das hier vorliegende Buch enthält Erzählungen und Gedichte, die im Verlauf der zurückliegenden Jahre entstanden, wobei alle Namen der handelnden Personen entweder fiktiv sind oder – bei den Texten, die wahre Erlebnisse wiedergeben – geändert wurden. Ähnlichkeiten oder Übereinstimmungen mit lebenden Personen sind daher rein zufällig.

Ein besonderer Dank gilt meinem Mentor Fritz Peter Seitz für die Gestaltung dieses Buches!

## Elenas Bank

Vater Richard Weimer und seine Frau Helga hatten vor einigen Jahren ein schmuckes Einfamilienhaus mit einem großen Garten erworben. Ein Feldweg trennte das Anwesen von den angrenzenden Wiesen und Feldern.

Elena, ihre dreizehnjährige Tochter, durfte sich im ersten Stock ein Zimmer mit Aussicht auf eine mächtige Linde am Ende des Grundstücks einrichten. Wenn es das Wetter zuließ und sie etwas für die Schule auswendig zu lernen hatte, nahm sie meistens eine Decke und suchte ein Rasenplätzchen im Schatten des Baumes auf.

Es war Anfang September an ihrem vierzehnten Geburtstag. Die Sonne schien warm vom wolkenlosen Himmel. Elena hatte ihr Bett verlassen und reckte sich vor dem geöffneten Fenster. Dabei entdeckte sie auf ihrem Lieblingsplatz eine Bank.

Mit einem Jubelschrei lief sie hinaus. „Danke Papa!“, rief sie völlig außer Atem, als sie ihren Namen eingekerbt auf der Rückenlehne entdeckte. Schon im vergangenen Jahr hatte sie ihrem Vater damit in den Ohren gelegen, dass sie sich dort eine Bank wünschte. Klammheimlich hatte er noch gestern Abend das Geburtstagsgeschenk für seine Tochter dort aufgestellt. Es war nur eine kleine Bank, mit Armlehnen, für zwei Personen höchstens. Es war ihre Bank und niemand sonst hatte das Recht, darauf zu sitzen, schwebte ihr vor.

Eine Woche später, an einem Sonntagmorgen: Elena hatte mit ihrer Freundin Stefanie beschlossen, eine ausgedehnte Radtour zu machen. Nachdem sie sich von ihren Eltern verabschiedet hatte, sagte ihr Vater mit bewegter Stimme zu seiner Frau: „Unsere Tochter wird so langsam flügge.“

„Ja, das ist der Lauf der Dinge“, pflichtete ihm seine Frau mit einem tiefen Seufzer bei, und sie sahen ihr noch lange nach.

Elena nahm den kürzesten Weg. Es war eigentlich nur ein Trampelpfad für Fußgänger, der an ihrem Plätzchen vorbei in den Nachbarort Hufendorf führte, in dem Stefanie mit ihren Eltern wohnte. Wie besprochen trafen sie sich am Dorfbrunnen und radelten sofort los.

Ab und zu legten die beiden eine kurze Rast ein, um sich an den mitgeführten Getränken zu erfrischen. Als der ferne Glockenschlag einer Kirche die Mittagszeit ankündigte, breiteten die Freundinnen eine Decke aus und ließen sich für ein ausgedehntes Picknick darauf nieder. Danach machten sie sich frisch gestärkt auf den Rückweg.

Inzwischen hatte sich die Sonne hinter dunklen Regenwolken versteckt und ein frischer Wind blies ihnen entgegen. Kurz bevor die ersten Regentropfen fielen, waren sie bei Stefanies Elternhaus angekommen.

„Komm mit ins Haus und warte ab, vielleicht dauert der Regen nicht lange!“, riet Stefanie ihrer Freundin.

„Nein ich fahre gleich weiter, die kurze Strecke nach Hause schaff ich noch, bevor es richtig zu regnen anfängt“, lehnte Elena ab und trat kräftig in die Pedale. Als sie jedoch in den schmalen Pfad einbog, prasselten die ersten großen Regentropfen auf sie nieder. Sie kam auf dem glitschig gewordenen Boden ins Straucheln und stieg ab. Jetzt trennten sie nur noch wenige Meter von dem schützenden Blätterdach der Linde. Sie lehnte ihr Fahrrad an den Stamm des Baumes, wischte sich einige Regetropfen aus dem Genick und ging auf die andere Seite. Da saß ein Mann auf der Bank ... auf ihrer Bank! Elena blieb überrascht stehen und musterte einen Augenblick lang den Fremdling. Er hielt ein Buch in der Hand. Vielleicht war er ein Student, kam es ihr in den Sinn. Am liebsten hätte sie ihn zur Rede gestellt und gefragt, wer ihm erlaubt habe, sich hier niederzulassen. Doch dann überlegte sie: Woher sollte er wissen, dass sie es nicht dulden würde, dass sich jemand auf ihre Bank setzte. Denn nirgendwo war ein Verbotsschild aufgestellt. Elena schluckte einige Mal in ihrer Hilflosigkeit und machte ein paar Schritte auf ihn zu.

Der vermeintliche Student erhob sich, grüßte freundlich und nahm wieder Platz. Eigentlich hatte sie nicht die Absicht gehabt, sich in ihrer durchnässten Kleidung hinzusetzen, denn der Regen rauschte immer noch in den Blättern. Verärgert zwängte sie sich trotzig zwischen ihn und die Armlehne. Der Fremde rückte mit einer Entschuldigung auf den Lippen etwas zur Seite. „Ich habe es gerade noch vor dem Regen bis hierher geschafft“, begann er das Gespräch. Dabei beobachtete er, wie sich Elena mit dem Handrücken über ihre nasse Stirn wischte.

„Darf ich Ihnen mein Taschentuch anbieten?“, fragte er.

Elena, immer noch leicht verärgert, willigte mit spitzer Zunge ein: „Ja, gut – aber nur, wenn es sauber ist!“

Über das Gesicht des jungen Mannes huschte ein amüsiertes Lächeln. „Wenn es nicht sauber wäre, hätte ich es Ihnen auch nicht angeboten“, verteidigte er sich und reichte ihr sein Taschentuch.

„Danke“, flüsterte sie kaum hörbar, von seiner Hilfsbereitschaft entwaffnet und tupfte sich ein paar Tropfen von der Stirn. Obwohl sie wusste, dass sie ihm heimlich zu Unrecht Vorwürfe gemacht hatte, empfand sie doch eine gewisse Genugtuung darüber, dass sie von ihm nicht wie ein Kind behandelt wurde.

Inzwischen war das Unwetter weitergezogen und die Sonne kämpfte sich durch die Wolken. Elena erhob sich fröstelnd. „Jetzt muss ich aber schnell nach Hause und mir etwas Trockenes anziehen."

Der junge Mann zog seine Jacke aus, legte sie um Elenas nasse Schultern und nahm ihr Fahrrad. „Ist Ihr Weg bis zu ihren Elternhaus noch weit?", erkundigte er sich.

„Nein, das Haus dort im Garten ist es schon", sagte sie, mit dem Kopf in die Richtung deutend. Schweigend gingen sie nebeneinander, jeder mit seinen eigenen Gedanken beschäftigt, den kurzen Weg bis vor die Haustür.

„Sehen wir uns wieder?", fragte er.

Elena sah überrascht zu dem jungen Mann auf: „Vielleicht, so Gott will", antwortete sie mit einem verlegenen Lächeln.

*

Seit jenem Tag waren viele Jahre ins Land gegangen. Vater Weimer war aus dem Krieg nicht mehr zurückgekehrt und seine Frau Helga lag nun schon lange in geweihter Erde. Das Haus aber war in all den Jahren nicht einsam geblieben. Es war voller Leben mit Kindern und Kindeskindern erfüllt gewesen. Da war es kein Zufall: Wie schon so oft an sonnigen Abenden näherte sich das greise Ehepaar der kleinen alten Bank und nahm darauf Platz. Die Frau litt schon seit einigen Tagen an einem hartnäckigen Schnupfen und musste mehrmals heftig niesen. Der alte Herr beugte sich zu ihr hinüber: „Hier nimm mein Taschentuch!", sagte er fürsorglich.

Sie nahm es mit einem Lächeln entgegen. Doch heute fragte sie nicht, wie schon einmal, ob es auch sauber sei …

## Ole Olsens festes Boot

Dunkle Wolken waren am Horizont aufgezogen. Die frische Brise hatte sich innerhalb weniger Minuten zu einem Orkan entwickelt. Die drei sturmerprobten Männer an Bord kämpften verbissen mit ihrem Boot gegen die wild aufschäumende Nordsee an.

„Holt das Segel ein!“, rief der Bootsführer Jan Hendrik seiner Besatzung zu. Er selbst hatte sich das Tauende um seinen muskulösen Oberkörper gelegt, um die Beute bei der rauen See dicht am Boot zu halten. Nachdem die Männer das Segel am Mast festgezurrt hatten, halfen sie ihm, das mit Fischen prall gefüllte Netz über die Bordwand in das Boot zu hieven. Ohne ihre Beute aus den engen Maschen zu befreien, verstauten sie die wertvolle Fracht in der Ladeluke. Schwer atmend nach dieser anstrengenden Bergung ließen sich die Männer auf den nassen Ruderbänken nieder und legten sich die Sicherheitsleinen um ihre Hüften.

Bei diesem hohen Wellengang bestand immer die Gefahr, über Bord zu gehen. Nach ein paar tiefen Atemzügen der Erholung wälzte sich ein schwerer Brecher über das schmale Deck und überspülte die beiden Gefährten auf den Bänken. Während das Boot auf den Wellenbergen taumelte, hielt Jan Hendrik mit einem Arm den Mast fest umklammert.

„Haha, Klabautermann!“, höhnte er und drohte mit erhobenem Arm und geballter Faust dem wild aufschäumenden Meer. „Mein Boot ist fest und die Fische sind noch im Netz, die holst du mir nicht mehr aus der Luke!“ Zweimal war er schon mit seiner Crew von einem derartigen Unwetter überrascht worden, hatte dabei einen Mann verloren und die gesamte Beute wieder dem Meer überlassen müssen.

Damals, während er noch als Lehrling in einem fischverarbeitenden Betrieb am Filetierband stand, träumte er schon von einem eigenen Boot. Für eine kleine Jolle, so hatte er in Erfahrung gebracht, müsste er fünftausend Mark hinblättern. Bei seinem Lohn hätte er höchstens einen Hunderter im Monat auf die Seite bringen können. Voller Ungeduld rechnete er immer wieder nach. In vier Jahren, wenn nichts dazwischen käme, könnte sein Traum wahr werden. Dann wäre er dreiundzwanzig, das dauerte ihm viel zu lange.

Er wechselte den Arbeitsplatz und trat eine besser bezahlte Stelle als Werftarbeiter an. Übermannt von der Sehnsucht nach einem eigenen Boot lungerte er in seiner Freizeit im Hafen herum und sah dem Treiben auf dem Markt zu. Dabei lernte er Gesche, seine junge Frau, kennen. Sie heirateten und ein Jahr danach schenkte sie ihm einen strammen Jungen. Der Anfang war nicht leicht für die kleine Familie, denn das Geld war knapp.

Um sich seinen Traum von einem eigenen Boot zu erfüllen, übernahm Jan häufig Sonderschichten auf den Werftanlagen. Durch dieses Zusatzeinkommen konnte er sogar noch etwas mehr auf die hohe Kante legen.

Jeden Mittwoch, wenn Jan Hendrik von der Schicht kam, nahm er den Nachhauseweg über den Fischmarkt, um für seine kleine Familie noch etwas einzukaufen. Dabei beobachtete er zwischen den großen Trailern, die ihre Fischladungen löschten, einen alten Seebären, dessen Gesicht von einem weißen Bart eingerahmt war. Es kostete den Alten sichtlich viel Mühe, die bis zur Hälfte mit Fischen gefüllten Behälter die glitschigen Steintreppen an der Kaimauer hochzutragen. Jans Instinkt trieb ihn dazu, sich dem schwer atmenden Fischer zu nähern, der gerade seine Last auf einem überdachten Karren absetzte.

„Kann ich ihnen behilflich sein?“, fragte er den völlig erschöpften Seemann.

„Es geht schon, ich muss mich nur immer wieder ein bisschen ausruhen, wenn ich oben bin.“

„Ich habe Zeit und könnte ihnen die paar Bottiche herauftragen, wenn sie damit einverstanden sind.“

„Wenn Sie das absolut wollen, habe ich nichts dagegen“, nickte er zustimmend und Jan Hendrik folgte ihm nach unten.

Während der alte Mann das Halteseil um einen Poller legte, trug Jan den Rest der Beute nach oben. Gemeinsam schoben sie den Karren, der zugleich auch als Verkaufsstand diente, zu dem etwa zweihundert Meter entfernten Fischmarkt.

„Da bist du ja endlich, Ole. Die Weiber dort warten auf dich, wo steckst du so lange?“, empfing ihn der Marktleiter.

„Ich bin halt nicht mehr der Jüngste“, verteidigte er sich und nur wenige Augenblicke später war sein rollender Verkaufsstand von etwa einem Dutzend Frauen umringt.

Nachdem seine Kundschaft zufrieden den Heimweg angetreten hatte, wählte Jan aus, was ihm seine Frau Gesche aufgetragen hatte. Doch als es ans Zahlen ging, wehrte der alte Fischer energisch ab und die beiden kamen ins Gespräch.

„Es war eigentlich eine Dummheit von mir, in meinem Alter noch ein neues Boot mit dem sündhaft teuren Mast aus Kohlefaser anzuschaffen. Der Kauf hat mich fast um die Hälfte meiner Ersparnisse gebracht. Ich wäre ohne den Kahn mit meiner Rente gut über die Runden gekommen. Aber das Meer … es hat mir keine Ruhe gelassen, ich musste hinaus. Du kannst mich ja einmal bei einem Fang begleiten, wenn du Lust dazu verspürst", lud ihn Olsen ein.

Jan war von der Einladung begeistert und willigte sofort ein.

„In letzter Zeit bin ich nicht mehr so weit hinausgefahren", bedauerte der alte Seebär. „Aber mit einem so jungen kräftigen Mann an meiner Seite dürfte das kein Problem sein. Mit noch zwei Männern an Bord wäre das ein guter Nebenverdienst. Mit mir ist dabei allerdings nicht mehr zu rechnen."

*

Einige Tage später stiegen die beiden Männer am frühen Morgen die Treppen an der Kaimauer hinunter und Ole startete den Außenbordmotor. „Wenn wir aus dem Hafen sind, setzen wir die Segel, dadurch wird der Fang ergiebiger als bei dem Lärm eines Motors und wir sparen dabei auch noch eine Menge Treibstoff", erläuterte er Jan.

Im Dunst des Frühnebels zogen sie die Segel auf und senkten das feinmaschige, mit Blei beschwerte Netz in die dunkle Tiefe der Nordsee. Nachdem sie etwa eine Stunde herumgeschippert waren, bargen sie das Netz und holten das Segel wieder ein. Ole wendete das Boot und steuerte mit zwei randvoll gefüllten Behältern an Bord den Hafen an. Der alte Seebär legte wieder an der gleichen markierten Stelle der Kaimauer an.

„Es war schön mit dir da draußen", träumte Jan halblaut vor sich hin, und die beiden stapften, jeder mit einem Bottich voll Fische, die Steintreppen hoch. Als beide die Behälter abgesetzt hatten, lehnte sich Ole schwer atmend an den bereitgestellten Karren.

„So ein Boot zu besitzen wäre mein Traum", seufzte Jan und warf noch einmal einen Blick auf das Meer hinaus. Nachdem sich Ole etwas erholt hatte, sah er Jan mit wässrig trüben Augen an. „Dein Traum könnte wahr werden. Wenn du mir jeden Monat von deinem Lohn so viel abstotterst, dass ich zusammen mit meinem Ersparten davon leben kann, dann soll der Kahn dir gehören."

Völlig überrascht über dieses großzügige Angebot streckte Jan dem alten Fischer seine rechte Pranke entgegen. „Das muss ich gleich mit Gesche, meiner Frau, bereden. Sie wird sicherlich genauso begeistert sein wie ich. Wo finde ich dich morgen, um dir Bescheid zu sagen, wie wir uns entschieden haben?"

„Seit dem Tode meiner Frau vor neun Jahren lebe ich in einem Wohnheim, einer auf Spenden angewiesenen Einrichtung für alte und alleinstehende Seeleute. Wenn das Wetter nicht zu rau ist, kannst du mich auch jeden Tag um diese Zeit hier antreffen", antwortete Ole, während Jan den Karren über das grobe Kopfsteinpflaster zu einem niedrigen Gebäude mit der Aufschrift „Wareneingang“ schob.

Der Marktleiter sortierte den Fang nach Größe und Gewicht. „Die Abrechnung erfolgt wie gehabt am Monatsende“, rief er über den Sortiertisch den beiden Fischern nach, die sich bereits angeschickt hatten, den Heimweg anzutreten.

„Also bis Morgen“, verabschiedete sich Jan und sah dem gebeugten alten Mann noch lange versonnen nach.

*

Am nächsten Tag, nach der Frühschicht, nahm Jan wie vereinbart den Weg über den Fischmarkt. Schon von weitem sah er Olsen, der an der Kaimauer stand und die Angelschnur in weitem Bogen über die leichten Wellen warf.

„Petri heil, da bin ich wieder!“, begrüßte er den einsamen Angler. „Meine Gesche und ich haben uns entschieden. Wir nehmen dein Angebot an, wenn du es dir in der Zwischenzeit nicht anders überlegt hast.“

Der alte Ole hatte keine Zeit zu antworten, denn ein mächtiger Karpfen kämpfte an der Schnur um sein Leben. Jan eilte mit dem Käscher die Stufen hinunter und befreite den Fisch vom Haken.

„Den nehme ich mit, für den Koch in unserer Heimküche“, entschied Olsen. „Ich hatte vorhin kein Ohr für dich, weil ich die Angelrute unter Spannung halten musste. Mein gestriger Entschluss war wohl das beste, was ich in meiner Situation tun konnte“, sagte er mit bewegter Stimme und die beiden Männer reichten sich die Hände. „Damit du keine Schwierigkeiten bei den Kontrollen bekommst, lassen wir das Boot am besten gleich beim Hafenamt auf deinen Namen eintragen. Die Jahresgebühr von hundertfünfzig Mark für den Liegeplatz habe ich bereits bezahlt. Der Absatz ist gesichert, das hast du ja selbst miterlebt. Die Hausfrauen wollen nur ganz frische Ware, und die bekamen sie seither nur von mir.“

*

In den folgenden Tagen und Wochen trafen sich die beiden wie vereinbart an den Marktagen auf dem Fischmarkt im Hafen. Manchmal, wenn es Oles Gesundheit zuließ, fuhr er mit hinaus auf das Meer.

Etwa ein halbes Jahr nach seinem achtzigsten Geburtstag wurde der alte Olsen ernsthaft krank. Um ihn vor einer Abschiebung in ein Pflegeheim zu bewahren, richtete ihm die Familie Hendrik ein Zimmer in ihrer Wohnung ein. Drei Jahre lebte er noch wohl versorgt von Jan und seiner Frau Gesche, bis man ihn eines Tages zu seiner letzten Ruhe begleitete. Jan Hendrik aber bezahlte auch nach Olsens Tod noch acht Jahre lang die Restschuld für das Boot an das Altenheim für Seeleute, in dem Ole Olsen zehn Jahre seines Lebens zu Hause war. Das, so empfand er, war er dem alten Seebären schuldig.

Während Jan seinen Liegeplatz im Hafen ansteuerte, brachte ihn eine starke Windböe wieder in die Wirklichkeit zurück. Er legte das Halteseil um den Poller und warf noch einen Blick hinaus auf das Meer. „War wieder mal unruhig da draußen", sagte er zu seinen beiden Gefährten, und in seinen Worten klang so etwas wie ein „Danke" an Wind und Wellen für die glückliche Heimkehr.

*Bleistiftzeichnung Rudolf Buchmann*

## Liebe geht doch manchmal durch den Magen

Josef Krautmacher, ein Altlediger so um die Vierzig herum, genoss sein ungetrübtes Junggesellendasein auf dem landwirtschaftlichen Anwesen, das ihm seine Eltern vor fünfzehn Jahren aus Altersgründen überlassen hatten. Das ererbte Barvermögen und die Einkünfte aus den Verpachtungen landwirtschaftlicher Flächen ermöglichten es ihm, ein sorgenfreies Leben zu führen. Nebenher bewirtschaftete er einen kleinen Weinberg, dessen jährliche Ausbeute von einem Fuder Wein ausreichte, um seinen Eigenbedarf zu decken. Obwohl er sich manchmal sehr einsam fühlte, hatte er sich nicht entschließen können, eine Frau zu nehmen. Dabei herrschte schon seit Jahrzehnten in dem kleinen oberschwäbischen Dorf ein Frauenüberschuss. Aber es fand sich keine unter ihnen, die Josef Krautmachers Vorstellung von einer Ehefrau hätte gerecht werden können.

Es war am Sonntag nach dem Fest der Heiligen-Drei-Könige. Josef war an diesem Morgen etwas später aufgestanden als sonst. Er musste sich beeilen, denn das Geläut der Kirchenglocken lud bereits die Gläubigen zum Gottesdienst ein.

„Warum kommscht heit so spot?“, flüsterte ihm seine Mutter Barbara Krautmacher in vorwurfsvollem Ton zu, als er sich neben ihr auf dem angestammten Familienplatz der Kirchenbank niederließ.

„I han halt heit a’ bissle verschlofa ond zom Frühsticka ben i’ au net komma“, klagte er flüsternd vor sich hin, während er das Kreuzeszeichen auf Stirn und Brust machte.

An diesem Morgen dauerte die Heilige Messe etwas länger, denn fast alle Kirchgänger strebten der Kommunionbank zu.

Obwohl es über Nacht einen Haufen Schnee hingeworfen hatte, hielten sich nach dem Gottesdienst doch noch einige Gruppen auf dem Platz vor der Kirche auf, um Neuigkeiten auszutauschen.

Die meisten Männer, in ihrem Gefolge auch Josef, machten sich auf den Weg, um in dem nahe gelegenen *Gasthaus zum goldenen Engel* ihren Frühschoppen einzunehmen.

*

Josefs hochbetagte verwitwete Mutter, die sich ein kleines Häuschen am anderen Ende des Dorfes als Altersruhesitz ausgewählt hatte, bedauerte im Gespräch mit ihrer Nachbarin Anna Strohbein, dass ihr Sohn keine Anstalten mache, sich eine Frau zu nehmen. „Wo doch älles do isch!“, begann sie händeringend zu klagen. „Haus ond Hof ond en Batza Geld uff d'r Sparkass", ereiferte sie sich.

„Des hot'r jo au net needich. Gohscht jo äll Tag zua eahm, kochscht und richtescht em sei Sach, besser ka's doch deim Josef net ganga", redete ihr die Nachbarin ins Gewissen.

„Eigentlich hoscht reacht", pflichtete ihr Josefs Mutter bei. „Aber i' ka ehn doch net eifach so hänga lau, grad etz em Wenter, wo mer öfter mol a war'ms Essa uff em Tisch braucht", verteidigte sie ihre Ansicht.

„Ja guat, des sieh'n i ei, ab'r i tät'n halt amol a Weile hocka lau, vielleicht kommt'r dann zur B'sennung. Eifach amol streika, Barbara, eifach streika, des hilft, wirscht seha!"

„Na, i woiß net, ob des des Richtige isch", bezweifelte Josefs Mutter ihren Rat. „Ab'r etz muaß i ganga, domit'r ebbes g'scheit's zom Mittagessa kriegt", verabschiedete sie sich und stapfte durch den hohen Schnee hinunter ins Unterdorf.

Josef Krautmacher, angesäuselt von den zwei Maß Bier, die er sich beim Frühschoppen hinter die Binde gegossen hatte, machte sich bemerkbar. „Des isch schee vo dir Muatt'r", sagte er vor sich hin und verfolgte auf unsicheren Füßen das weiße Rauchwölkchen, das aus dem Kamin seines Hauses in den blauen Himmel aufstieg. „Etz muaß i' mi' ab'r z'ammareißa, damit se net glei merkt, dass i' a' bissle z'viel intus hau", nahm er sich vor, als er die Haustür öffnete. „So Muatt'r, bischt derbei?", fragte er aufgekratzt.

„Jo, kommscht grad recht, s' Essa isch fertig", bemerke sie und drehte sich zu ihm um. „Aber dei Schuah hätscht draußa vom Schnee a' bissle a'klopfa kenna!", monierte sie mit verständnislosem Kopfschütteln.

„A jo, des hätt i kenna", gab er kleinlaut zu und verließ die Küche. „Was gibt's heit zom Essa?", fragte Josef, nachdem er in seine Hausschuhe geschlüpft war.

„Krautnudla", antwortete sie und nahm die gusseiserne Pfanne vom Herd.

„Ab'r dia send ja no ganz blass, dia hätscht au no a Weile em Ofa lau kenna", maulte er und sah missmutig zu seiner Mutter hin.

„No stellscht dir's halt no a' bissle uf d'r Herd!" erwiderte sie mit gereizter Stimme. „Dass de au emmer älles halb'r a'brennt haba muascht, des verstand i net."

„So schmecket se m'r ab'r am beschta", hielt er dagegen, setzte die Pfanne auf den Herd und ließ die Krautnudeln noch eine Weile vor sich hinschmoren. „Heit hoscht's ober guat g'moint. Hol d'r oin Tell'r, no kascht au no a' bissle mitessa!", schlug er vor und scharrte mit dem Löffel die dunkle Kruste vom Pfannenboden.

„Noi, dia semmer z'reesch, des isch nex für meine Zähn'. Was de jetz net ischt, kannscht jo heit Obend no essa. Muscht der's halt no a bissle warm macha, des wirscht doch wohl no kenna!", wies sie ihn in barschem Ton zurecht. „Es wär au' endlich an der Zeit, dass du di' noch e'ma Weib omgucka dätscht. I' ka net emmer romkomma, d' Wäsch wäscha, kocha ond butza. Mei Füaß traget mi' fascht nemme, ond s' Kreizweih wurd au emmer schlemmer!", beklagte sich seine siebzig Jahre alte Mutter.

„Wa du emmer hoscht, jedes Mol liegscht du mir mit em'a Weib en de Ohra", brummelte er und wandte sich wieder der Pfanne zu.

„Hätt'scht domols net soviel g'soffa, no hätt'scht an d'r Zieglers Ruth a guats Weib g'hätt!", warf sie ihm vor.

*

Inzwischen waren fast zwei Monate ins Land gegangen. Obwohl die Sonne tagsüber den Schnee zum Schmelzen gebracht hatte, gefror das Schmelzwasser über Nacht und verwandelte die Dorfstraße in eine Schlitterbahn. Wer nicht unbedingt hinausmusste, blieb in seinen vier Wänden. Anna Strohbein, die auf der anderen Straßenseite wohnte, war gerade dabei, etwas Asche vor ihre Haustür zu streuen, als Josefs Mutter ins Freie trat und Anstalten machte, ins Unterdorf zu gehen.

„Barbara, wo willscht denn na bei dera Glätte? Wart doch lieber, bis d' Stroßa g'streit send!"

„Oh je, des ka Mittag werda, ond ob heit no g'streit wird, woiß mer net. I'han gerscht em Josef sei Wäsch ei'gweicht, dia muaß i heit no rauswäscha!", rief sie und machte sich auf den Weg. Doch nur wenige Meter vor dem Pfarrhaus rutschte sie aus und schlug hart auf dem vereisten Boden auf.

Von ihrem Schmerzensschrei aufgeschreckt, traten der Pfarrer und Emma Beinert, die Kirchenpflegerin, vor die Tür.

„Um Gottes willen, Barbara!", riefen sie fast gleichzeitig aus. „Emma, geh ins Büro und ruf den Doktor an, sie sollen einen Krankenwagen schicken!", sagte der Pfarrer, der die Situation sofort erkannt hatte.

„Die werded glei komma", murmelte Emma, während sie Barbara auf eine Wolldecke bettete. Emma Beinert war eine entfernte Verwandte von Barbara. Ihr Mann war vor sieben Jahren durch einen Betriebsunfall ums Leben gekommen.

„Wir müssen ihren Sohn informieren!“, sagte der Pfarrer. „Geh und sag ihm Bescheid.“

Josef wohnte nur zwei Häuser weiter vom Pfarrhaus entfernt. Als die beiden am Unfallort ankamen, hatten die Sanitäter die Verunglückte bereits auf die Tragbahre im Krankenwagen gelegt.

„Es kann noch eine weitere Person den Transport begleiten“, empfahl der Fahrer.

„Fahr nur mit!“, sagte der Pfarrer an Emma gewandt, die ängstlich händeringend das Geschehen verfolgt hatte.

Emma und Josef bestiegen das Fahrzeug und nahmen neben dem Notbett Platz.

„Oh je, i wollt doch heit no dia Wäsch’ wascha“, jammerte Josefs Mutter.

„Des isch jetzt Näbasach’, etz goht’s erscht amol ens Krankahaus ond om dia Wäsch werd i’ mi’ scho kümmra, do brauchscht’ d’r koine Sorga zom macha“, redete Emma auf sie ein.

„Des is ab’r schee vo dir“, sagte sie und streichelte Emmas Hand. „Es wär m’r au reacht, wenn du a’ bissle noch’em Josef gucka dätscht“, bat sie mit vor Rührung versagender Stimme.

„Des mach i’, Barbara, des versprech i’ dir.“

„Oberschenkelhalsbruch“, diagnostizierte der Chefarzt. „In dem Alter sind mindestens drei Wochen Krankenhausaufenthalt erforderlich“, klärte er Josef und Emma in kurzen Worten auf.

„Drei Wocha allei romwirtschafta, ond s’ Essa kocha, des hot m’r grad’ no g’fehlt“, jammerte Josef, als sie den Krankenwagen verließen, der sie wieder zurückgebracht hatte.

„Etz mach d’r no koine Sorga, i’ werd scho’ ab ond zu noch dir gucka, des han i’ dein’r Mutt’r versprocha“, tröstete sie ihn und ging ins Pfarrhaus.

*

Seit jenem Unfall vor einer Woche hatte Josefs Wohnung eine tiefgreifende Wandlung erfahren. Als erstes hatte Emma die Bettwäsche in Josefs Kammer gewechselt, die Gardinen gewaschen und wieder aufgehängt.

„Schee g’mietlich hoscht des g’macht“, bemerkte Josef eines Tages beim gemeinsamen Mittagessen. „Dei neimodisches Essa schmeckt scho au guat, ab’r könnscht du mer au amol ebbes and’res kocha?“, fragte Josef, der sich gesättigt auf der Eckbank zurückgelehnt hatte.

„Des ka’ i’ scho’, was hätscht denn gern?“

„Ach, eifach a'mol a' Kachel vool a'brotne Krautnudla, do wär i'dir scho' dankbar."

Am nächsten Tag: Emma hatte Nudeln und Sauerkraut gekocht und alles zusammen mit einer Portion Schweineschmalz auf den heißen Herd gestellt. Während sie am Umrühren war, klopfte es an der Haustür.

„Emma, i' be arg mit d'r Zeit en d'r Klemme, dätscht du morga fir mi' des Kichablättle austraga?", bat die Schwester des Pfarrers, die ihm auch den Haushalt führte.

„Des ka i eirichta", willigte Emma ein.

„Sag e' mol, hosch du ebbes off'em Herd schtanda?", fragte die Haushälterin und hob schnuppernd die Nase in den Wind.

„Om Gottes willa, jo, mei Mittagessa!", brach es aus ihr heraus. Sie verabschiedete sich und eilte zurück in die Küche.

Kurz darauf betrat Josef, der gerade vom Rebenschneiden aus seinem Weinberg zurückgekehrt war, das Haus. „Heit müsst's ebbes guats gäba, des riach i'", brummelte er vor sich hin und sog genüsslich den Duft von Gebratenem ein. „Hmm … a'brot'ne Krautnudla", stellte er mit einem Blick in die Pfanne fest. „Guck a'mol, was i' mit'brocht han!", machte er Emma auf sich aufmerksam und reichte ihr ein paar dünne Zweige, die er seither hinter seinem Rücken verborgen hatte.

„Oh, Forsythiazweigle!", jubelte sie. „Des isch ab'r lieb vo dir, Josef", brachte sie mit vor Freude feuchten Augen heraus. „Dia stell i' glei ens Wasser, no hemmer en a' paar Täg der Friehling in d'r Stub'."

„Des freit mi ganz arg, wenn's die au freit", stotterte er verlegen und nahm umständlich auf der Bank hinter dem Tisch Platz. „No kenna mer jo jetz Mittagessa", meinte er und sah Emma erwartungsvoll an.

„Des tuat m'r ab'r arg leid, do muscht noa' bissle warta, i' mach d'r no schnell ebbes andre's, dia Nudla send m'r z'schwartz worra, weil mi' die Schwester vom Pfarrer uff'g'halta hot", entschuldigte sich Emma.

„Des braucht dir net leid doa, grad soo schmecket se mer am beschta."

„Isch des wohr? Ond i' han scho' Angscht g'hett ‚du tätescht mi' verschempfa, weil se halb'r a'brennt send."

„I' di verschempfa? Du bischt so a guade Haut, ebbes besseres ka' i' mir net vorstella. Am lieabschta wär mer's, du dätscht glei bei mir eiziaga."

„I' bei dir eiziaga? Wia stellscht d'r des vor? Do müsset i' scho mit dir verheiret sei, anderscht goht des net."

„Ha, no heirate mer halt, wenn du moinscht, i'be dermit eiverstanda!"

*

Vier Wochen später luden der Josef und seine Emma die Einwohner des kleinen Dörfleins zum Hochzeitsessen in das *Gasthaus zum goldenen Engel* ein.

„Wer hätt' des denkt, dass sich dei Josef so schnell entschieda hot", flüsterte Anna Strohbein ihrer Nachbarin Barbara Krautmacher zu, die gerade dabei war, eine Maultasche in mundgerechte Stücke zu zerkleinern.

„Wie's halt der Zufall so will, oder will'scht lieber höra, dass mei O'glick zo seim Glick g'führt hot, oder was?", provozierte Barbara Krautmacher die Klatschbase. „Off jeda Fall ben i' froh ond glicklich, dass sich dia zwoi g'fonda hend, älles andre isch iberflissig's G'schwätz", bemerkte Josefs Mutter und wandte sich wieder den Köstlichkeiten auf ihrem Teller zu.

## ... der werfe den ersten Stein

Florian Gründner hatte sein Bündel geschnürt und war auf Wanderschaft gegangen. Bevor ihn der dichte Bergwald aufnahm, wandte er sich noch einmal seinem Elternhaus zu. Ein uraltes Familienrecht regelte schon seit Generationen die Erbfolge, wonach dem Erstgeborenen Haus und Hof zustand. Sein älterer Bruder Bartel hatte vor zwei Jahren geheiratet. Auch wenn es Florians Familie noch so schwerfiel, empfahl ihm sein Vater, Bartholomäus Gründner, sich bei dem Müller Luther, dessen Frau vor einigen Jahre gestorben war, zu verdingen.

Florian hatte den Berggipfel überwunden und legte eine kleine Rast ein. Weiter unten, da wo der Baumbestand endete, öffnete sich das Tal. Ein Rinnsal klaren Wassers, das den schmalen Pfad ein Stück lang begleitet hatte, mündete in einen rauschenden Gebirgsbach. Einen Steinwurf weit, oberhalb der „Luther-Mühle“, wurde der Bach durch ein Wehr aufgestaut. Florian Gründner wandte sich dem Betriebsgebäude der Mühle zu. Da war weder das Plätschern von Wasser noch das Geräusch der schweren Mühlsteine zu hören. Obwohl er mehrmals an der Eingangstür geklopft und gerufen hatte, öffnete ihm niemand. Es blieb ihm also nichts anderes übrig, als zu warten. Dabei war ihm, als hätte er aus der Ferne das Bimmeln einer Kirchenglocke vernommen.

Nachdenklich betrachtete er die in den Türsturz eingemeißelte Jahreszahl: *Anno Domini 1690*. Man schrieb heute das Jahr 1790. Demnach war das Gebäude vor 100 Jahren erbaut worden. Ehrfurchtsvoll ging er um das Anwesen herum. Aus irgendeinem Grund war der Schütz, der den Zulauf des Wassers zu dem Mühlkanal regelte, abgesenkt worden. Das unterschlächtige Mühlrad, das mannshoch aus dem Grund ragte, stand still. Einige altersschwache Bretter an den Schaufeln waren verfault und durchgebrochen. So in Gedanken versunken hatte er nicht bemerkt, dass sich ihm eine schwarz gekleidete junge Frau näherte.

„Kann ich Ihnen weiterhelfen?“, sprach sie ihn von hinten an.

Florian drehte sich überrascht um. „Vielleicht, ich weiß es nicht. Ich komme von drüben aus dem Lausertal, bin Müllergeselle und suche Arbeit. Mein Vater hat mir empfohlen, hier nachzufragen“, stellte er sich ihr vor.

„Das lässt sich angehen. Ich bin Walli, die Tochter des Müllers Leonhard Luther“, gab sie sich zu erkennen. „Wir könnten wohl eine gute Kraft gebrauchen, aber das muss mein Vater, der Müller, selbst entscheiden. Er hat mir versprochen, bald nachzukommen. Ihr könnt ja hier auf ihn warten.“

Der Blick des jungen Mannes hatte sich, während sie sprach, an der jungen Frau festgesaugt.

„Aber jetzt muss ich in die Küche, um das Abendessen vorzubereiten", sagte sie mit zu Boden gerichtetem Blick, um ihre Verlegenheit zu verbergen.

Florian ließ sich auf der niederen Verladerampe nieder. Er mochte wohl so um die zehn Minuten dagesessen sein, als sich ein älterer Mann dem Wohnhaus näherte. Florian stand auf und grüßte freundlich. Der Alte verharrte nur kurz und ging, ohne den Gruß zu erwidern, ins Haus.

„Wer ist der fremde Kerl da draußen?", fragte der Müller mürrisch seine Tochter.

„Er hat sich mir als der jüngste Sohn des Gründner Müllers aus dem Lausertal vorgestellt und sucht Arbeit."

„Wir brauchen niemand. Bis jetzt sind wir ohne fremde Leute zurechtgekommen. Der soll sich anderswo verdingen", brauste der Müller auf.

„Vater, bitte, überlegt es euch noch einmal!", wandte seine Tochter ein. „Vor gerade einer Stunde haben wir Tante Hermine zur letzten Ruhe begleitet. Sie war die Einzige, die mir manchmal etwas zur Hand gegangen ist. Jetzt stehe ich allein da und weiß nicht, wie es weitergehen soll. Gebt ihm Arbeit, ich schaffe das alles nicht mehr. Den ganzen Tag in der Mühle, der Haushalt, Kochen und die Wäsche versorgen, das geht über meine Kräfte. Ihr seid den ganzen Tag unterwegs und kommt oft betrunken erst am späten Abend nach Hause. Dann werdet Ihr gewalttätig und ich bekomme Schläge. Hier, schaut Euch das an, meine Schultern und die Arme, alles blutunterlaufen. Wollt Ihr, dass ich mich schon in jungen Jahren zugrunde schinden soll wie meine Mutter?", redete sie ihrem Vater ins Gewissen.

„Schweig!", schrie er sie an und holte zum Schlag aus. Walli wich zurück und flüchtete auf die Bank hinter dem Tisch in den Herrgottswinkel. Der Müller stürzte ihr nach, seine Hand fegte über ihren Kopf und ging ins Leere.

„So ist es immer, ein falsches Wort von mir und Ihr prügelt mich halb zu Tode!", hielt ihm seine Tochter mit vor Zorn geröteten Wangen vor. „Ich halte Eure Gewalttätigkeiten nicht mehr aus und werde mich irgendwo als Magd verdingen."

„Das wirst du nicht, du gehörst hier ins Haus!", schrie er sie an.

„Warum gerade jetzt dieser Sinneswandel? Früher, als meine Mutter noch lebte, ich war gerade sechzehn Jahre alt, da wolltet Ihr, dass ich verschwinde. Gleich Morgen werde ich Euch den Gefallen tun und mein Bündel packen", sagte sie mit fester Stimme.

„Das geht nicht, das kannst du nicht tun“, hielt er mit etwas versöhnlicherem Ton dagegen. „Ich habe dich dem jungen Schmidbauern Alois versprochen, als er mir die zweihundertfünfzig Batzen Silber als Kredit für den Bau der neuen Remise zugesagt hatte.“

„Was habt Ihr? Ihr wollt mich für zweihundertfünfzig Batzen Silber verschachern und mich mit dem nichtsnutzigen, versoffenen Fettberg verheiraten? Nie und nimmer! Vorher hänge ich mich in Eurer neuen Remise auf. So habt Ihr Euch das also gedacht, jetzt ist endgültig Schluss. Ich gehe, und zwar auf der Stelle!“

Sie wandte sich ab und eilte zur Treppe, die in ihre Kammer hinaufführte. Der Müller bekam sie noch an ihren Rock zu fassen und riss sie die Stufen herunter. Sie strauchelte, fiel und schlug hart auf den Boden auf. Noch halb benommen von dem Sturz, schleuderte sie ihrem Vater hasserfüllte Blicke zu.

„So, mein Täubchen, jetzt will ich dir mal zeigen, wer hier Herr im Haus ist.“ Er fasste sie an ihrem Haarzopf, zerrte sie hinter sich her und stieß sie in einen Verschlag, der zur Aufbewahrung von Werkzeug und Ersatzteilen diente. „So, jetzt kannst du dir noch einmal Gedanken darüber machen, ob es nicht doch besser wäre, zu bleiben“, sagte er, verschloss die Tür und verließ den Vorraum.

Kurze Zeit später kam er zurück und öffnete die Tür. Er fand sie zusammengekauert auf dem Boden sitzen. „Ich hab es mir überlegt, er kann bleiben“, brummte der Müller. „Aber wenn du mit dem Kerl was anfängst, bring ich dich um!“, drohte er. „Und, willst du jetzt immer noch gehen?“, schob er die Frage hinterher.

„Also gut, ich bleibe“, antwortete die Walli. „Aber wenn ich noch ein einziges Mal Schläge von Euch bekomme, dann gehe ich endgültig, oder es passiert etwas“, giftete sie ihn an.

Nachdenklich nahm der Luthermüller den Stock vom Haken, drückte sich den alten Hut auf den Kopf und ging hinaus, geradewegs auf Florian zu. „Ich habe mit meiner Tochter gesprochen, Ihr könnt bleiben!“, sagte er und musterte den Müllergesellen von Kopf bis Fuß. „Morgen könnt Ihr anfangen. Geht ins Haus und lasst Euch etwas zum Essen geben. Logieren könnt Ihr oben in der Kammer neben dem Speicher, aber Lohn gibt’s erst an den Lostagen“, waren seine kurzen Anweisungen.

*

Seit jenem Tag war über ein Jahr vergangen. Dank Florians Tüchtigkeit warf der Betrieb beachtliche Gewinne ab. Auch die Mühle hatte einige

Veränderungen erfahren. Es war bereits Ende Oktober, als sich einige Männer des Ortes in der Kneipe des Bronnerwirts zum Kartenspiel trafen. Die alte Petroleumlampe, die von der verrußten Decke herabhing, verbreitete nur ein schwaches Licht. Nachdem sie sich am Stammtisch niedergelassen hatten, zündeten sie ihre Tabakspfeifen an. Dicker blauer Rauch kräuselte über ihren Köpfen und verteilte sich in der Gaststube. Florian hatte sich, um den Spielern mehr Platz zu geben, auf einem Stuhl am Nebentisch niedergelassen und bestellte sich eine Maß Bier.

„Na, wie geht's in der Mühle?", fragte Alois, der jüngste Sohn des Schmidbauern, vom Stammtisch herüber.

„Soweit ganz ordentlich, ich kann mich nicht beklagen und erledige meine Arbeit, so gut es eben geht. Nur meine Vorschläge für einige Verbesserungen lehnt der Müller immer widerborstig ab. Doch daran habe ich mich inzwischen gewöhnt. Das Schlimmste aber ist, wenn er sturzbetrunken nach Hause kommt, zu randalieren anfängt und seine Tochter schlägt. Dann könnte ich ihn auf der Stelle umbringen", bemerkte Florian resigniert.

„Da bist du nicht allein. So hat sicherlich schon mancher gedacht, aber die Furcht vor der Strafe Gottes hat sie davon abgehalten, es zu tun", hörte er den Rossknecht vom Oberhof sagen.

„Ich würde ihm auch keine Träne nachweinen", bemerkte der Bronnerwirt, während er Bier in einen hölzernen Krug füllte.

Da war plötzlich ein Poltern zu hören. Die Tür zum Gastraum wurde aufgestoßen und der Luthermüller torkelte herein. Die Gespräche am Stammtisch verstummten. Nur der alte Schulmeister und Kirchendiener Gruber brummelte in seinen Bart: „Wenn man vom Teufel spricht, ist er meistens nicht weit."

„Eine Maß Bier!", rief der Luthermüller dem Wirt zu und ließ sich schwerfällig am Ende des Stammtisches nieder.

„Na, Luthermüller, wie wär's wieder mit einem Spielchen? Ihr seid doch jetzt wieder flüssig", reizte ihn Alois, hinterhältig grinsend.

„Ich mit dir spielen? Nie mehr. Du hast mich schon um manchen Batzen Heller beschissen. Jetzt ist endgültig Schluss! In vierzehn Tagen, am Lostag zu Martini, zahl ich dir den Kredit zurück, ohne Zins, wie ausgehandelt."

„Ohne Zins, ja, aber dafür habt Ihr mir die Walli versprochen. Wenn Ihr jetzt nichts mehr davon wissen wollt, dann hol' ich mir einfach, was mir zusteht!"

„Sie weigert sich hartnäckig, dich zu heiraten, einen Säufer und Dickwanst, wie sie sagt."

Alois war im Augenblick zu keiner Gegenrede fähig, aber seine Augen funkelten den Luthermüller drohend an.

*

Es war am letzten Sonntag im Oktober. Florian war an diesem Morgen früher aufgestanden als sonst. Er hatte seine Arbeit mit leichter Hand verrichtet und war gerade dabei, den Schütz am Zulauf des Mühlkanals zu drosseln.

„Warum so früh heute?“, hörte er die raue Stimme des Müllers hinter sich.

„Meine Mutter liegt schwer danieder, habe ich erfahren. Ich muss über den Berg, bevor der Schnee kommt, und will auch noch vor der Nacht wieder zurück sein“, antwortete er, ohne sich nach ihm umzusehen.

Nach vier Stunden mühsamen Weges stand er vor seinem Elternhaus. Es war um die Mittagszeit, als er die große Wohnstube betrat. Die ganze Familie, auch seine kranke Mutter, hatte sich gerade zum Essen an dem großen Tisch niedergelassen. Lissi, die Frau seines Bruders Bartel, stellte noch einen Teller dazu und bat Florian, Platz zu nehmen. Nach dem Essen, bei einem Rundgang durch das elterliche Anwesen, wurde es zunehmend dunkel. Verwundert sah sein Vater, Bartholomäus Gründner, zum Himmel auf.

„Oh!“, entfuhr es ihm, „es scheint ein Schneegewitter zu geben.“ Kaum dass er den Gedanken ausgesprochen hatte, fuhr ein heller Blitz durch die Wolken und ein gewaltiger Donnerschlag ließ die Erde erzittern. „Bei dem Schneetreiben kannst du heute nicht mehr über den Berg. Die Arbeit drüben läuft dir ja nicht davon“, beruhigte er seinen Sohn und sie gingen in das Haus zurück.

*

In Bronnerwirts Kneipe waren der Luthermüller und der Alois, beide schon stark angetrunken, wegen der Tochter Walli in Streit geraten. Der Müller in seiner Boshaftigkeit hatte dem Alois den Inhalt seines Bierkruges ins Gesicht geschüttet. Ein heftiger Rempler von Alois hatte ihn zu Boden geworfen. Als der Angreifer sich auf den am Boden Liegenden stürzen wollte, hielten ihn ein paar Männer zurück.

„Jetzt reicht’s! Geh nach Hause!“, fauchte der Wirt den Alois an.

„Nach Hause? So siehst du aus. Jetzt hol ich mir erst, was mir zusteht“, geiferte er zähneknirschend und schlug die Tür hinter sich zu. Der Müller, von dem Sturz noch halb benommen, erhob sich umständlich und stolperte zur Theke.

„Füll mir noch einen Krug!“, forderte er den Wirt mit schwerer Zunge auf.

„Du hast jetzt genug, ich kann dir nichts mehr geben! Wie willst du bei diesem Wetter nach Hause kommen? Du kannst dich ja kaum noch auf den Beinen halten. Am besten wird es sein, wenn jemand mit dir geht.“

„Ich brauche niemand!“, schrie der Angesprochene wutentbrannt und torkelte, auf seinen Stock gestützt, hinaus.

*

Es war eine regnerische und kalte Nacht: Ein verstecktes Augenpaar beobachtete, wie der Müller auf die Mühle zuwankte, vor dem ruhenden Mühlenrad ausrutschte und zu Boden fiel. Vergeblich versuchte er aus eigener Kraft wieder auf die Beine zu kommen. Er schrie und fluchte zum Himmel wegen seiner Hilflosigkeit. Aufgeschreckt durch den Lärm hatte seine Tochter eine Sturmlaterne angezündet und war vor das Haus getreten.

„Na komm schon, du Miststück, und hilf' mir auf!“, schrie er ihr entgegen. Sie ging zu ihm hin, bückte sich und zog ihn an einem Arm hoch, während er sich mit der anderen Hand auf seinen Stock stützte.

„Wie kann man nur so stinkbesoffen sein!“, hielt sie ihm vor. Im fahlen Licht der Sturmlaterne bemerkte sie, wie er zum Schlag ausholte. Walli entriss ihm den Stock und wich einen Schritt zurück. „Ihr schlagt mich nie mehr wieder!“, zischte sie wutentbrannt. Der Stock wirbelte durch die Luft und sauste auf ihn nieder. Der Müller schwankte und fiel rückwärts in die Schaufeln des Mühlrades. Mit versteinertem Gesicht sah Walli ihrem Vater nach, wie ihn das Wasserrad ganz langsam auf den Grund nach unten trug und schließlich stehenblieb.

Eine männliche Gestalt löste sich aus der Dunkelheit und schlich sich zum Zulauf des Mühlkanals. Der Mann öffnete den Schütz, das Wasser schoss in den Kanal und setzte mit wildem Rauschen das Wasserrad in Bewegung. „Die Walli werde ich mit dem, was ich jetzt gesehen habe, schon noch kirre kriegen, ob sie will oder nicht“, zischte er zufrieden. „Dann gehört sie mir, die Mühle und das Wasserrecht dazu“.

*

Der Bader aus dem Nachbardorf bescheinigte dem Pfarrer einen Arbeitsunfall auf dem Totenschein des Luthermüllers und trotzdem redeten die Leute. Wenn es aber kein Unfall war, wer könnte es gewagt haben, ihn umzubringen, fragte man sich in dem Ort. Dem Alois traute man so etwas nicht zu. Und die Walli? Einen Vatermord begehen? Nein. Obwohl sie Grund genug dazu gehabt hätte. Auf jeden Fall ist sie jetzt ihren Peiniger los, waren sich die Männer am Stammtisch einig. Bleibt also nur noch der Florian, der wegen seiner Abwesenheit in dieser Nacht den Verdacht auf sich gelenkt hatte. Doch ein Bote aus dem Lausertal brachte den Beweis, dass Florian nicht der Mörder sein konnte.

*

Inzwischen war Gras über dieses Vorkommnis gewachsen und das Leben in dem Dorf ging seinen gewohnten Gang. Die Luther-Walli jedoch musste den trunksüchtigen Alois heiraten oder den Rest ihres Lebens im Zuchthaus verbringen, hatte er sie vor die Wahl gestellt. Vom Regen in die Traufe gekommen, war sie nun den gemeinsten Erniedrigungen ausgesetzt. Wegen der sichtbaren Blessuren durch die Schläge von ihrem Ehemann Alois Schmidbauer verließ sie nur noch selten das Haus. Trotz all dieser Vorkommnisse war Florian als Müllergeselle in der Luther-Mühle geblieben und hatte sein Auskommen.

Vier Jahre später musste der alte Bader noch einmal einen Arbeitsunfall am Wasserrad als Todesursache in die Sterbeurkunde des Alois Schmidbauer eintragen. Die nun alleinstehende Witwe jedoch begann noch während des Trauerjahres, Florian mit allen erdenklichen Mitteln einer Frau zu umwerben. Von den Aufdringlichkeiten dieser von düsterem Verdacht behafteten Frau angewidert, beschloss Florian, am nächsten Lostag seine Arbeit in der Mühle aufzugeben.

Die Verzweiflung über ihr verpfuschtes Leben musste die Walli wohl dazu bewogen haben, sich heimlich aus dem Leben zu stehlen. Und dieses Mal trug der neue Bader-Medikus „*Tod der Müller-Tochter Walli Luther durch Erhängen*“ in die Sterbeurkunde ein. Das Geschlecht der Luther war somit ausgestorben. Die Mühle und das Wasserrecht ging, so sah es das Gesetz vor, in das Eigentum der Gemeinde über.

Florian Gründner entschied sich, den Mühlenbetrieb für eine von der Gemeinde festgesetzte jährliche Pachtgebühr von dreißig Batzen Silber weiterzuführen. Drei Jahre nach dem Tod der Müllertochter Luther heiratete er die zweiundzwanzigjährige Anne-Marie, eine Enkelin des alten Schulmeisters Gruber. Und nach der Geburt des ersten Kindes, einem Sohn, kaufte er mit elterlicher Unterstützung die Mühle und das Wasserrecht für dreitausendfünfhundert Batzen Silber von der Gemeinde zurück.

## Die Flötenspielerin

Es war am Ostermontag. Die Uhr vom Turm der St.-Peter-Kirche in dem kleinen Dorf Rothen kündete die sechste Stunde an. Anna Wutter, die Frau des trunksüchtigen Friedhofgärtners, war in Eile. Um nicht zu spät zur Frühmesse zu kommen, hastete sie die Treppe hinunter und trat hinaus in den nasskalten Morgen. Eine Windböe empfing sie und einige Schneeflocken wirbelten ihr ins Gesicht. Im Dämmerlicht des anbrechenden Tages wäre sie beinahe über etwas gestolpert. Sie bückte sich und berührte ein Bündel Decken. Es musste erst vor kurzer Zeit hier abgelegt worden sein, denn es war nur leicht feucht. Sie hob einen Zipfel der Decke an und berührte dabei die Wangen eines Neugeborenen.

„Um Gottes willen, ein Kind!“ Das kleine Wesen fing erschrocken zu wimmern an. Sie hob es auf und trug es in das Haus. Ein kleines Mädchen, stellte sie fest, nachdem sie die Verschnürungen gelöst hatte. Es war höchstens zwei oder drei Tage alt, schien aber gesund zu sein. Während die Frau mit dem Trockenlegen beschäftigt war, fühlte sie etwas Hartes zwischen den Decken und Windeln. Anna schüttelte erstaunt den Kopf. Eine in Zeitungspapier eingewickelte Flöte, ein kleines Fläschchen mit einem aufgestülpten Gummisauger und ein mit Bleistift beschriebenes Papier kamen zum Vorschein. Sie glättete das zerknitterte Blatt und begann zu lesen: *Ich habe das Kind während einer mehrtägigen Sippenversammlung der Männer ohne fremde Hilfe zur Welt gebracht. Es darf niemand von meiner heimlichen Schwangersaft erfahren. Wir sind arme Leute. Ich kann dem Kind als einzige Mitgift nur meine alte Flöte und ein kleines goldenes Kettchen überlassen. Ich bitte euch, nehmt es auf und seid ihm gute Eltern. Lasst es taufen und gebt ihm einen Namen. Gott wird es euch entgelten!*

Tief in ihrem Herzen fühlte Anna, was diese arme Frau im Bewusstsein, ihr Kind einmal in fremde Hände geben zu müssen, schon gelitten hatte. Sie überflog mit tränenfeuchten Augen noch einmal die Zeilen und steckte den Zettel weg.

„Komm, mein kleines Erdenwürmchen!“, flüsterte die erfahrene Hebamme, nahm das Kind auf die Arme und legte es an ihre Wangen. Ein leises Wimmern und der weiche Kindermund erinnerte Anna daran, dass es vielleicht Hunger haben könnte. Sie erhitzte eine Tasse Wasser, gab etwas Ziegenmilch dazu und füllte alles in das Fläschchen. Die Kleine sog gierig die stark verdünnte Milch in sich hinein. Als sie müde und gesättigt die Augen schloss, murmelte Anna vor sich hin: „So, und jetzt machen wir zusammen ein Schläfchen. Der Herrgott möge mir verzeihen, dass ich heute den Gottesdienst versäume.“ Auf leisen Sohlen huschte sie hinauf in ihre Schlafkammer und kuschelte sich mit dem Kind in ihr Bett. Nur wenige Minuten später hörte Anna ihren Mann rufen: „Weib! Willst du heute nicht aus den Federn?“ Aus Angst, die Kleine könnte durch das Geschrei aufwachen, gab sie keine Antwort. Doch schon kurz darauf hörte sie ein Poltern und die Tür wurde aufgestoßen.

„Nicht so laut! Jetzt hast du das kleine Wesen aufgeschreckt!“, wies sie ihren Mann zurecht und drückte das weinende Kind an sich.

„Was sehe ich da? Wo kommt dieser Balg her? Wo hast du ihn aufgelesen?“, fuhr er seine Frau in barschem Ton an und trat einen Schritt näher.

„Sei doch nicht so laut! Irgendeine arme Frau hat es draußen vor unserer Haustür abgelegt. In der Dunkelheit hätte ich es beinahe übersehen. Ich konnte es doch in dieser Nässe und Kälte nicht liegen lassen“, sagte sie in der Hoffnung, in ihm etwas Mitleid zu erwecken.

„Der Bankert kommt mir nicht ins Haus!“, polterte er los. „Bring es den Nonnen ins Kloster, hier kann es auf keinen Fall bleiben!“, wütete er und verließ die Schlafkammer. Am Vormittag des nächsten Tages meldete seine Frau beim Bürgermeisteramt das Mädchen als neuen Erdenbürger an.

„Ich kann mir nicht vorstellen, wieso die Kleine ausgerechnet vor meiner Haustür gelegen hat, wo man doch allerorts davon hört, dass Findlingskinder meistens an Kirchen abgelegt werden“, begann sie das einführende Gespräch mit dem Beamten.

„Wie mir zu Ohren gekommen ist, sind letzte Nacht ein paar Wagen mit fahrendem Volk durch den Ort gezogen, das könnte wohl alles erklären“, orakelte der Bürgermeister.

„Die Frau muss sehr in Eile gewesen sein, als sie den Zettel schrieb, scheint mir.“

„Da kannst du recht haben, Anna“, pflichtete ihr der Bürgermeister bei. Nachdem alle Formalitäten erledigt und die Angaben in die Akten eingetragen waren, suchte Anna den Pfarrer auf und vereinbarte mit ihm einen Termin für die Taufe. Trotz vieler Bitten bei ihren Verwandten und Nachbarn ließ sich aber niemand finden, der für dieses fremde Kind die Verantwortung als Pate übernehmen wollte. Doch dann erklärten sich zwei Tage später zwei Nonnen aus dem nahegelegenen Kloster bereit, die Patenschaft für das kleine Mädchen zu übernehmen und es taufen zu lassen.

Der angetrunkene, griesgrämige Wutter hatte an der Taufzeremonie nicht teilgenommen, polterte aber sofort los, als seine Frau mit der frischgetauften Maria die Stube betrat.

„Warum hat man es den zwei Nonnen nicht gleich mitgegeben. Die beklagen sich doch bei jeder Gelegenheit über zu wenig Klosternachwuchs. Jetzt müssen wir auch noch diesen Bankert durchfüttern!“, wetterte er erbost.

„Wenn du nicht soviel saufen würdest, hätten wir ausreichend zum Leben und ich müsste mich als Hebamme nicht auch noch als Waschfrau verdingen“, hielt sie ihm vor. „Ich werde sie wie meine eigene Tochter großziehen“, versprach sie und drückte das Kind noch fester an sich.

Als die vierzehnjährige Maria die Schule, mit dem besten Zeugnis ihrer Klasse ausgestattet, verlassen konnte, zwang eine verschleppte Erkältung ihre Ziehmutter zeitweilig auf das Krankenlager. Das ewige Gezänk mit ihrem Mann wegen der inzwischen zur jungen Frau gereiften Maria nagte weiter an der Gesundheit ihrer Ziehmutter. Zwei Jahre später verstarb sie im Frühjahr trotz der fürsorglichen Pflege durch Maria an einer Lungenentzündung. Nur wenige Wochen nach der Beisetzung wurde das Leben für Maria unerträglich. Während die nun Sechzehnjährige die Wäsche versorgte und das Haus sauber hielt, verbrachte der trunksüchtige Mann die meisten Tage in den Kneipen. Als dann eines Tages der Lebensmittelvorrat zu Ende ging, wagte sie es, ihn anzusprechen: „Ziehvater, seid so gut und gebt mir ein paar Groschen, damit ich etwas zum Essen einkaufen kann!“, bat sie ihn.

„Was willst du, Geld?“, fragte er und sah sie mit glasigen Augen an. „Ich habe dich all die Jahre durchgefüttert. Jetzt bist du sechzehn, alt genug. Geh und such dir Arbeit oder zieh über die Dörfer und flöte den Leuten was vor. Ein paar Kröten werden doch wohl zusammenkommen. Am besten ist, du gehst zu deinem fahrenden Volk zurück, wo du auch herkommst!“, lallte er mit schwerer Zunge und ließ sie allein.

Es war am Tag des heiligen Benedikt, drei Tage nach dem vierten Fastensonntag. Die Stufen der alten Holztreppe knarrten, als Maria von ihrer Kammer hinabstieg. Selbst das quietschende Geräusch, das der eiserne Riegel beim Öffnen der Tür zum Vorraum von sich gab, hätte den betrunkenen alten Mann nicht aufwecken können. Als sie in die kalte Nacht hinaustrat, hinderte sie irgendetwas Weiches daran, die Tür zu schließen. Ein leises schmerzhaftes Winseln drang an ihr Ohr.

„Oh Trolli, du kannst nicht mit! Ich weiß ja selbst noch nicht so recht, wohin mich meine Wege führen, bleib du nur hier, es ist das Beste für dich. Er wird für dich sorgen und ein Dach hast du auch über dem Kopf.“ Sie bückte sich und schob das Tier sanft durch den Türspalt zurück in den Vorraum. „Gott behüte dich!“, flüsterte sie und zog die Tür hinter sich zu.

Es dämmerte bereits, als sich Maria der Stadtmauer näherte, die in alter Zeit das kleine Hafenstädtchen Grauwies vor ungebetenen Gästen schützte. Hungrig und erschöpft ließ sie sich nach Stunden nächtlicher Wanderung auf den steinernen Stufen vor dem Torhaus nieder. Sie legte sich ihre Decke um ihre Schultern und schloss die Augen. So mochte sie wohl eine Stunde vor sich hingedöst haben, als etwas Kaltes ihre Hand berührte. Aufgeschreckt öffnete sie die Augen. „Trolli!“, rief sie überrascht aus, half ihm auf ihren Schoß und drückte ihn fest an sich.

„Warum bist du ausgebüxt und mir nachgelaufen? Geh wieder zurück, du kannst nicht mit mir kommen! Ich habe kein Geld, um etwas Essbares für uns beide zu erstehen“, sagte sie mit tränenfeuchten Augen. Er richtete sich leise wimmernd zu ihr auf und leckte sie bettelnd am Kinn. „Es geht nicht, mein kleiner Liebling“, flüsterte sie und drängte ihn von ihrem Schoß. Anstatt sich auf den Heimweg zu machen, legte er sich mit einem unzufriedenen Seufzer neben Maria auf den Steinboden.

Das Leben in der kleinen Stadt begann langsam zu erwachen. Doch niemand schenkte ihr ein freundliches Wort oder einen mitleidigen Blick. Eine alte Frau, von schwerer Arbeit gebeugt, näherte sich kopfschüttelnd.

„Ihr könnt euch den Tod holen auf den kalten Stufen“, sprach sie die vor Kälte schlotternde Maria an. „Wenn ihr auf die Fähre wartet, die legt erst um elf Uhr unten an der Mole an.“

Maria sah zu ihr auf. „Ich habe kein Geld für eine Überfahrt, wir müssen zu Fuß weiter, bis wir irgendwo eine Brücke finden.“

„Ach du Ärmste, das ist eine halbe Tagesreise“, bedauerte die hochbetagte Frau und kramte in ihren Taschen. „Es sind zwar nur ein paar Groschen, aber es reicht, um für dich und deinen kleinen Freund etwas Essbares zu kaufen.“

„Gott behüte euch!“, bedankte sich Maria bei der alten Frau und ihre Hände umklammerten die Kupfermünzen wie einen Schatz. „Die Kaufläden sind um diese Zeit sicherlich noch nicht geöffnet“, überlegte sie.

Die Bürger des Städtchens, Männer wie Frauen, hasteten, ohne das seltsame Paar eines Blickes zu würdigen, durch das Stadttor zu ihrer täglichen Arbeit. Nur ein kleines Mädchen verharrte kurz, wurde aber energisch von ihrer Mutter aufgefordert, ihr sofort zu folgen. Während Maria die ersten warmen Strahlen der Aprilsonne genoss, war es in den Straßen etwas ruhiger geworden. Trolli, der es sich auf Marias Schoß bequem gemacht hatte, leckte winselnd an ihrer Hand.

„Ja, ich weiß, du hast Hunger wie ich auch“, flüsterte sie und streifte sich die Decke von den Schultern.

„Einen Augenblick noch, bitte!“, hörte sie eine Stimme rufen.

Maria sah verwundert auf. Ein Mann mit ausgebreiteten Armen kam auf sie zu. In einer Hand hielt er ein großes Blatt Papier und in der anderen einige Stifte.

„Ich sah euch beide im Vorübergehen. Eine wunderschöne Szene, dachte ich und begann grob zu skizzieren. Willst du etwa mit deinem kleinen Begleiter schon gehen?“

„Ja, wir sind am Aufbrechen. Uns ist kalt. Wir haben Hunger und wollen etwas zu essen kaufen“, antwortete sie dem Fremden.

„Bleibt noch ein Weilchen so sitzen! Es dauert nicht lange und wenn ich fertig bin, gehen wir zusammen essen, wenn du damit einverstanden bist.“

„Also gut“, antwortete Maria mit einem Würgen in der Kehle und legte sich wieder die Decke um ihre Schultern.

„Gut so!“, brummelte er. „Nur deine Füße so wie vorher, etwas seitlich näher zu dir. Sehr gut, sehr schön ...“, lobte er, nachdem sie seinen Anweisungen nachgekommen war. „So, und jetzt brauchst du nur noch deine Flöte so zu halten, als ob du spielen würdest!“

Maria musste über seine Anweisungen lächeln. „Wenn ich schon meine Flöte an den Mund führen soll, dann kann ich auch etwas spielen. Nur so stumm dasitzen kann ich nicht“, entgegnete sie und entlockte ihrem Instrument eine in dieser Gegend bekannte Hirtenweise. Das Stillhalten in der von dem Maler gewünschten Pose dauerte etwas länger als vorgesehen. Während sie sich selbstvergessen ihrem Flötenspiel hingegeben hatte, waren doch einige Kupfermünzen neben ihr auf dem Steinboden abgelegt worden.

„Für heute soll es genug sein, du kannst aufstehen“, übertönte die Stimme des Künstlers Marias Magenknurren. Sie erhob sich umständlich und schüttelte die Steifheit ab, die sich in ihre Glieder geschlichen hatte. Aus den Augenwinkeln konnte sie beobachten, wie er ein hölzernes Gestell, an dem ein schmaler Lederriemen befestigt war, zusammenklappte und sich über die Schulter hängte. Trolli mit seinem an sich guten Hundegemüt knurrte, als der Fremde mit der große Malmappe in der Hand auf sie zukam.

„Dein kleiner Freund mag mich anscheinend nicht“, bemerkte er, als er sich bis auf etwa zwei Schritte den beiden genähert hatte.

„Aber Trolli, der Herr tut dir doch nichts!“, redete sie auf ihn ein.

„Am Anfang ist das mit allen Tieren so", bemerkte der Künstler. „Ich habe euch versprochen, dass wir zusammen einkehren, ihr habt doch sicher Hunger. Mein Magen könnte auch etwas Herzhaftes vertragen. Wollen wir jetzt gehen?", fragte er mit einem aufmunterndem Ton in der Stimme. Maria nickte ihm scheu ihr Einverständnis zu. Sie ließ Trolli zu Boden gleiten, sammelte die wenigen Kupfermünzen auf, steckte sie in ihren kleinen Brustbeutel und nahm ihr Bündel auf.

„Ich war im Zollhaus unten am Hafen, um meine Freilandstaffelei und Medikamente für meinen Vater abzuholen", begann er das Gespräch. „Auf dem Nachhauseweg sah ich dich mit deinem kleinen Freund auf der Treppe sitzen. Eine seltene Gelegenheit, ging es mir durch den Kopf und ich begann zu skizzieren."

Der fremde Begleiter an Marias Seite ging geradewegs über den grob gepflasterten Marktplatz auf ein größeres Gebäude zu. Die Frauen hinter ihren Verkaufständen sahen kopfschüttelnd dem ungleichen Paar nach. Die junge Frau in ihrem zerschlissenen Kleid und neben ihr der gutgekleidete junge Mann gaben ihnen wohl Anlass, zu tuscheln und sich seltsam vielsagende Blicke zuzuwerfen. Maria empfand es wie ein Spießrutenlaufen, wie sie von den Marktfrauen mit argwöhnischen Blicken verfolgt wurde.

„Hier sind wir schon!", sagte er und öffnete die Eingangstür, an der ein emailliertes Schild mit der Aufschrift *„Fremdenzimmer"* befestigt war. Die Gespräche der Männer am Stammtisch verstummten, als sie die Gaststube betraten, musterten jedoch neugierig die fremde junge Frau an der Seite des Malers. „Wir nehmen am besten den Tisch da drüben in der Ecke", schlug er vor. Nachdem er die Staffelei an dem Garderobenständer abgesetzt hatte, deutete er ihr an, doch Platz zu nehmen. Während sich Trolli auf Marias Schoß drängte, wurde der Kopf einer Frau in der Durchreiche hinter der Theke sichtbar. Der Künstler bedeutete ihr mit erhobener Hand, dass er etwas zu bestellen habe.

Die angetrunkenen Männer am Stammtisch hatten inzwischen ihre lautstarke Unterhaltung wieder aufgenommen. „Abscheulich", ging es Maria durch den Kopf. „In so einer Gesellschaft muss sich auch mein Ziehvater aufhalten", so jedenfalls stellte sie sich das vor. In ihre Erinnerung vertieft hatte sie nicht bemerkt, dass sich ihnen eine unförmig dicke Frau näherte.

„Was darf es sein?", fragte sie und reichte dem Künstler eine Art Speisekarte. Er überflog nur kurz die unleserliche Schrift und wandte sich wieder der Bedienung zu.

„Als erstes hätte ich gern eine Flasche Wasser und zwei Gläser, eine Suppe, danach einen Schmorbraten mit Kartoffeln und Salat".

„Wie der Herr wünschen“, nuschelte sie und wandte sich der Küche zu.

„Einen Augenblick noch!“, rief er ihr nach. „Die junge Frau möchte auch etwas zu sich nehmen“, sagte er mit unüberhörbarem Grimm in der Stimme. „Was möchtest du essen? Such dir etwas aus!“, wandte er sich an Maria.

„Ich weiß nicht so recht“, antwortete sie verunsichert. „Ich kenne mich nicht aus, was man in den Wirtshäusern so alles zu essen bekommt.“

„Dann nehmen wir eben zweimal das Gleiche!“, bestimmte er. Die Bedienung sah den gutgekleideten Gast ungläubig an.

„Ja, Sie haben richtig gehört, zweimal das gleiche Gericht und dann noch einen Napf mit Futter für den Hund!“, sagte er mit Nachdruck.

„Wie der Herr wünschen, zweimal das Gleiche und für den Hund einen Napf mit Futter“, wiederholte sie die Bestellung. „Das braucht aber seine Zeit“, bemerkte sie mit einen abschätzigen Blick auf Maria.

„Wenn ein Essen gut werden soll, darf es auch etwas länger dauern“, gab er sein Einverständnis und wandte sich wieder an seine Begleiterin. „Hast du etwa auf die Fähre gewartet, die legt immer erst gegen Mittag an der Mole an, wusstest du das nicht?“

„Nein, wir sind fremd hier. Ich bin auf der Suche nach Arbeit und einem Dach über dem Kopf“, kam es nur zögerlich über ihre Lippen, denn sie ahnte weitere Fragen.

„Wenn du hier fremd bist, aus welcher Gegend kommst du dann, wenn ich fragen darf? Bis zu der nächsten Ortschaft sind es doch vier bis fünf Wegstunden zu Fuß.“

„Ich bin schon in der Nacht aufgebrochen, um rechtzeitig vor Tagesanbruch hier zu sein“, antwortete sie und nahm einen Schluck Wasser aus dem bereitgestellten Glas.

„Es ist nicht einfach für Frauen, hier Arbeit zu finden, wenn man bedenkt, dass bereits die Hälfte der Männer in der Stadt arbeitslos ist. Und wenn du keine Anstellung findest, was machst du dann?“

Das war die Frage, auf die Maria nicht vorbereitet war. Sie überwand ihre Unsicherheit und antwortete, ohne ihn anzusehen: „Als erstes werde ich nachher auf die Suche gehen, und wenn ich nichts finde, bleibt mir nichts anderes übrig, als in einem der Gasthäuser zu übernachten, um es morgen wieder zu versuchen.“

Inzwischen war das Essen aufgetragen worden. Maria machte große Augen. Was sich da alles auf ihrem Teller befand! Zu Hause hätte sie zwei Tage davon leben können, stellte sie sich vor. Der Maler wünschte ihr einen guten Appetit und wandte sich seinem Gericht zu. Obwohl Maria großen

Hunger hatte, nahm sie nur kleine Happen zu sich. Ihr Gastgeber jedoch stocherte mit unzufriedenem Gesicht in dem Essen herum, aß schließlich nur die Hälfte und schob den Teller zur Seite. Trolli, der inzwischen seinen Aluminiumteller leergeschleckt hatte, drängte sich auf Marias Schoß und bettelte winselnd um den Rest auf ihrem Teller.

„Das gibt es aber bei uns nicht, dass Hunde am Tisch etwas zu fressen bekommen!“, beanstandete die Bedienung, während sie das abgelegte Besteck einsammelte.

„Es kann doch nicht so schlimm sein, wenn man so einem kleinen Tier etwas zusteckt“, erwiderte der Maler und bat um die Rechnung. Er legte den geforderten Betrag auf den Tisch, verzichtete aber mit einer wegwerfenden Handbewegung auf das geringe Rückgeld.

„Danke der Herr und beehren Sie uns bald wieder!“, nuschelte die Frau, raffte das Geld zusammen, steckte es in ihre Schürzentasche und watschelte zurück in die Küche.

Die wohlige Wärme in der Gaststube und die Schlaflosigkeit der letzten Nacht forderten ihren Tribut. Marias Kopf war von Müdigkeit übermannt zur Seite gesunken und kurz darauf verrieten gleichmäßige Atemzüge, dass sie einem leichten Schlaf erlegen war. Die Augen des Malers wanderten über die junge schlanke Gestalt. Ihre etwas leicht bräunliche Gesichtsfarbe hatte ihn vom ersten Augenblick an gereizt, sie zu malen. Trolli, der seither unbeweglich auf Marias Schoß gelegen hatte, richtete sich auf und leckte an ihrem Kinn. Irritiert öffnete sie ihre Augen und sah sich um.

„Was ist, Trolli?“, fragte sie und kraulte seinen Wuschelkopf.

„Du bist müde“, bemerkte ihr Begleiter. „Ich schlage vor, du nimmst hier ein Zimmer und schläfst dich erst einmal richtig aus. Mein kränkelnder Vater hat mich vor einigen Tagen wissen lassen, dass seine Zugehfrau und Köchin verstorben ist. Jetzt muss ich aber weiter und ihm seine Medizin bringen. Um aber an der Skizze weiterarbeiten zu können, hätte ich gern, dass du noch einmal auf den Stufen vor dem Torhaus Platz nimmst. Wenn du damit einverstanden bist, treffen wir uns morgen hier etwa um die gleiche Zeit. Es ist nur ein Vorschlag, die Entscheidung liegt natürlich bei dir“, bekräftigte der Maler sein Angebot und reichte Maria einen Geldschein über den Tisch.

„Nein danke, ich habe mit meiner Flöte so viel eingespielt, dass es für eine Übernachtung reicht.“

„Nimm es nur, es soll kein Geschenk sein, nur ein kleiner Vorschuss für das Modellsitzen heute Morgen in der Kälte.“

Maria wiegte zunächst nachdenklich den Kopf, nahm dann aber doch mit einem „Vielen Dank!“ den Schein an sich.

„Bis morgen um die gleiche Zeit, wenn es dir möglich ist. Ich werde dich auf jeden Fall hier abholen“, versprach er, nahm die Staffelei auf und verabschiedete sich.

Inzwischen hatten auch die Männer am Stammtisch das Lokal verlassen. Maria verfolgte nur kurze Zeit die klappernden Geräusche aus der Küche, dann war sie, den Kopf vornübergebeugt, zu einem kurzen Schläfchen eingenickt.

„Das wird ja immer schöner, bei uns wird nicht geschlafen!“, hörte Maria die erboste Stimme der Wirtin. „Oder hat dich dein adeliger Verehrer versetzt?“, fragte sie höhnisch.

„Nichts von alledem. Ich bin nur auf der Suche nach Arbeit und möchte auf sein Anraten für eine Nacht ein Zimmer bei Ihnen mieten.“

„Unsere Zimmer sind alle belegt. Für herumziehende Landstreicher, die nur darauf aus sind, zu stehlen, was ihnen in die Hände fällt, haben wir sowieso keinen Platz. Du bist doch sicherlich auch so eine von dem fahrenden Volk, von denen man nie wissen kann, wo sie eigentlich herkommen. Hast du überhaupt irgendwelche gültigen Papiere?“, fauchte sie Maria an.

Verunsichert und den Tränen nahe über diese Beleidigungen nestelte sie aus ihrem Bündel ihre Geburtsurkunde hervor.

„Lass nur stecken, ich will gar nichts sehn. Such dir was anderes, wir haben keinen Platz für dich und jetzt raus mit dir und dem Köter!“, drohte sie mit erhobener Stimme. Das war für Trollis Ohren viel zu laut. Knurrend und zähnefletschend drohte er der Wirtin.

„Lass nur gut sein, mein kleiner Liebling, wir werden uns eine andere Bleibe suchen. Hier können wir nicht bleiben“, flüsterte sie, nahm ihn auf den Arm und trat hinaus. Der Platz, auf dem heute Morgen noch reges Markttreiben geherrscht hatte, war wie leergefegt. Eine große Traurigkeit machte sich in ihr breit. Kein Mensch war da, den sie nach einer Unterkunft hätte fragen können. „Es nützt alles nichts, wir können nicht noch einmal ohne ein Dach über dem Kopf die Nacht verbringen“, sagte sie vor sich hin, verließ den Platz und bog in eine Seitenstraße ein. Bei einem alten Mann, der einen zweirädrigen Karren vor sich herschob, erkundigte sie sich nach einer weiteren Gaststätte, um für eine Nacht ein Zimmer zu mieten.

„Eins mit Fremdenzimmern …“, überlegte er. „Da gibt es nur das am Marktplatz, es ist auch das einzige Gasthaus im Ort. Auf der anderen Seite des Städtchens gibt es wohl noch eine Pension, da steigen zwar nur die feinen Leute ab, aber versuchen würde ich es an Ihrer Stelle trotzdem.

Wenn alle Stricke reißen, gibt es nur noch eine Möglichkeit“, meinte er mit einem verschmitzten Lächeln. „Unten im Zollhaus an der Mole gibt es eine Zelle, die meistens nicht belegt ist, außer es wäre gerade ein Schiffer wegen eines Zollvergehens dort eingebuchtet. Ich würde es aber an ihrer Stelle erst in der Pension versuchen. Also, viel Glück!“, verabschiedete er sich und zog mit seinem Karren weiter.

Vor einem größeren Gebäude am Ende einer schmalen Gasse blieb sie stehen. „Versuchen wir unser Glück“, flüsterte sie vor sich hin. Zaghaft, nur mit den Fingern drückte sie den gusseisernen Türklopfer gegen das massive Holz der Eingangstür. „Niemand zu Hause“, stellte sie nach einigen Augenblicken des Wartens fest. „Oder hätte ich etwas stärker anklopfen sollen?“ Sie versuchte es noch einmal. Kurz darauf hörte sie schlurfende Schritte näherkommen. Die Tür wurde geöffnet und das Gesicht einer griesgrämigen Frau wurde sichtbar. Bevor Maria jedoch ihr Anliegen vorbringen konnte, kreischte sie: „Wir brauchen nichts, wir kaufen nichts! Womöglich ist das alles gestohlenes Zeug, damit wollen wir nichts zu tun haben.“

„Gute Frau, ich will Ihnen ja nichts verkaufen, ich wollte nur …“

„Ja, ja, das kennen wir“, unterbrach sie Marias Bitte und schlug die Tür zu. Zutiefst gekränkt über diesen Schwall von Verdächtigungen drückte das Mädchen wie zum Trost Trolli an sich. Ein paar Gassen weiter machte sich ein kleiner Hoffnungsschimmer in ihr breit. Trolli, der seither neben ihr her gelaufen war, hatte sich selbstständig gemacht und tollte mit einigen Kindern in einem Vorgarten herum. Maria blieb stehen und war erstaunt, ihren kleinen Begleiter plötzlich so ausgelassen zu erleben.

*Pension mit Frühstück* prangte in großen Lettern an der Hauswand des zweistöckigen Gebäudes. Zwei Frauen, die es sich auf einer Bank neben dem Eingang bequem gemacht hatten, sahen vergnügt dem Treiben ihrer Sprösslinge und dem kleinen Hund zu. Die beiden schienen aufgeschlossen und guter Laune zu sein. „Vielleicht bietet sich hier doch noch eine Möglichkeit“, überlegte Maria, betrat nach anfänglichem Zögern das Grundstück und brachte ihr Anliegen vor. Die Frauen, in ihrer Unterhaltung gestört, musterten sie mit abschätzigen Blicken.

„Wir haben keine Zimmer zu vermieten … und auch wenn wir welche hätten, so wie du aussiehst, in deinen schmutzigen Kleidern …! Womöglich schleppst du uns noch Ungeziefer ins Haus, und von euch Landstreicherinnen kaufe ich sowieso nichts.“

„Schade, mein kleiner Begleiter hätte sich für eine Weile bei euren Kindern wohlgefühlt.“

„Was, der kleine Springinsfeld gehört zu dir? Den würde ich gern hier behalten, ich kaufe ihn dir ab, was verlangst du für ihn?“

„Verkaufen? Nicht um viel Geld, auch wenn Sie plötzlich ein Zimmer frei hätten! Wir sind miteinander aufgewachsen, allein schon deswegen würde ich mich nicht von ihm trennen.“

„Gib deinem Herzen einen Stoß, ich zahle, was du verlangst“, sagte die Frau plötzlich wie umgewandelt.

„Komm Trolli, wir müssen weiter!“, rief Maria. Er gab wie zum Abschied noch einmal kurz Laut und kam pfeilschnell auf sie zu. „Die wollten dich kaufen“, sagte sie vor sich hin, als sie ihn auf den Arm nahm. Er drehte mit einem herzerweichenden Winseln noch einmal seinen Kopf zu den Kindern hin. „Ja, ich weiß, das wären für dich die richtigen Spielkameraden gewesen, wenn auch nur für ein paar Stunden“, tröstete sie ihn.

Die Hoffnung, in dem Stadtviertel eine Übernachtungsmöglichkeit zu finden, war geradezu aussichtslos geworden. Es blieb ihr nichts anderes übrig, als auf den Hinweis des alten Mannes einzugehen. Auf dem Weg durch die engen Gassen hatte sie völlig die Orientierung verloren. Am Ende einer Straße stand sie plötzlich wieder auf dem Marktplatz. Von hier aus brauchte sie nur noch der alten Stadtmauer zu folgen, dann musste sie unweigerlich auf das Torhaus stoßen, auf dessen Stufen sie der Maler entdeckt hatte. Es begann bereits zu dämmern, als sie durch das große Stadttor auf den tiefer gelegenen Hafen in der Bucht zuging.

Die letzten Strahlen der untergehenden Sonne tauchten den Horizont des Meeres in ein seltsam goldenes Licht. Sie kannte das Meer nur vom Hörensagen. Fassungslos angesichts dieses noch nie gesehenen Farbspiels, das auf den Wellen tanzte, starrte sie hinaus auf die unendliche Weite. „Was würde wohl dahinter sein?“, fragte sie sich. Während sie noch schaute, erinnerte sie ein plötzlich einsetzender kühler Wind daran, warum sie eigentlich hierher gekommen war. Etwa ein Dutzend Boote verschiedener Größe schaukelten vertäut in der immer stärker werdenden Brandung. Hinter den niederen Bootshäusern am höher gelegenen Ufer lagen einige alte Boote mit schadhaften Bordwänden kieloben im Sand.

Am Ende des kleinen Hafens entdeckte sie die von dem alten Mann beschriebene Zollstation. Es war nur ein kleines, aus rohem Stein gemauertes Haus. Als Maria die knarrenden Holztreppen hinaufstieg, öffnete sich wie von Geisterhand die Eingangstür.

„Was wollt Ihr denn um diese Zeit noch hier?“, fragte eine tiefe Männerstimme. Zutiefst erschrocken brachte sie zunächst keinen Ton heraus. „Eigentlich habe ich Feierabend, aber komm trotzdem noch kurz herein, damit ich mir ein Bild von dir machen kann!", forderte der Zollbeamte sie auf und ging ihr voraus in ein kleines Büro. Die Einrichtung wirkte nicht gerade einladend. Sie bestand nur aus einem großen Schreibtisch, zwei Stühlen und einem mit Akten gefüllten Wandregal. Das große Fenster gestattete ihr noch einmal, einen Blick nach draußen zu werfen. Auf einer Landzunge, die sich dunkel von der Wasserfläche abhob, entdeckte sie ein schwaches Licht.

„Nimm Platz!", forderte sie der Beamte auf und wies ihr einen Stuhl in der Mitte des Raumes an. Ein ungutes Gefühl machte sich in ihr breit, als er sie mit seinen argwöhnischen Blicken zu durchbohren schien. Trolli, von dem Fremden eingeschüchtert, war auf Marias Schoß gesprungen. Nachdem der Zollbeamte die beiden einmal umrundet hatte, begann Trolli bedrohlich zu knurren und bellte einmal kurz auf.

„Ist ja gut, ich tue deinem Frauchen ja nichts!", versuchte er den kleinen Hund zu beruhigen. „Wie heißt du, hast du irgendwelche Papiere bei dir, die deine Herkunft nachweisen kann?", wandte er sich an Maria und nahm hinter dem Schreibtisch Platz. Sie nannte ihren Namen und reichte ihm ihre Taufurkunde.

„Keinen Pass?", fragte er und wandte sich dem Schriftstück zu. „Ach ja, du bist noch nicht volljährig, lese ich da. Pässe gibt es erst ab achtzehn", murmelte er vor sich hin und plötzlich hellte sich seine Miene auf. „Aus Rothen kommst du", sagte er erstaunt. „Da bin ich vor dreißig Jahren in die Schule gegangen. Mein Name ist Friedhelm Drehsen. Deine Ziehmutter, die Anna Wutter habe ich noch gut in Erinnerung, eine herzensgute Frau. Und nun erzähl, was dich hierher in den gottverlassenen Hafen führt, in dem außer der Fähre kaum noch ein Schiff anlegt!"

Maria fühlte ihre anfängliche Unsicherheit schwinden und berichtete ihm, wie alles gekommen war und auch, dass sie bis zur Stunde noch keine Unterkunft gefunden hatte. Stumm, ohne sie einmal mit einer weiteren Frage zu unterbrechen, hatte er zugehört.

„Da gab es zweifelsfrei keinen anderen Weg für dich als diesen", resümierte er betroffen. „Es verstößt wohl gegen alle Vorschriften, aber in deinem Fall will ich mich darüber hinwegsetzen und dir die Zelle für eine Nacht überlassen. Das Lager ist zwar hart, aber mit ein paar Decken, glaube ich, wirst du die Nacht besser überstehen als draußen unter freiem Himmel. Morgen früh um acht Uhr beginnt mein Dienst. Meine Frau wird dir ein Frühstück richten und etwas Warmes zum Trinken bringe ich auch mit. Was mich noch interessiert: Wie geht es dann weiter?"

„Als erstes muss ich mich morgen um Arbeit und eine Bleibe bemühen. Gegen Mittag hat mich ein Maler eingeladen, um für eine angefangene Skizze, die er von mir gemacht hat, Modell zu sitzen. Er hat mir bereits fünf Kronen Vorschuss gegeben.“

„Ach ja, der Thomas, er ist nach längerer Zeit wieder einmal im Land. Ich sah ihn gestern, als er von der Fähre stadteinwärts ging. Ein bekannter Maler und Luftikus. Er lebt vom Erbe seiner Mutter, die vor drei Jahren gestorben ist. Was ihn in die Welt hinauszieht und was er treibt, weiß niemand so recht, was bleibt, sind nur Vermutungen. Sein Vater lebt mit einem Diener drüben auf der Halbinsel Nehren. Manchmal sah man ihn mit seiner alten Köchin, die vor ein paar Wochen verstorben ist, auf dem Gemüsemarkt einkaufen. Das Geschlecht derer von Sanden droht auszusterben. Der letzte männliche Spross hat kein Interesse, sich eine Frau zu suchen, geschweige denn zu heiraten. Aber jetzt ist genug geredet. Ich habe hier noch zwei Decken, macht es euch so bequem wie möglich“, empfahl er seinen außergewöhnlichen Gästen. „Damit ihr jederzeit den Abtritt benutzen könnt, lass ich die Zellentür offen, ihr bleibt aber trotzdem für eine Nacht hier eingesperrt. Ich muss auch die Eingangstür verschließen, allein schon wegen meiner Akten und auch zu eurer Sicherheit. Das kleine Licht am Schreibtisch lasse ich an“, sagte er, wünschte eine gute Nacht und verschloss die Eingangstür.

Es regnete in Strömen, als sich Maria am nächsten Morgen stocksteif von dem harten Lager erhob. Der Himmel war wolkenverhangen und schien sich am Horizont mit dem Grau des Meeres zu vereinigen. Maria ordnete ihre Kleider und machte sich an dem kleinen Waschbecken etwas frisch. Sie war gerade dabei, für Trolli eine Schale mit Wasser zu füllen, als sie draußen auf der Holztreppe Schritte heraufkommen hörte. Der Schlüssel wurde mit lautem Knacken herumgedreht und der Zollbeamte Drehsen betrat mit einem Päckchen unter dem Arm den Raum.

„Guten Morgen! Schlechtes Wetter heute“, begrüßte er Maria. „Wie hast du auf der harten Pritsche geschlafen?“

„Auf jeden Fall besser als gestern auf den Treppenstufen vor dem Torhaus“, antwortete sie und ein Schauer der Erinnerung an die kalte Nacht machte sich in ihr breit.

„Hier schau, was mir meine Frau für dich mitgegeben hat!“, riss er Maria aus ihren Gedanken und hielt ihr ein Kleid entgegen. „Das hat sie getragen, als sie noch jung und schlank war, so wie du.“

„So etwas Schönes habe ich noch nie gesehen“, freute sich Maria mit tränenfeuchten Augen und hielt das Kleidungsstück an ihren Körper. Doch anstatt einer Anprobe legte sie es sorgsam zusammengefaltet auf ihr Bündel.

„Ich habe ihr von dir erzählt. Sie fand es gar nicht lustig, als ich ihr erklärte, dass ich dich mit deinem Hund hier eingeschlossen habe. ‚Warum hast du sie nicht mit nach Hause gebracht, anstatt sie dort draußen in der Kälte einzusperren?‘, hat sie mir vorgehalten. ‚Schick das Mädchen morgen zu mir, damit ich noch etwas für sie aussuchen kann‘, beharrte sie und begann, den Inhalt ihres Kleiderschrankes zu überprüfen.“ Friedhelm Drehsen öffnete ein kleines Päckchen. „Wie wäre es jetzt mit einem kleinen Frühstück, Fräulein Wutter?“, fragte er und lud sie ein, Platz zu nehmen.

„Oh!“, entfuhr es ihr beim Anblick der vorbereiteten Brote. Während sie mit gutem Appetit zugriff, schenkte er ihr aus einer dick in Zeitungspapier eingewickelten Kanne einen duftenden Tee ein. Trolli, durch den Geruch von frischer Wurst kaum zu bändigen, drängte sich winselnd an die Beine des Zöllners. „Ist ja gut, ich habe dich nicht vergessen!“, redete er auf ihn ein. Er schnitt von einer dünnen Wurst kleine Stücke ab und gab sie in die Schale, aus der Trolli vorher das Wasser geschlabbert hatte.

„Meine Frau möchte, dass du bei ihr vorbeikommst!“, nahm er das Gespräch wieder auf und reichte ihr einen Zettel mit Namen, Straße und Hausnummer. Trolli, der sich auf der Fensterbank niedergelassen hatte, begann plötzlich zu knurren und bellte kurz auf. Draußen wurde es unruhig und Stimmengewirr drang in den Raum.

„Ja, der Tagesablauf beginnt“, bemerkte Herr Drehsen und schlüpfte in die Uniformjacke, die ihn als Zollbeamten kenntlich machte. Eine kleine Barkasse mit einigen Passagieren an Bord steuerte auf den kleinen Hafen zu und legte am Kai an.

„Bleib du hier und bring dein Frühstück zu Ende, es braucht dich da draußen niemand zu sehen. Wenn ich alles erledigt habe, komme ich zurück, dann reden wir weiter.“ Er setzte seine Dienstmütze auf und verließ den Raum. Maria konnte von ihrem Platz aus beobachten, wie die Schiffsbesatzung einige Kisten und Ballen an Land brachte. Während der Zollbeamte noch mit dem Auflisten der gelöschten Fracht beschäftigt war, gingen ein paar Männer und Frauen mit kleinem Gepäck an Bord. Der ganze Vorgang hatte kaum zehn Minuten gedauert. Das Boot legte vom Landesteg ab und tuckerte aus dem Hafen. Als Drehsen die Tür einen Spalt weit öffnete, schlüpfte Trolli wieselflink hinaus und verschwand im Gebüsch, um seine Notdurft zu verrichten.

„Ja, ich hätte ihn schon früher hinauslassen sollen“, bedauerte er. „Es sieht nicht so aus, als würde es einen Dauerregen geben, denn die Wolken sind aufgerissen“, wandte er sich an Maria. Er zog seine feuchte Jacke aus und hängte sie über einen Kleiderbügel am Gitter der Arrestzelle auf. „Wenn der Regenschauer vorbei ist, kannst du dich auf den Weg machen. Wir wohnen am Rande der Stadt, eine Viertelstunde von hier. Um zwölf Uhr kommt meine Ablösung. Ich habe heute Nachmittag dienstfrei. Deshalb muss ich vorher noch einige schriftliche Sachen erledigen“, erklärte er ihr seinen Dienstplan.

Inzwischen war die Regenwand weitergezogen und ein großer Regenbogen wölbte sich im Sonnenschein vor dem grauen Himmel. Maria hatte, während der Beamte mit dem Einordnen von Akten beschäftigt war, ihre Habe zusammengepackt und war bereit, sich auf den Weg zu machen. „Danke für alles, was Ihr für mich getan habt!“, brach es mit bewegter Stimme aus ihr heraus.

„Schon gut, nicht der Rede wert“, brummelte er und begleitete sie bis zur Tür. „Meine Frau erwartet dich. Wir sehen uns später vielleicht doch noch“, bemerkte er und öffnete ihr die Tür.

Der kleine Hafen lag etwa neunhundert Fuß von der alten Stadtmauer entfernt. Maria hatte bereits die halbe Strecke bis zu zum Stadttor hinter sich gebracht, als plötzlich eine starke Windböe die einsetzende Flut ankündigte. Das regennasse, von vielen tausend Füßen und Karren blank geschliffene Kopfsteinpflaster der schmalen Straße glänzte im vormittäglichen Sonnenlicht. „Komm, Trolli, wir müssen uns beeilen, so wie es aussieht, wird es bald wieder regnen! Vielleicht schaffen wir es noch bis zu der angegebenen Adresse, ohne nass zu werden“, sagte sie mehr vor sich hin und nahm Trolli auf den Arm, um schneller voranzukommen. Als Maria den Marktplatz erreicht hatte, begann es heftig zu regnen. „Was tun?“, überlegte sie. „Weiter suchen? Dann wäre in wenigen Minuten kein trockener Faden mehr an mir“, fürchtete sie. „Wir müssen ins Trockene, denn eine Erkältung will ich auf keinen Fall riskieren.“

Obwohl es ihr im höchsten Maß widerstrebte, hatte Maria mit schnellen Schritten den kurzen Weg bis zu dem Gasthaus, in dem sie gestern mit dem Künstler zu Mittag gegessen hatte, überwunden. Außer einem älteren Mann, der mit dem Rücken an dem warmen Kachelofen lehnte, war niemand in der Gaststube. Sie sah sich kurz um und nahm an dem gleichen Tisch Platz, an dem sie am Vortag gesessen hatte. Das Bündel mit ihrer ganzen Habe legte sie neben sich auf einen Stuhl und lockte Trolli auf ihren Schoß.

„Hedda!“, rief der Mann so laut, dass Maria erschrocken zusammenzuckte. Er erhob sich umständlich und zwängte sich mit seinem runden

Bauch hinter den Schanktisch. „Ein Gast ist gekommen!“, rief er nochmals durch die offenstehende Tür zur Küche.

„Ich komm ja schon“, krächzte es zurück. Die dicke Frau, die sich gestern Maria gegenüber so schamlos benommen hatte, trocknete ihre nassen Hände an ihrer schmuddeligen Schürze ab.

„Ach, du schon wieder“, nuschelte sie erstaunt. „Ist dein Galan heute nicht dabei?“, fragte sie hämisch grinsend. „Was möchtest du, soll es vielleicht ein Schnaps sein, wie es in euren Kreisen üblich ist?“

„Was soll das! Ich habe in meinem Leben noch nie einen Schnaps getrunken“, empörte sich Maria. „Ich möchte eine Tasse heißen Tee und für meinen Hund einen Napf mit etwas Wasser!“

„Kannst du auch bezahlen? Wir sind hier keine Wohltätigkeitseinrichtung für junge herumtreibende Dirnen!“, fuhr sie Maria schlecht gelaunt an.

„Ich bettle nicht und will auch keine Almosen und zu den Dirnen, was immer Sie auch damit meinen, gehöre ich auch nicht. Ich bin nur auf der Suche nach Arbeit und warte auf jemanden, der mir vielleicht helfen kann, eine Arbeitsstelle zu finden. Niemals wieder hätte ich je einen Fuß über ihre Türschwelle gesetzt, und wäre es draußen noch so kalt oder heiß gewesen. Und dass ich noch einmal hierhergekommen bin, war nur aus Rücksicht auf meine Gesundheit wegen des Regens da draußen!“, entgegnete sie der Bedienung mit blitzenden Augen. Ihre Wangen glühten und ihr Herz schien sich nicht beruhigen zu wollen. Sie nahm aus ihrem kleinen Brustbeutel eine Silbermünze und warf sie ihrem Temperament entsprechend vor der Bedienung auf den Tisch.

Überrascht von der Spontaneität der jungen Frau stotterte diese, einen Blick auf die Münze werfend: „Da ... das ist zuviel.“

„Sie werden doch wohl wechseln können, wenn es tatsächlich zuviel sein sollte.“

„Eine Tasse Tee und Wasser“, wiederholte die Bedienung und ging, irgendetwas vor sich hinbrabbelnd, in die Küche. Der ältere Mann, der das Gespräch mitgehört hatte, öffnete den Zapfhahn, füllte sein Bierglas bis zum Überschäumen und näherte sich Maria.

„Darf ich mich auf einen kurzen Plausch zu Ihnen setzen?“, fragte er und stellte sein Glas auf dem Tisch ab.

„Bitte“, willigte Maria ein.

Er nahm ihr gegenüber Platz und begann: „Wissen Sie, die Bedienung ist Fremden gegenüber immer etwas unhöflich. Wenn sie nicht so eine gute Haushälterin wäre, hätte ich sie schon lange rausgeschmissen“, entschuldigte er sich mit nach vornübergeneigtem Kopf, gerade so laut, dass Maria noch verstehen konnte, was er sagte.

„Dann sind Sie der Besitzer des Gasthauses, vermute ich?"

„Ja, bin ich, aber die Küche habe ich Hedda überlassen, da rede ich ihr nicht rein. Das würde nur in Streitereien ausarten", gab er resigniert zu. Unsicher, als wollte er keine weiteren Zuhörer, wandte er seinen Kopf immer wieder zu der offenstehenden Küchentür, aus der man den Umgang mit Gläsern und Geschirr und das zischende Pfeifen eines Teekessels hören konnte.

„Was hat Sie eigentlich nach Grauwies verschlagen, wenn ich fragen darf?"

„Ich suche Arbeit und ein Dach über dem Kopf", befriedigte sie seine Neugier.

„Das wird mit Ihrer etwas anderen Hautfarbe nicht so leicht sein, hier in diesem Kaff. Wenn Sie nichts finden, versuchen Sie es in der Hafenstadt Langendorn. Mit der Fähre nur eine halbe Stunde. Dort sucht man weibliche Arbeitskräfte", riet er ihr mit einem versteckten Blick zur Theke, denn die Bedienung näherte sich.

„Warum bleibst du nicht an dem warmen Ofen mit deinem Rheuma und setzt dich zu wildfremden Leuten?", raunzte sie ihn an.

„Gerade von denen kann man erfahren, was draußen in der Welt so alles passiert", verteidigte er sich.

Sie setzte das Tablett mit dem Tee und der Schale Wasser für Trolli ab und zählte ein paar Kupfermünzen als Rückgeld auf den Tisch. „Aber der Hund säuft sein Wasser vom Fußboden und nicht auf der Bank wie gestern, dass ich danach alles wieder sauber machen muss", geiferte sie mit mürrischem Gesicht.

„Stell dich nicht so an, geh in deine Küche und lass uns zufrieden!", wies der Mann die Köchin zurecht. Sie wandte sich murrend ab und machte sich hinter der Theke zu schaffen. Maria nahm die restlichen Münzen an sich, steckte sie in ihren Brustbeutel und begann, genussvoll von dem heißen Tee zu schürfen.

„Ich habe gestern das Gespräch wegen der Übernachtung mitangehört. Mit etwas gutem Willen hätte sich bei uns auch etwas finden lassen, aber so ist sie halt. Entschuldigen Sie meine Neugier, es kommen so wenig Fremde in den Ort, mit denen man sich unterhalten kann. In welchem Haus haben Sie etwas gefunden?", fragte er und nestelte einen Zettel aus der Westentasche. „Wissen Sie, ich frage nur, um weiterzuvermitteln, wenn unsere Betten belegt sind."

„Niemand hat uns aufgenommen, im Gegenteil, ich wurde wegen meines Äußeren wie eine Aussätzige behandelt und abgewiesen. Während meiner vergeblichen Suche nach einer Bleibe begegnete ich einem alten Mann, der mir empfahl, es in der Pension am Rande des Städtchens zu versuchen. Als letzten Ausweg empfahl er mir, unten im Zollhaus bei dem Beamten Drehsen vorstellig zu werden. Dort stehe schon seit Monaten eine Unterkunft leer. Sie diene zwar kurzzeitig als Gefängnis für inhaftierte Schmuggler oder Leute, die sich des Zollvergehens schuldig gemacht haben. Es sei aber schon öfter vorgekommen, wenn Leute die Fähre verpasst hatten, dass sie eine Nacht in der Zelle übernachten durften. Es blieb mir also nichts anderes übrig, als dort nachzufragen“, erklärte sie dem Alten.

„Ja, ja, die Drehsens. Die sind allein schon wegen seiner Stellung als Zollbeamter eine angesehene Familie in unserem Städtchen. Wenn Sie hier nichts finden, wird Ihnen der Drehsen schon weiterhelfen, davon bin ich überzeugt“, sagte er und leerte mit einem letzten Schluck sein Bierglas.

Mit einem Blick durch das Fenster bemerkte Maria: „Ich glaube, es hat aufgehört zu regnen. Es wird auch Zeit, wir sollten gehen, um rechtzeitig wieder zurück zu sein, wenn wir hier abgeholt werden.“

„Ah, sie werden abgeholt?“, fragte er erstaunt.

„Ja, der Künstler, der uns gestern zum Essen eingeladen hat, bat mich, hier auf ihn zu warten, um für eine angefangene Skizze Modell zu sitzen. Natürlich nur gegen Entgeld, hat er mir versprochen. Die paar Kröten, die ich dafür bekomme, kann ich gut gebrauchen.“

„Dieser Mensch bleibt für mich ein Rätsel“, begann der Wirt kopfschüttelnd. „Er treibt sich überall in der Welt herum. Na ja, Geld hat er ja genug. Das Vermögen seiner Mutter, das ihm nach ihrem Tod zugefallen ist, scheint unerschöpflich zu sein“, bemerkte er.

„Aber jetzt sollten wir endgültig weiter, Frau Drehsen wartet auf uns!“, drängte Maria, nahm Trolli auf den Arm und verabschiedete sich.

Zwei Stunden später: Der Himmel hatte wieder seine Schleusen geöffnet. Einem Wolkenbruch gleich prasselte der Regen auf das Kopfsteinpflaster vor dem Gasthaus. Die Eingangstür wurde aufgestoßen und ein Mann mit einem Regenumhang bekleidet betrat die Gaststube. Er schien sehr eilig zu sein, denn sein Blick irrte suchend durch den Raum. Der alte Wirt am Stammtisch, der mit dem Rücken an dem warmen Kachelofen lehnte, hatte den neuen Gast gleich erkannt. Um sein Wissen nicht sofort zu offenbaren, lud er ihn ein, Platz zu nehmen. „Wenn sie etwas zu trinken wünschen, die Bedienung kommt gleich.“

„Nein, danke“, lehnte dieser ab. „Ich suche die junge Frau, mit der ich gestern da drüben an dem Tisch gespeist habe. Wir haben vereinbart, uns hier zu treffen.“

„Ach ja“, tat der Wirt scheinheilig, um nichts von der Unterhaltung mit Maria preiszugeben. „Da war eine da, die hatte einen kleinen Pudelhund oder so etwas Ähnliches dabei. Sie suchte nur einen Unterschlupf, wegen des Regens da draußen. Nachdem das Unwetter etwas nachgelassen hatte, meinte sie, es stehe noch der Besuch bei der Frau des Zollbeamten Drehsen an, dann sind die beiden gegangen.“

Der Künstler bedankte sich für die Auskunft und verließ schnellen Schrittes die Gaststube. Nur wenig später hielt eine überdeckte, zweirädrige Droschke vor dem Haus der Familie Drehsen an. Der Regen war inzwischen in ein Nieseln übergegangen. Der Kutscher nahm das in einer Gabeldeichsel angeschirrte Pferd am Halfter und führte es an den Gartenzaun. Nur widerwillig und mit heftigem Schnauben ließ sich das Tier an einem Zaunpfosten festbinden. Frau Drehsen unterbrach wegen des ungewöhnliche Schnaubens und Scharrens von Hufen draußen vor dem Haus die Anprobe mit Maria und trat vor die Tür. Mit einem prüfenden Blick unter den breitrandigen Filzhut erkannte sie den jungen Adeligen.

„Oh! Herr von Sanden, was verschafft mir die Ehre?“, fragte sie scheinbar überrascht.

„Wie mir der Wirt unten am Marktplatz erzählte, hatte die Frau, mit der ich im Gasthaus verabredet war, noch einen Besuch bei Ihnen vor. Ist die junge Frau noch bei Ihnen?“, fragte er und trat einen Schritt näher.

„Ja, sie ist noch hier. Sie erzählte mir, dass sie von Ihnen abgeholt werden sollte. Wir haben unsere Frauenangelegenheiten bereits erledigt. Es dauert aber noch ein bisschen mit dem Einpacken. Kommen Sie doch auf ein paar Minuten herein ins Trockene“, bot ihm Frau Drehsen an. „In der Zwischenzeit kann ich Ihnen gerne einen Tee zubereiten, wenn Sie möchten.“

„Danke für die Einladung, das ist sehr lieb von Ihnen, aber ich bin in Eile, denn mein Vater braucht noch dringend seine Arznei. Ich möchte Ihnen auch keine Umstände machen. Wie Sie sehen, sind meine Beinkleider durchnässt und die Schuhe schmutzig. Nein danke, das möchte ich Ihnen nicht zumuten.“

„Dann treten sie doch unter das Vordach, so sind Sie wenigstens vor dem Regen geschützt.“

„Ein bisschen Regen hat meiner Gesundheit noch nie geschadet“, bemerkte er. „Wenn Sie fertig sind, geben Sie mir ein Zeichen, damit ich helfen kann, wenn es vonnöten ist“, bot er sich an und nahm unter dem Verdeck Platz. Das Pferd, von seinem Instinkt zum Weiterfahren geleitet, wehrte sich und riss an den Zügeln. Der Adelsspross stieg von seinem Sitz, ging zu ihm hin und lockerte etwas die Fesselung. „Ist ja gut, mein Alter, gleich geht es weiter“, versuchte er, es zu beruhigen. Während er noch den Hals des Tieres tätschelte, waren die Frauen ins Freie getreten.

„Darf ich Ihnen behilflich sein?“, fragte er Frau Drehsen, die das größere Paket in den Armen hielt.

„Ja bitte, wenn Sie glauben, dass es für mich zu schwer ist“, willigte sie ein. Er nahm es entgegen und verstaute es hinter dem sitzbankähnlichen Bock der Droschke. Maria nahm ein weiteres Paket auf und ging, begleitet von Frau Drehsen, auf die Straße zu.

„Entschuldigen Sie bitte, dass Sie noch etwas warten mussten. So ist es eben mit uns Frauen. Nie pünktlich und immer zu einem Schwatz aufgelegt, behauptet mein Mann.“

Inzwischen hatte Maria mit Trolli in der Droschke Platz genommen.

„Einen Gruß und die herzlichsten Genesungswünsche für Ihren Herrn Papa!“, gab Frau Drehsen dem Sohn auf, bevor das Gefährt in eine Seitenstraße einbog.

„Dein Bündel ist im Gegensatz zu gestern mächtig angewachsen“, bemerkte er, als sie den Marktplatz erreicht hatten.

„Ja, Frau Drehsen hat mich mit Unterwäsche und ein paar Kleidern ausstaffiert, die ihr zu eng geworden sind. Damit werde ich gut ein Jahr auskommen, bevor ich etwas Neues dazukaufen muss“, sagte sie mit einem zufriedenen Lächeln. Anstatt am Torhaus anzuhalten, um die Skizze fertigzustellen, lenkte er das Pferd entgegen der gestrigen Absprache in eine stadtauswärts führende Straße.

„Wo fahren wir hin?“, fragte sie.

„Nach Hause in mein Atelier. Bei dem Regen wäre es eine Zumutung gewesen, hier weiterzumachen, du könntest dir auf den kalten Stufen den Tod holen. Auch wenn schönes Wetter wäre, ich hätte jetzt auch keine Zeit, mein Vater braucht seine Medikamente und du brauchst ein Dach über den Kopf. Modell sitzen kannst du immer noch, wenn es an der Zeit ist. Zum Übernachten steht dir vorerst das Gästezimmer im Erdgeschoss zur Verfügung. Ja, und wie es weitergehen soll, darüber reden wir morgen!“, entschied er und trieb das Pferd zu einer schnelleren Gangart an.

Die Fahrt über das grobe Kopfsteinpflaster ging in einen sandigen, hinter hohen Dünen liegenden Fahrweg über. Da war kein Hufschlag, kein Rattern der Räder zu hören. Die Ruhe ringsum und das leichte Wippen, hervorgerufen durch die Gangart des Pferdes, ließ Maria in tiefes Grübeln versinken. „Nach Hause", hatte er gesagt. Sie hatte kein Zuhause mehr und wollte auch nie mehr dorthin zurückkehren. Irgendwo würde sie schon Arbeit finden, ihr eigenes Einkommen haben und ein Zimmer mieten, träumte sie vor sich hin. Was würden wohl die nächsten Stunden für sie bereithalten, fragte sie sich. Zum ersten Mal in ihrem jungen Leben fühlte sie, wie sich eine unbekümmerte Gleichgültigkeit in ihr breitmachte. Sie schwamm auf einer Welle des Wohlgefühls und wünschte, dass dieser Zustand kein Ende nehmen möge.

„Wir sind gleich da!", riss er sie aus ihrer Träumerei und urplötzlich erschien ihr die Welt in einem ganz anderen Licht. Als er das Pferd zu einer langsameren Gangart anhielt, bemerkte sie hinter einem vorgelagerten Park eine stattliche Villa. Anstatt auf den breiten Fahrweg, der auf den Haupteingang zuging, bog das Pferd ohne jegliches Zutun des Lenkers in einen Seitenweg ein, der hinter das Gebäude führte. Ein weißhaariger alter Mann mit gebeugtem Rücken näherte sich, nahm das Pferd am Halfter und führte es bis zu den Treppen des Hintereinganges.

„Schau, wen ich mitgebracht habe!", rief ihm der Maler vom Bock aus zu und half Maria beim Absteigen.

„Oh!", tat der Diener erstaunt. „Herzlich willkommen auf Sanden, Madame!", begrüßte er Maria mit einer leichten Verbeugung. Eine nicht zu übersehende Röte verfärbte Marias Gesicht. Sie fühlte sich verhöhnt, wie sie hier in ihren abgetragenen Kleidern empfangen wurde. Noch nie in ihrem Leben hatte sie jemand „Madame" genannt.

„Danke für den hochherrschaftlichen Empfang", begann sie ironisch, innerlich auf das Höchste erregt. Wie in Demut neigte der Alte seinen Kopf vor Maria.

„Nimm den Braunen und reib ihn trocken!", beauftragte der junge Baron den Diener und reichte Maria ein Päckchen, das größere klemmte er sich selbst unter den Arm. Gefolgt von Trolli schritten sie die Treppe zum Hintereingang hoch.

„Warum warst du gegen den alten Herrn so ungehalten?", fragte er, als sie den Flur entlanggingen.

„Ich bin in den letzten Tagen genug erniedrigt und verhöhnt worden!", entgegnete sie trotzig.

„Ich verstehe dich ja, du bist mit den Gepflogenheiten des Adels noch nicht vertraut. Es ist üblich, wenn Dienern und Angestellten fremde weibliche Personen vorgestellt werden, dass diese auf jeden Fall mit Madame angesprochen werden müssen, gleich welcher Herkunft sie sind. Andreas

Mälzer, so ist sein Name, hat sich völlig korrekt verhalten. Seiner Pflicht bewusst hat er sich wegen deiner versteckten Vorhaltungen mit einer stummen Verbeugung entschuldigt. Ich glaube, du verstehst jetzt, dass er dich mit seiner Anrede nicht beleidigen wollte. Er diente schon als junger Mann bei meinem Großvater, nun also bereits in der dritten Generation. Zur Zeit versucht er als Stallmeister und Gärtner zugleich, das Haus und die Anlagen etwas in Ordnung zu halten. Die letzten Wochen nach dem Tod der alten Köchin mussten sich die beiden Herren selbst versorgen. Sie kochten und brutzelten, was ihnen gerade in den Sinn kam“, erzählte er mit einem amüsierten Lächeln.

Schließlich verlangsamte der junge Baron am Ende des Korridors seinen Schritt. „Hier ist das Gästezimmer“, bemerkte er und lud Maria mit einer Handbewegung ein, ihm zu folgen. „Schau dich um und mach’ es dir bequem. Dort hinter der Tür ist das Badezimmer. In einer Stunde, vielleicht auch etwas später gibt es das Abendbrot. Ich werde dich abholen und meinem Vater vorstellen.“

„Wer richtet denn das Abendbrot, wenn doch keine Frau im Hause ist?“, fragte sie und bot sich an, in der Küche zu helfen.

„Wenn du das absolut willst, Andreas hat bestimmt nichts dagegen.“

„Als erstes möchte ich mich aber ein bisschen frisch machen und etwas Anderes anziehen. Danach hätte ich gern, dass du mich abholst. Es ist alles so fremd für mich in einem so großen Haus.“

„Das kann ich gut nachfühlen. Mir ist es auch schon so ergangen. Fremde Menschen und lautlose Häuser sind nicht gerade angenehm, deshalb schlage ich als erstes vor, dass du mich in Zukunft mit meinem Vornamen ansprichst.“

„Ich weiß nicht so recht, du bist von adeliger Herkunft, habe ich von Frau Drehsen erfahren.“

„Ob adelig, arm oder reich, ob im Lachen oder Schmerz, der Salzgehalt der Tränen ist bei allen gleich. Der einzige Unterschied besteht nur darin, dass jeder für sich anders denken und handeln kann. Ich selbst habe schon einen Gutteil der Welt und ihre Menschen kennengelernt, deshalb lehne ich auch eine übertriebene Etikette ab.“

Maria hatte aufmerksam zugehört und wiegte unentschlossen ihren Kopf. „Irgendwie hast du ja recht, also einverstanden. Aber ich weiß noch nicht einmal, wie du heißt.“

„Thomas Leopold ist mein Name. Meine Mutter bestand auf Thomas, mein Vater auf Leopold, so kam ich zu dem Doppelnamen. Im Allgemeinen werde ich nur mit Thomas angesprochen, selten aber mit beiden Namen. Such dir einen aus, du hast freie Wahl."

„Dann würde ich dich gern Thomas nennen, der Name gefällt mir."

„Danke", flüsterte er, nahm ihre beiden Hände und berührte einem Handkuss gleich mit seinen Lippen ihre Handrücken. Ein seltsames Gefühl durchwanderte ihren Körper. Einen Augenblick lang war ihr, als müsse sie in den Boden versinken. Niemand außer ihrer verstorbenen Ziehmutter hatte sie so liebevoll behandelt und ihre Hände mit Küssen bedeckt, erinnerte sie sich. Überwältigt von den soeben empfundenen Gefühlen spürte sie, wie ihre Knie weich wurden.

„Ist dir nicht gut?", fragte er. Ihr wie abwesend in die Ferne gerichteter Blick verriet ihm eine nahende Ohnmacht. Er legte einen Arm um ihre Schultern und führte sie zu einem weichen, gepolsterten Sessel. Nachdem sich Maria niedergelassen hatte, hauchte sie mit schwacher Stimme: „Es geht schon wieder, nur eine kleine Schwäche", entschuldigte sie sich. „Alles erscheint mir so unwirklich. Wenn ich an die letzten Tage zurückdenke, fühle ich mich wie von einer schweren Last befreit."

„Das freut mich für dich. In etwa einer halben Stunde werde ich an die Tür klopfen, um dich abzuholen, wenn es dir recht ist." Thomas verließ, ohne ihre Antwort abzuwarten, das Gästezimmer. Als die Schritte draußen auf dem Flur verklungen waren, erhob sie sich, nahm das Kleid, das ihr am besten gefiel, schlüpfte hinein und betrachtete sich in dem großen Spiegel, der in einer Ecke des Zimmers stand. Mit einem zufriedenen Lächeln wandte sie sich der Unterwäsche zu, die sie nach dem Bad anzuziehen gedachte. Es war nur ein kleiner Raum, den sie betrat, etwa drei Schritt im Geviert, mit einem Fenster, das fast die Hälfte einer Wand einnahm. Die Nachmittagssonne tauchte den kleinen Raum in goldgelbes Licht. Nur von einer Badewanne, wie auf dem Messingschild an der Tür abgebildet, war nichts zu sehen. Neugierig streifte sie einen bodenlangen Vorhang zur Seite und war überrascht von einer Zelle mit weißen Kacheln und chromglänzenden Armaturen an den Wänden. Voller Bewunderung über diesen Luxus begann sie sich zu entkleiden. Trolli, der nie von ihrer Seite gewichen war, verfolgte aufmerksam jede ihrer Bewegungen. Er schnüffelte und durchwühlte mit seiner Schnauze ihre abgelegten Kleider. Ein sonderbar angenehmes Gefühl wanderte durch ihren Körper, als das warme Wasser über ihre nackte Haut rieselte. Einen Augenblick lang erinnerte sie sich an ihre Kindheit, an das Bad in dem hölzernen Bottich. „Nur reiche Leute können sich eine richtige Dusche leisten. Die werden aber dadurch auch nicht sauberer als wir", pflegte ihre Ziehmutter manchmal zu sagen, wenn sie ihr mit der Brause aus einer Gießkanne den restlichen Seifenschaum vom Körper abspülte.

Trolli, der dem vermeintlichen Regen, der sich über Maria Körper ergoss, hilflos zusehen musste, begann zu winseln. „Ich bin ja schon fertig, mein kleiner Liebling“, sagte sie und begann sich abzutrocknen. „Irgendwann bekommst auch du eine Dusche“, redete Maria auf ihn ein, während sie die nassen Wände abwischte. Ihre abgetragene Garderobe stopfte sie in den alten Beutel und trat vor den großen Spiegel. Im Gegensatz zu den kleinen, erblindeten Spiegeln in ihrer Kammer sah sie sich zum erstenmal in ihrer ganzen Nacktheit. Marias Hände irrten über die Lenden hoch und streichelten zärtlich ihre festen jungfräulichen Brüste. Von einer nie gekannten Wollust überfallen, räkelte sie sich vor ihrem Ebenbild. Erschrocken über ihre intimsten Vorstellungen schlüpfte sie in das Kleid, das sie sich vorher zurechtgelegt hatte und brachte ihre Frisur in Ordnung. Auf seltsame Weise immer noch erregt, breitete sie die restlichen Kleider vor sich aus und glättete mit den Händen die gröbsten Falten. Die Unterwäsche von Frau Drehsen legte sie sorgfältig verpackt in eines der vielen Fächer im Kleiderschrank. Trolli begann plötzlich laut zu knurren, denn es klopfte leicht an der Tür.

„Ich bin gekommen, um dich abzuholen! Darf ich eintreten?“

„Ja bitte!“, antwortete Maria. Ein beklemmendes Gefühl machte sich in ihr breit, als er die Tür hinter sich geschlossen hatte und sie mit großen Augen anstarrte.

„Du bist so schön wie eine Märchenprinzessin in diesem Kleid.“

Maria senkte verlegen den Kopf, würgte begleitet von heftigem Herzklopfen den Kloß in ihrem Hals hinunter und bat ihn Platz zu nehmen.

„Nein danke, ein anderes Mal vielleicht“, lehnte er ab. Ohne seinen bewundernden Blick von Maria abzuwenden, sagte er mehr vor sich hin: „Soweit ich es in Erinnerung habe, wolltest du dich etwas in der Küche umsehen.“

„Ja, das wollte ich. Nachdem du mir die Gepflogenheiten in den adeligen Kreisen erklärt hast, möchte ich mich vor allem bei dem alten Diener für mein Verhalten entschuldigen.“

„Das ist nett von dir. Andreas war sehr ungehalten, als ich ihm erzählte, was dir alles widerfahren ist, aber jetzt zeig‘ ich dir erst mal mein Atelier.“

Es roch nach Farben, als sie den großen hellen Raum betraten. Unordnung überall, wohin man sah. „Wie kann sich ein Mensch in diesem Wirrwarr nur zurechtfinden?“, fragte sich Maria. In der Mitte stand ein großer, mit vielen Farbtöpfen beladener Tisch und auf dem Boden sah sie festgetrocknete Farbreste in den verschiedensten Tönen. Die hohe Staffelei war auf der Vorderseite mit einem großen weißen Laken zugehängt. Neugierig geworden wollte sie wissen, was sich hinter dem Tuch verbarg.

„Ach, nichts Besonderes, nur eine Frau“, wiegelte er ab.

„Darf ich das sehen?“

„Wenn du das absolut willst, bitte. Ich glaube aber nicht, dass dir so etwas gefällt“, beugte er vor und schlug das Tuch zur Seite.

„Huch, eine nackte Frau“, tat sie erstaunt. „So wollte ich mich nie malen lassen“, sagte sie leicht verschämt zu ihm aufblickend.

„Das ist alles eine Sache der Berufsethik. Ein Maler sieht nur sein Modell und nicht die Frau, wie viele meinen.“

„Schon komisch“, dachte sie. „Kann ich die Skizze, die du von mir angefangen hast, auch einmal sehen?“

„Aber ja“, willigte er ein, ging ihr voraus und blieb vor einer der zwei kleineren Staffeleien stehen.

„Du wolltest mir doch die Skizze zeigen, dagegen sehe ich nur eine weiße Leinwand“, wandte sie sich an Thomas, der an ihre Seite getreten war.

„Um die Bilder vor den Hinterlassenschaften von Fliegen und anderem flugfähigen Getier zu schützen, wird jede Arbeit abgedeckt, so wie die Nackte vorhin“, erklärte er und entfernte die Abdeckung.

„Oh! Das soll ich werden?“, entfuhr es ihr erstaunt. „Ohne Kopf und Arme, auch die Schuhe erscheinen mir zu groß und Trolli fehlt auch“, bemängelte sie.

„Das ist doch nur eine erste ungefähre Skizze“, verteidigte er seinen Entwurf. „Für Gesicht und Arme bedarf es noch einiger Sitzungen und für deinen Kläffer ist auch noch Platz genug. Wo streunt er eigentlich herum, er weicht doch sonst nicht von deiner Seite?“

„Trolli hat uns nur ein Stück weit begleitet, die Möbel im Vorraum schienen ihn mehr zu interessieren. Ich habe gesehen, wie er daran herumschnüffelte.“

„Aber jetzt besuchen wir erst einmal Andreas“, schlug Thomas vor. Als er und Maria jedoch auf dem Weg in die Küche am Hinterausgang vorbeikamen, entdeckten sie Trolli. Dieser hatte es sich auf einem der weich gepolsterten Sessel bequem gemacht. „Ach, da bist du ja! Bleib nur liegen, ich komme bald wieder!“ Trolli streckte sich mit einem zufriedenen Seufzer aus und schloss die Augen.

„So ist es recht“, lobte ihn Thomas und strich ihm zum ersten Mal über sein Fell. „Bei uns gab es früher, als meine Mutter noch lebte, auch einen Hund und einige Katzen im Haus, schon der Mäuse wegen“, erklärte er.

Der alte Diener Andreas war bereits dabei, das Abendbrot vorzubereiten, als sie die Küche betraten. „Herzlich willkommen!“, begrüßte er Maria und reichte ihr die Hand. „Wie mir Thomas berichtete, wollten Sie sich etwas in der Küche umsehen. Seit unsere Köchin krank geworden ist, führe ich hier Regie und das wird vermutlich noch eine Zeitlang so weitergehen, befürchte ich. Es ist schon lange her, dass sich eine junge Frau für unsere Küche interessiert hat“, freute er sich.

„Eigentlich bin ich gekommen, um mich bei Ihnen für mein unbeherrschtes Benehmen zu entschuldigen.“

„Das wäre nicht nötig gewesen, ich kann Ihre Gefühle gut verstehen, denn als ich damals als junger Mann in die Dienste derer von Sanden getreten bin, hat es auch lange gedauert, mich in der Gesellschaft zurechtzufinden. Heute bin ich zufrieden, ein anderes Leben kann ich mir nicht mehr vorstellen“, sagte er und wandte sich wieder seiner Tätigkeit zu.

„Kann ich Ihnen irgendwie behilflich sein? Ich habe oft zusammen mit meiner Ziehmutter gekocht und das Essen vorbereitet.“

„Oh, nein, das wäre unschicklich! Sie sind Gast und sollen nichts anderes, als sich wohlfühlen“, lehnte er mit einem freundlichen Lächeln ab.

„Schade, ich hatte mich schon so darauf gefreut, mit Ihnen zusammen das Abendbrot vorzubereiten“, schmollte sie in der Hoffnung, ihn doch noch umstimmen zu können.

„Also gut. Wenn Sie das absolut wollen“, gab Andreas ihrer Bitte nach und warf Thomas einen vielsagenden Blick zu.

„Rauft euch zusammen, ich schau noch einmal nach den Pferden“, sagte er und ließ die beiden allein. Auf dem Rückweg vom Stall rief Thomas seinem Vater durch die halb offenstehende Bürotür zu: „Es ist angerichtet!“

„Danke, ich komme gleich!“, hörte er ihn antworten und kurz darauf betrat der Hausherr das Speisezimmer. „Oh!“, entfuhr es ihm erstaunt. „Heute hast du dir besonders viel Mühe gegeben, mein lieber Andreas, oder gibt es etwas zu feiern?“, fragte er mit einem Blick auf die angerichteten Speisen. „Und Besuch haben wir auch?“, wandte er sich an Thomas.

„Darf ich vorstellen: Maria Wutter, mein Modell und mein Vater, Baron Hubert von Sanden!“

„Herzlich willkommen!“, freute sich der Baron, reichte ihr die Hand und lud alle mit einer Handbewegung ein, Platz zu nehmen. Marias Augen wanderten verwundert zwischen Vater und Sohn hin und her, denn die beiden Männer hätte sie eher mit zwei Brüdern in Verbindung bringen können.

„Köstlich, köstlich, mein lieber Andreas, und alles so einladend arrangiert“, lobte der Hausherr seinen Freund und Hausdiener.

„Entschuldige, dein Lob steht mir nicht zu. Das alles ist ganz allein der Tüchtigkeit von Fräulein Wutter zu verdanken, ich war dabei nur der Zuschauer.“

„Ah so, da bin ich aber erstaunt! Vorzüglich, Fräulein Wutter, vorzüglich! Nach all dem, was sich da vor meinem Auge ausbreitet, wünschte ich, mein Sohn hätte Sie mir lieber als die neue Köchin vorgestellt“, sagte er und reichte ihr anerkennend die Hand über den Tisch.

„Das finde ich auch“, murmelte Andreas, der in Marias Gesicht eine leichte Röte aufsteigen sah.

„Da wird Ihr Aufenthalt bei uns wohl nur von kurzer Dauer sein, vermute ich?“

„Ich weiß es nicht, dass kann nur Ihr Sohn entscheiden, wie lange er mich als Modell braucht“, antwortete sie.

„Das kann man so leicht nicht beantworten, vielleicht zwei Tage oder mehr“, gab dieser Auskunft.

„Entschuldigen Sie bitte meine Neugier, wie lässt sich in so unsicheren Zeiten wie heute eine Auszeit von Schule oder Beruf vereinbaren?“, fragte der Baron Maria über den Tisch hinweg.

Durch diese Frage aufs Höchste in Verlegenheit gebracht, antwortete sie mit leiser Stimme und gesenktem Kopf: „Meine Schulzeit endete bereits vor zwei Jahren, jetzt bin ich sechzehn. Seitdem meine Ziehmutter gestorben ist, bin ich auf der Suche nach Arbeit.“

„Ein schwieriges Unterfangen für ungelernte Arbeitskräfte“, sinnierte der Baron vor sich hin, ohne seinen Blick von Maria abzuwenden. „Aber jetzt wollen wir erst einmal das sorgsam zubereitete Abendessen genießen.“

Während des Essens wurde nur über belanglose Angelegenheiten gesprochen. Der Hausherr erhob sich einem alten Ritual zufolge als erster zum Zeichen, dass das Diner aufgehoben war. Er verabschiedete sich und wünschte allen noch einen schönen Abend. Auf dem Weg in sein Büro machte er Thomas mit einem Fingerzeig deutlich, dass er ihn noch zu sprechen wünsche. Andreas stellte die Teller und die restlichen Speisen auf zwei große Tabletts. Als sich Maria anschickte, Andreas mit dem Geschirr in die Küche zu folgen, wehrte er mit hochgezogenen Augenbrauen ab. „Das ist jetzt meine Aufgabe!“

„Ich möchte Ihnen nur helfen, ich kann doch nicht die ganze Zeit gelangweilt hier herumsitzen?“

„Lass gut sein, Maria, du bringst sonst den alten Herrn noch von seinen sich selbst auferlegten Pflichten ab!“

Sie fügte sich seinem Widerspruch, bat ihn aber um ein kleines Gefäß, damit sie Trolli von den übriggebliebenen Speisen etwas anrichten konnte. Als sie an der Seite von Thomas auf den Flur trat, schlug er vor, mit ihr einen Rundgang durch den Park zu machen. „Zieh dir etwas über, denn der Wind vom See her ist um diese Jahreszeit noch empfindlich kalt. Mein Vater bat mich vorhin zu einem Gespräch. Es wird nicht lange dauern, denke ich, danach hole ich dich ab.“

„Gut“, nickte sie zustimmend und wandte sich Trolli zu. „Schau, was ich habe!“, lockte sie ihn mit den Essensresten. Er hob schnuppernd die Nase, sprang von seinem weichen Liegeplatz und lief ungeduldig neben ihr her den Flur entlang. Sie öffnete die Tür zum Gästezimmer und stellte den gefüllten Napf auf den Boden. Während er schmatzend seinen Hunger stillte, wählte sie den mit Kaninchenfell gefütterten Mantel, ein Paar hohe Winterschuhe und dicke gestrickte Strümpfe aus. Fertig angezogen drehte und wendete sie sich mehrmals vor dem großen Spiegel. „Vielen Dank für die schönen Sachen, Frau Drehsen“, sagte sie laut vor sich hin, da klopfte es an der Tür.

„Entschuldige Maria! Wenn du Besuch hast, dann warte ich so lange.“

„Du brauchst nicht zu warten, ich bin fertig mit dem Ankleiden“, antwortete sie und öffnete ihm die Tür. „Wie kommst du darauf, dass ich Besuch haben könnte?“

„Ganz einfach, Ich hörte dich sprechen und da dachte ich ...“ Er kam nicht dazu, den Satz zu beenden, denn Maria fiel ihm ins Wort: „Ach deswegen, nein, kein Besuch, ich habe mich nur mit lauten Gedanken bei Frau Drehsen für die Sachen, die sie mir überlassen hat, bedankt.“

„Es hat sich halt so angehört. Na dann wollen wir mal!“, sagte er, öffnete ihr die Tür und führte sie als erstes um die schlossähnliche Villa und anschließend in den angrenzenden Park, der sich bis zum Meer hin ausdehnte. Uralte Bäume, fast noch im Winterschlaf, säumten die Wege und streckten ihre kahlen Äste dem grauen Himmel entgegen. Marias Blick glitt hinaus über das scheinbar horizontlose Meer. Vom Bootssteg, der weit in das ruhigere Wasser der Bucht ragte, konnte sie gerade noch im Dunst des aufsteigenden Nebels die erleuchteten Fenster der Zollstation erkennen. „Herr Drehsen ist noch im Dienst“, sagte sie vor sich hin.

„Ja, aber nicht mehr lange. In zwei Monaten soll die Anlegestelle im Hafen geschlossen werden. Dann übernimmt die Bahn die Funktion der Zollstation. Ich schlage vor, wir gehen auf der anderen Seite des Parks zurück." Nur wenige hundert Meter von der Villa entfernt kamen sie an einem kleinen, von niederen Hecken umgebenen Friedhof vorbei. Die mit Gras und Unkraut überwachsenen Wege nötigten Maria ein verständnisloses Kopfschütteln ab. Ohne sich nach ihrem Begleiter umzudrehen, fragte sie: „Ist hier niemand für die Pflege zuständig?"

„Früher, als meine Mutter noch lebte, hat sie das als ihre Aufgabe angesehen. Nach ihrem Ableben übernahm es die alte Köchin, so weit es ihre Gesundheit zuließ, das Unkraut zu beseitigen. Andreas, anfangs bemüht, die Hecken regelmäßig zu schneiden, fühlte sich im Laufe der Zeit überfordert. Deshalb beabsichtigen wir, einem Gärtner diese Arbeiten zu übertragen. Der Ruheplatz meiner Mutter liegt auf der anderen Seite des Friedhofes neben der kleinen Kapelle", erklärte er Maria, die ihm schweigend durch die Grabreihen gefolgt war. Das Familiengrab derer von Sanden war mit einer weißen Marmorplatte abgedeckt und mit einer Grabinschrift versehen: *Hier ruht in Gott Baronin Hildegard Amalie von Sanden, geb. Gräfin zu Holm.*

„Dieser Platz ist so etwas wie eine Zufluchtsstätte für meinen Vater. Er kommt oft hierher, um meiner Mutter seine Gedanken mitzuteilen." Nach einigen Augenblicken stillen Gedenkens verneigte sich Thomas und berührte ihr zu Ehren den kalten Marmorstein. Tief beeindruckt von dieser Geste fragte Maria, ohne zu ihm aufzusehen: „Und du? Sprichst du auch noch mit deiner Mutter?"

„Ja, oft sogar. Besonders wenn mich Zweifel quälen oder ich nicht mehr weiß, wie es mit mir weitergehen soll. Dann bitte ich sie um Verzeihung, dass ich so geworden bin, wie ich bin. Übrigens, mein Vater fragte mich vorhin nach deiner Zukunft. Ich erzählte ihm alles, was ich von dir wusste. Er hatte sich wohl erhofft, du wärst für mich mehr als nur ein Modell. Es kam fast zu einem handfesten Streit, als ich das verneinte. Einen Menschen nur für seine Zwecke zu nutzen, um ihn dann wieder in Armut und Obdachlosigkeit zu entlassen, könne er nicht zulassen. Er hat mit seinem Vorwurf recht, muss ich zugeben. Wenn ich daran denke, wie es dir seither ergangen ist! Es wäre Unrecht und im Nachhinein würde es auch mein Gewissen belasten, wenn ich dich nur mit ein paar Kronen für deine Dienste abspeisen würde. Mein Vater spielt mit dem Gedanken, dich fest anzustellen, vertraute er mir an. Du hättest die Fähigkeiten zu einer guten Köchin. Ich sage dir das nur, damit du vorbereitet bist, wenn er dich darauf ansprechen sollte.

Wenn du die Stelle als Köchin annehmen würdest, hättest du ein festes Einkommen und brauchtest dir um deine Zukunft keine Sorgen mehr zu machen. Mit einer jungen Frau im Haus käme auch etwas Licht in das Eremitendasein meines Vaters und auch in das von Andreas. Manchmal bin ich monatelang auf der ganzen Welt unterwegs. Es würde mich freuen, wann immer auch ich zurückkomme, von dir begrüßt zu werden."

„Wie stellt ihr euch das vor? Ich, eine Köchin in einem adeligen Hause, das kann doch wohl nicht angehen", bezweifelte sie kopfschüttelnd. „Ich komme aus armen Verhältnissen und kenne nur einfache Gerichte. Damit würde sich in deinen Kreisen wohl niemand zufrieden geben."

„Da irrst du dich aber gewaltig. Andreas ist auch kein gelernter Koch. Aber was er für meinen Vater kocht, sind deftige Gerichte. Ein oder zwei volle Teller davon sind mir lieber als nur kleine Häppchen in mehreren Gängen, lobt er immer wieder die Kochkunst des alten Dieners", sprach er ihr Mut zu und legte einen Arm um ihre Schultern. Gerührt von seinen Worten ließ die plötzliche Nähe ihre Augen feucht werden. Hin- und hergerissen zwischen einem Gefühl der Dankbarkeit und Zuneigung berührte sie einen Augenblick lang mit einer Wange die Hand auf ihrer Schulter.

„Du wirst sehen, alles wird gut und morgen möchte ich an deinem Bild weitermachen. Zwischendurch wird allerdings deine Anwesenheit im Atelier erforderlich sein."

Der Tag neigte sich bereits dem Ende entgegen, als sie in die Dämmerung des Foyers eintraten. Bevor sich Thomas seinem Atelier zuwandte, verabschiedete er sich mit einem „Gute Nacht, bis morgen!"

Maria klopfte mit leichter Hand an der Küchentür, wartete aber vergebens auf eine Antwort und trat ein. Andreas, der damit beschäftigt war, Kaffeegeschirr einzuordnen, blickte verwundert auf.

„Entschuldigen Sie, ich habe angeklopft, bekam aber kein Zeichen, um einzutreten."

„Sie brauchen sich nicht zu entschuldigen, ich bin schon etwas schwerhörig, müssen Sie wissen. Selbst bei normalen Gesprächen muss ich genau hinhören, um alles zu verstehen", murmelte er vor sich hin, ohne seine Tätigkeit zu unterbrechen.

„Ich habe mir gedacht, dass Sie vielleicht um diese Zeit noch beschäftigt sind. Kann ich ihnen behilflich sein?"

„Vielen Dank, nein. Ich habe nur einiges für den Herrn Baron vorbereitet. Er ist ein Frühaufsteher, man weiß nie, wann er von seinen Spaziergängen zurückkommt. Seit dem Ableben seiner Frau vor drei Jahren entfällt jedes gemeinsame Frühstück. Wer etwas zu sich nehmen will, geht einfach in die Küche und bedient sich selbst. Dabei kommt es schon mal vor, dass man sich hier trifft, um etwas zu plaudern. Wenn Sie noch einen Wunsch haben, dann sagen Sie es mir bitte!“, wandte er sich mit einem fürsorglichen Ton in der Stimme an Maria.

„Im Augenblick brauche ich nichts, nur mein kleiner Hund, der Trolli, hat dringend ein Bad nötig. Wenn Sie mir eine kleine Wanne oder irgendein Behältnis überlassen würden, wäre ich ihnen dankbar.“

„Kein Problem, die Lieblingsbeschäftigung der Frau Baronin war, einmal in der Woche ihren Hund zu baden“, bemerkte er mit einem Lächeln der Erinnerung. Er öffnete die Tür zu einem Nebenraum und kam bald darauf mit einer kleinen Blechwanne zurück. „Benutze ich manchmal noch zum Abwaschen von Kartoffeln und Gemüse“, kam es wie eine Entschuldigung über seine Lippen.

„Danke. Nur eine Frage hätte ich aber dann doch noch. Wenn kein gemeinsames Frühstück üblich ist, ab wann darf man dann die Küche benutzen?“

„Im Allgemeinen nicht vor acht Uhr. Unsere Zugehfrau bringt gewöhnlich eine Stunde vorher das Frühstücksbrot und die bestellten Lebensmittel für den ganzen Tag.“

„Ich fühle mich noch etwas fremd hier. Es würde ich mich freuen, wenn ich morgen mein erstes Frühstück mit Ihnen zusammen einnehmen könnte.“

„Dem steht nichts im Wege“, willigte er mit einem verschmitzten Lächeln ein. „Eine seltene Gelegenheit, mit einer jungen Frau zu sprechen. Was sich sonst so hierher verirrt, sind meistens alte Weiber mit ihren Krankheitsgeschichten“, brummelte er. Maria bedankte sich für alles, wünschte ihm eine gute Nacht und wollte die Küche verlassen. „Einen Augenblick noch“, hörte sie ihn sagen und wandte sich verwundert um. „Hab’ ich ganz vergessen“, entschuldigte er sich, ging zurück in den Nebenraum und übergab ihr ein paar ältere Handtücher: „Zum Trockenreiben für den kleinen Kerl. Wie alt ist er denn?“

„So genau weiß ich das auch nicht, aber etwas über zehn Jahre bestimmt, vielleicht auch elf. Wir sind miteinander aufgewachsen, er ist mir einfach nachgelaufen. Seitdem weicht er nicht von meiner Seite.“

„Dann ist er ja nach Hundejahren gerechnet an die siebzig, so alt wie ich“, lächelte Andreas nachdenklich. „Machen Sie ihm ein schönes Bad“, empfahl er ihr.

„Aber jetzt möchte ich Sie nicht länger aufhalten. Ich wünsche Ihnen eine gute Nacht, und nochmals vielen Dank“, verabschiedete sie sich und verließ die Küche. Als sie die Tür zu ihrem Zimmer öffnete, kam ihr Trolli winselnd entgegen. „Schau, was ich mitgebracht habe", sagte sie und hielt ihm die Wanne vor die Schnauze. Er schnupperte kurz daran, wandte sich ab und leckte an dem leeren Fressnapf. „Ja, ich weiß, du hast Durst", sagte sie und streichelte sein krauses Fell. Sie legte ihren Mantel ab, reinigte den Napf und füllte ihn mit frischem Wasser. Während Trolli schlabbernd seinen Durst löschte, füllte sie die Wanne bis zur Hälfte mit warmem Wasser. Trolli, mit großem Respekt vor dem blechernen Ungetüm verdrückte sich zum hintersten Rand des großen Spiegels.

„Nun komm schon und sei kein Frosch! Das Wasser ist warm, nicht so kalt wie früher in den hölzernen Bottichen." Nach mehrmaligem Zureden wagte er sich, die Wanne immer noch misstrauisch im Blick, aus dem Versteck. Er wehrte sich vehement dagegen, in den ungewohnten Behälter zu steigen. Doch Maria drückte ihn resolut in das Wasser, nahm etwas Seife und begann sein Fell zu waschen. Still, als würde es ihm höchste Freude bereiten, ließ er alles über sich ergehen. Sie füllte einen Krug mit lauwarmem Wasser, spülte den restlichen Seifenschaum von dem kleinen Körper und rubbelte ihn mit dem alten Handtuch trocken. „So, jetzt bist du wieder weiß wie Schnee", lobte sie sein verändertes Aussehen. Trolli leckte ihr wie zum Dank für ihre Fürsorge den Handrücken. „Ist ja gut, mein Schatz", flüsterte sie und bettete ihn auf ein weiches Kissen auf dem Sofa. Sie legte ihre Kleider ab und aalte sich noch eine Weile unter der Dusche. Danach legte sie sich von einer angenehmen Müdigkeit übermannt ins Bett, zog die Decke bis zum Kinn hoch und schloss die Augen.

Ein Kitzeln an der Nase und warmer Atemhauch ließ Maria verwundert die Augen öffnen. Trolli, der sich im Dämmerlicht des anbrechenden Tages an ihre Seite geschlichen hatte, knurrte warnend. „Oh Trolli, warum musst du mich gerade jetzt wecken? Ich hatte einen so schönen Traum. Eigentlich müsste ich dir böse sein, aber ich weiß auch, schöne Träume gehen nur selten in Erfüllung." Draußen auf dem Flur hörte sie, wie sich Schritte entfernten und eine Tür geschlossen wurde. „Ach deswegen", wurde sie sich der Reaktion von Trolli bewusst, schlüpfte aus dem Bett und eilte zum Fenster. Sie sah gerade noch, wie sich eine Frau mit einem großen Korb auf dem Gepäckträger ihres Fahrrades entfernte.

„Wie spät mag es wohl sein?" Andreas hatte angedeutet, dass eine Frau die täglichen Einkäufe besorgte, also müsste es jetzt gegen sieben Uhr sein. Wie gewohnt wollte sie sich wie all die Tage und Jahre zuvor nach dem Aufstehen ankleiden. Doch ein Blick in den großen Spiegel brachte sie in die Wirklichkeit zurück. Einmal in der Woche ein Bad in einer Blechwanne, das konnte sie sich seit der Dusche gestern nicht mehr vorstellen. Sie ließ ihr Kleid einfach zu Boden gleiten und stellte sich unter die Brause. Während sie eine Weile dieses erregend schöne Empfinden genoss, das in ihren Körper schlich, hätte sie beinahe die Verabredung mit Andreas vergessen. Nur wenige Minuten später stand sie gefolgt von Trolli mit dem Fressnapf in der Hand an der Küchentür und klopfte wegen Andreas' Schwerhörigkeit etwas heftiger als seither an.

„Kommen Sie nur herein!", hörte sie die Stimme des alten Dieners und öffnete die Tür. „Guten Morgen! Ich hoffe, Sie haben gut geschlafen", begrüßte er Maria und warf zugleich einen Blick auf Trolli. „Du bist ja fast nicht wiederzuerkennen. Was so ein Bad nicht alles ausmacht. Nehmen Sie irgendwo Platz und bedienen Sie sich. Ich habe einiges vorbereitet. Was möchten Sie trinken? Kaffee oder Tee, wie sie wollen. Der Herr Baron und ich bevorzugen Milch, es ist genügend da."

„Milch! Oh, ja, ich habe in den letzten Tagen oft darauf verzichten müssen. In meinem früheren Zuhause gab es jeden Morgen eine Tasse Ziegenmilch und eine Scheibe Brot zum Frühstück. Meine Zieheltern waren arme Leute, die konnten sich nur zwei Ziegen halten. Aber wenn genügend von der Milch da ist, wie Sie sagen, würde ich gern eine Tasse davon trinken."

„So ist es recht, ich stelle uns einen Topf davon auf den Herd. In der Zwischenzeit können Sie sich aussuchen, was Sie essen möchten." Andreas öffnete die Ofentür und legte noch etwas Holz nach. „Warum greifen Sie nicht zu? Hier, dünn geschnittene Schinkenscheiben, Wurst, Käse, Butter und Marmelade", bot er an und nahm ihr gegenüber Platz. „Auf gekochte Eier müssen wir leider verzichten. Unsere gefiederten Lieferanten, die Junghennen, sind noch nicht bereit, Eier zu legen."

„Was ich da so vor mir sehe, reicht ja aus, um eine ganze Familie satt zu bekommen. Soweit mir bekannt ist, leben doch nur drei Personen in dem Haus."

„Das mit den drei Personen stimmt wohl, aber weil es kein gemeinsames Frühstück gibt und niemand weiß, was der Eine oder Andere zu sich nehmen will, deshalb diese Auswahl. Was nicht aufgegessen wurde, serviere ich neben anderen Zutaten zum Abendbrot. Das habe ich als junger Mann von meiner Mutter gelernt, bei ihr durfte nichts verderben und das halte ich bis heute auch so. Ich glaube, die Milch wird jetzt warm genug sein", brummelte er in sich hinein, nahm den Topf vom Herd und schenkte Maria ein. „Warm genug?", fragte er nach.

„Ja, herrlich!", nickte sie und führte eine trockene Scheibe Brot zum Mund.

„Aber, aber!“, protestierte Andreas. „Warum nur trockenes Brot? Nehmen Sie doch Butter und etwas obendrauf!“

„Ich bin es von zu Hause aus nicht anders gewohnt. Bei uns gab es nur selten Butter oder Wurst.“ Maria hatte nach wiederholtem Zureden ihr Brot mit Butter bestrichen und eine Scheibe Käse aufgelegt.

„So, das gefällt mir schon viel besser“, bemerkte der Diener, nachdem sie einmal herzhaft von ihrem Brot abgebissen hatte. Er selbst richtete sich ein Brot mit Butter und Schinken. Angeregt von seinem erstaunlich guten Appetit nahm Maria noch ein Brot mit Marmelade zu sich. Nach gut einer Viertelstunde Frühstücken bot sich Maria an, ihm beim Aufräumen zu helfen.

„Das hat noch gute Weile“, wiegelte er ab. „Jetzt unterhalten wir uns erst mal ein bisschen. Es kommt so selten vor, dass mir jemand beim Frühstück Gesellschaft leistet. Gestern brachte ein junger Postbote einen Brief an Thomas und die Zeitung für den Herrn Baron. Das Gespräch mit ihm war eine der wenigen Gelegenheiten, von der Welt da draußen etwas zu erfahren. Die alten Weiber, die manchmal nach dem Friedhofsbesuch hier vorbeischauen, reden nur über ihre Krankheiten oder versuchen, mir den neuesten Klatsch aus Grauwies aufzudrängen. Überdrüssig von ihrem Geschwätz gehe ich dann meiner Arbeit nach, füttere die Hühner, rede mit den Pferden und manchmal auch mit mir selbst. Mit Thomas, der meistens nur für ein paar Wochen hier auftaucht, kommt immer etwas frischer Wind ins Haus. Obwohl ich seine Herumtreiberei nicht gutheißen kann, so bin ich doch froh, dass er Sie mitgebracht hat. Wie er mir erzählte, entdeckte er Sie auf irgendwelchen Treppen von Grauwies, ein seltenes Motiv, wie er meinte.“

„Ja, das war auf den Treppen vor dem Torhaus, wir waren durchgefroren und hatten Hunger. Er bat mich, noch etwas stillzuhalten, um eine Skizze anzufertigen. Danach lud er uns in ein Gasthaus am Marktplatz zum Essen ein. Ein unwirtliches Lokal“, bemerkte sie.

„Ja, der Laden hat keinen guten Ruf, schon der Bedienung wegen. Einheimische gehen dort nur noch selten ein und aus“, bestätigte er Marias Wahrnehmung.

Trolli, durch den Duft der leckeren Sachen auf dem Tisch angezogen, gab kurz Laut.

„Ach du Ärmster! Beinahe hätten wir dich vergessen. Ich hol dir deinen Fressnapf.“ Andreas erhob sich und füllte die kleine Schüssel mit Speiseresten vom gestrigen Abendbrot und stellte sie auf den Boden. „Ich weiß nicht, ob es richtig ist, aber es liegt mir viel daran, mit Ihnen darüber zu sprechen. Die Wolken zwischen Vater und Sohn hängen zur Zeit tief. Gestern am späten Nachmittag hörte ich einen heftigen Streit zwischen den beiden. Thomas beabsichtigt, für längere Zeit nach Australien zu reisen, dabei ging es auch um Sie und Ihre Zukunft, wie ich heraushören konnte."

„Das kann wohl sein. Thomas deutete mir beim Spaziergang durch den Park an, dass sein Vater die Absicht habe, mich als Köchin anzustellen. Ich lehnte ab, irgendwo werde ich schon eine Arbeit finden, machte ich ihm deutlich."

„Das Ansinnen des Herrn Baron finde ich gar nicht so abwegig. Sie sind noch jung, erstaunlich geschickt und selbstständig, das habe ich gestern beim Vorbereiten des Abendessens schon festgestellt. Sie würden sich schnell hier einleben, davon bin ich fest überzeugt. Was erwartet Sie da draußen? Bei dem Heer von Arbeitslosen dürfte es für Sie nicht leicht sein, eine angemessene Arbeit zu finden", versuchte er, Maria ihre augenblickliche Lage näherzubringen.

„Das weiß ich wohl, aber der Lebensstil in diesen Kreisen ist mir fremd. Ich glaube nicht, dass ich ihren Ansprüchen gerecht werden könnte. Und dann noch für adelige Herrschaften kochen, das kann ich mir nur schwer vorstellen."

„Vielleicht wendet sich doch noch alles zum Guten, wenn Sie der Baron darauf anspricht."

Trolli, der sich heißhungrig auf sein Fressen gestürzt hatte, unterbrach sein Schmatzen, denn das Geräusch von Schritten näherte sich und Thomas betrat die Küche. „Guten Morgen!", grüßte er gut gelaunt und warf einen forschenden Blick auf den gedeckten Tisch. „Da komme ich ja grade richtig. Eigentlich wollte ich dich aufsuchen", wandte er sich an Maria. „Ich fand es aber dann doch noch etwas zu früh, so bin ich hier in der Küche gelandet. Auch nicht schlecht", brummelte er und fischte sich mit einer Gabel eine Scheibe Schinken von der angerichteten Platte, rollte sie zusammen und biss genüsslich davon ab. „Darf ich Madame nach dem Frühstück zu einer Sitzung ins Atelier bitten?", fragte er mit einem spitzbübischen Grinsen und einer leichten Verbeugung. Und um Maria noch etwas zu necken, erhaschte Thomas ihre Hand und deutete einen Handkuss an.

„Nicht schon wieder! Du weißt genau, dass ich das nicht will!", wies sie ihn schmollend zurecht.

„Entschuldige, nur ein kleiner Scherz, es soll nicht wieder vorkommen", versuchte Thomas ihre aufwallende Erregung zu besänftigen. Andreas, der mit gesenktem Kopf und betretener Miene dem Wortgeplänkel zugehört hatte, erhob sich. „Willst du nicht auch ...?“, fragte er Thomas und deutete auf den gedeckten Tisch.

„Nein danke, im Augenblick möchte ich nichts. Drüben im Atelier habe ich schon etwas genascht. Die Scheibe Schinken hat mich nur angemacht.“

„Gut, dann kann ich das Geschirr hier abräumen. Der Herr Baron wird sich ja wie immer sein Frühstück selbst zusammenstellen wollen, wenn er von seinem Spaziergang zurück ist“, bemerkte Andreas und begann das Besteck einzusammeln.

„Herr Mälzer, wir waren uns doch eigentlich einig, dass wir hier gemeinsam aufräumen.“

„Das ist nun wirklich nicht nötig, gehen Sie nur, ich komme schon zurecht“, lehnte er ab.

„Dann darf ich dich jetzt entführen“, sagte Thomas und reichte ihr die Hand.

„Da wird mir wohl nichts anderes übrig bleiben, als mich zu fügen“, verabschiedete sie sich mit einem gespielt bedauernden Blick von Andreas.

„Eigentlich ein schönes Paar, die beiden. Warum beißt dieser Kerl nirgends an? Alle Vorschläge seines Vaters, eine der adeligen Damen im heiratsfähigen Alter zu ehelichen, hat er in den Wind geschlagen. ‚Die wollen doch nur des Geldes wegen versorgt sein‘, hatte er sich immer wieder herausgeredet. Wobei er doch einige gut aussehende junge Debütantinnen gemalt hat. Dabei müsste er doch der einen oder anderen nähergekommen sein, kann ich mir vorstellen. Na ja, man soll die Hoffnung nie aufgeben“, murmelte Andreas und stellte sich vor, wie es wäre, wenn eine dieser jungen Frauen hier in der Küche das Ruder übernehmen würde. Er könnte sich dann ganz dem Garten, den zwei Pferden und vor allem seinem zweiflügeligen Getier, den Hennen und seinen zwei Papageien widmen. „Zugegeben, sie ist noch sehr jung. Was sind schon zehn Jahre, wenn man hört, dass sich über sechzigjährige gut betuchte Männer vierzig Jahre jüngere Frauen zulegen, nur um sich mit ihnen zu schmücken. Wenn diese dann nach einigen Jahren merken, dass sie einen alten Mann geheiratet haben, der nicht mehr ihren Ansprüchen genügt, gehen sie ihre eigenen Wege, legen sich einen Liebhaber zu oder lassen sich mit einer üppigen finanziellen Abfindung scheiden“, war ihm in letzter Zeit immer wieder zu Ohren gekommen.

„Komm, meine Schöne!“, sagte Thomas und öffnete ihr die Tür zum Atelier.

„Sag doch nicht so etwas“, wehrte sie leicht geschmeichelt ab.

„Manche Wahrheiten sollte man schon sagen dürfen, ohne ein schlechtes Gewissen zu haben. Ich male nur die Natur, das Meer mit seiner Brandung, Landschaften und dich, eine junge Frau. Auftragsarbeiten, die meinem ästhetischen Empfinden nicht entsprechen, lehne ich in den meisten Fällen ab“, bekannte er und führte sie zu dem erhöhten Podium in einer Ecke des Ateliers. „Zieh bitte deine Schuhe aus und setz dich auf die obere Stufe, genauso wie vor dem Torhaus.“

„Warum soll ich die Schuhe ausziehen, du hattest doch schon alles auf der Skizze?“

„Tu es trotzdem!“ Ohne auf ihre Frage näher einzugehen, korrigierte er geringfügig ihre Fußstellung und wandte sich mit einem letzten prüfenden Blick der Staffelei zu. Nach etwas über einer halben Stunde selbstvergessenen Malens legte er den Pinsel beiseite. Dabei bemerkte er, dass Maria ermüdet die Augen geschlossen hatte.

„Ach du Ärmste“, bedauerte er und half ihr beim Aufstehen. „Wie fühlst du dich?“

„Danke, nur ein schwaches Kribbeln in den Beinen“, kam es leise über ihre Lippen. Von Mitleid und Zuneigung übermannt, zog er sie an sich und drückte ihr einen Kuss auf die Stirn. Maria, überrascht durch diese flüchtige Zärtlichkeit, lehnte ihren Kopf einen Atemzug lang an seine Schulter und sah mit großen Augen zu ihm auf. Thomas spürte ihren geschmeidigen Körper in seinen Armen und wirre Gedanken stiegen in ihm auf. „Entschuldige bitte, ich war so in meine Arbeit vertieft“, sagte er mit einem Würgen im Hals und lockerte die Umarmung. „Für heute soll es genug sein, das nächste Mal werde ich dich nicht wieder so einer Folter aussetzen“, versprach er und nahm seine Hände von ihren Schultern. Mit einem Blick auf die Uhr meinte Thomas: „Es ist jetzt elf Uhr, in einer halben Stunde wird uns Andreas zum Mittagessen rufen wollen.“

„Was, schon so bald? Ich habe noch gar keinen Hunger nach diesem ausgiebigen Frühstück.“

„Aber ich, sagt mir mein Magenknurren. Bei uns ist es üblich, solange ich denken kann, das Mittagessen vor zwölf Uhr einzunehmen.“

„Darf ich vor dem Essen noch sehen, was du seither gemalt hast?“

„Wenn du das möchtest, gern. Die Farbe ist allerdings erst in einigen Wochen durchgetrocknet“, bemerkte er und schlug die Abdeckung an der Staffelei zur Seite.

„Oh, schön!“, flüsterte sie bewundernd. „Wann hast du das alles gemacht?“, fragte sie zu ihm aufblickend.

„In jeder freien Stunde und oft bis in die Nacht hinein. Ich bin noch nicht fertig, einige Stellen müssen noch nachgebessert werden. Für die

Feinheiten wird manchmal auch noch deine Anwesenheit erforderlich sein“, gab er bereitwillig Auskunft.

„Wieso bin ich auf dem Bild barfuß? Ich hatte doch auf der Skizze noch Schuhe an“, wollte sie wissen und betrachtete von allen Seiten ihre Zehen, die sie so bei sich noch nie gesehen hatte. „Und was soll das da drüben werden“, fragte Maria mit dem Kopf auf eine danebenstehende Staffelei deutend. „Warum hast du mich hier in der gleichen Pose nackt skizziert? Ich wollte doch so nicht gemalt werden. Das hatte ich dir schon bei dem ersten Besuch hier im Atelier gesagt“, rief sie ihm in Erinnerung.

„Unter einem dichten Schleier wird wenig von einem nackten Körper zu sehen sein“, versprach er. „Auf diesem Bild sitzt du auf den Steintreppen, es ist kalt, du frierst und hast keine Schuhe an. Auf dem anderen dagegen sieht man dich auf einem niederen, goldverzierten Diwan, um den Hals wertvolles Geschmeide, breite, mit Edelsteinen besetzte Armreifen. Und an den Fingern Ringe mit kunstvoll eingearbeiteten Diamanten. Durch diese Darstellung will ich dem Betrachter die Kluft zwischen arm und reich verdeutlichen, nichts anderes will ich damit aussagen.“

„Gut, wenn du das so siehst, habe ich nichts dagegen, einmal als reiche Dame gemalt zu werden“, willigte sie mit einem Mona-Lisa-Lächeln ein.

„Danke, du hast mir gerade den Stein vom Herzen genommen, denn ich begann mit schlechtem Gewissen an der Nacktskizze zu arbeiten. Danke“, wiederholte er und öffnete ihr die Tür zum Flur. Sie begegneten Andreas, der ein Tablett mit weißem Porzellan in den Speiseraum trug.

„Mit dem Essen dauert es noch etwas, ich muss noch den Tisch decken!“

„Darf ich das für Sie machen? Thomas hat mich gerade entlassen.“

„Wenn Sie das möchten, aber bitte nur für drei Personen. Der Herr Baron hat heute sehr spät sein Frühstück eingenommen. Er hat bald darauf dem Braunen den Sattel aufgelegt und ist weggeritten. Er hätte etwas mit dem Revierförster zu besprechen und anschließend wolle er noch im Amalien-Stift vorbeischauen. Wir brauchten mit dem Mittagessen nicht auf ihn zu warten, hat er mir noch aus dem Sattel zugerufen.“

„So, so, ins Revier! Der Arzt hat ihm doch verboten, so weit zu reiten, da hätte er doch besser die Droschke nehmen können, und dann noch das Waisenhaus. Ich befürchte, dass es Ärger gibt, denn der Heimleiter geht mit seinen Schützlingen nicht gerade zimperlich um, ist mir zu Ohren gekommen. Ich gehe noch kurz in den Stall, um nachzuschauen, was er mitgenommen hat. Also, bis nachher“, sagte Thomas und entfernte sich durch den hinteren Eingang.

„Ist das mit seiner Krankheit etwas Schlimmes?“, fragte Maria.

„Eigentlich nicht, nur eine Herzschwäche, er solle sich schonen und keine weiten Ausritte machen, vor allem aber keine Aufregung, hat ihm sein Arzt empfohlen. Meine Warnungen schlägt er bedauerlicherweise alle in den Wind. Er sei zwar schon in den Jahren, aber ein alter Mann sei er deshalb noch lange nicht, redet er sich immer wieder heraus“, bedauerte Andreas.

Thomas, der in der Zwischenzeit von seiner Inspektion aus dem Stall zurückgekehrt war, fragte durch die offenstehende Küchentür: „Was gibt es denn heute Gutes?“

„Hirschbraten mit Preiselbeeren aus dem eigenen Revier“, antwortete Andreas.

„Das hört sich schon mal gut an!“, lobte Thomas den alten Diener und rückte an der Stirnseite der Speisetafel einen Stuhl für Maria zurecht. Nachdem auch er Platz genommen hatte, servierte Andreas die dazugehörigen Speisen, die Knödel, den Salat, und in kleinen Schälchen die Preiselbeeren.

„Bitte bedienen Sie sich!“, bot er Maria die Pfanne mit dem duftenden Hirschbraten an. Sie wählte eines der kleineren Stücke aus, dann reichte er die Pfanne an Thomas weiter. „Der Herr Baron bedauert seine Abwesenheit, wünscht uns aber einen guten Appetit“, berichtete Andreas und legte sich von den Beilagen noch etwas nach. Um möglichst nichts falsch zu machen, beobachtete Maria aus den Augenwinkeln, wie ihre männlichen Tischgenossen das kostbare Besteck handhabten. Dabei fiel ihr auf, dass sie es nicht viel anders taten, als sie es von ihrer Ziehmutter gelernt hatte. Andreas, der sich gesättigt zurückgelehnt hatte, schaute schmunzelnd zu, wie sich Thomas noch einmal eine Scheibe Braten nachlegte.

„Deiner Kochkunst verdanke ich jedes Mal ein paar Pfund mehr auf den Rippen, wenn ich hier aufkreuze.“

„So ist es halt, des Einen Freud ist des Anderen Leid“, nahm Andreas mit zufriedenem Lächeln das versteckte Lob entgegen. Als er dann begann, das Besteck und das Geschirr zusammenzustellen, war auch Maria aufgestanden. „Nur langsam, junge Frau, wir sind noch nicht am Ende. Erst der Nachtisch, und das Abräumen danach können Sie mir mit ruhigem Gewissen überlassen. Sie sind immer noch Gast bei uns“, wies er sie mit einem listigen Lächeln zurecht. Schmollend nahm sie mit hochgezogenen Schultern wieder Platz. Andreas nahm das Geschirr auf, trug es in die Küche und kam mit zwei mit Birnenstücken gefüllten Dessertkelchen zurück. „Ich selbst vertrage keine eingemachten Birnen, ich ziehe mich lieber zu einem Verdauungsschnäpschen in die Küche zurück“, entschuldigte er sich.

Während Thomas mit großem Appetit den Nachtisch verschlang, stocherte Maria missmutig mit der Dessertgabel darin herum.

„Was ist Maria, schmeckt es dir nicht oder wäre dir ein anderes Dessert lieber gewesen?“

„Nein, das ist es nicht. Es ist etwas ganz Anderes.“

„Ist es vielleicht die Zurechtweisung von Andreas vorhin, die dich beschäftigt?“

„Nein, nicht allein, aber auch. Außer der halben Stunde, in der ich für dich Modell sitze, komme ich mir hier überflüssig vor.“

„Das, was du als Zurechtweisung empfunden hast, solltest du ihm nicht übelnehmen. Dagegen waren ihm deine Handreichungen beim Abendbrotrichten in der Küche sehr willkommen, hat er mir verraten. Also hadere nicht mit deinem Schicksal. Die Wege eines jeden Menschen, deines so wie meines sind uns von unsichtbarer Hand vorgegeben. Die jetzige Situation ist nur ein Augenblick in deinem Leben, morgen kann es schon anders sein“, redete Thomas auf sie ein.

„Eigentlich hast du ja recht, wenn ich an die vergangene Zeit zurückdenke, sollte ich für jeden Tag dankbar sein, den ich hier sein darf“, sagte Maria verlegen zu ihm aufblickend.

„Um dein Gefühl von Minderwertigkeit zu vertreiben, kannst du ihm das Geschirr vom Nachtisch in die Küche bringen. Ich selbst werde mich noch eine Weile mit der Malerei beschäftigen. Wir sehen uns, denke ich, spätestens beim Abendbrot“, verabschiedete er sich und verließ das Speisezimmer.

Als Maria die Küche betrat, fand sie Andreas schlafend in sich zusammengesunken am Tisch sitzen. Vorsichtig setzte sie das Geschirr am Spültisch ab. Andreas musste wohl im Halbschlaf gefühlt haben, dass er nicht mehr allein war und schlug halb erschrocken die Augen auf. „Entschuldigen Sie, aber nach dem Essen übermannt mich manchmal die Müdigkeit.“

„Sie brauchen sich doch nicht bei mir zu entschuldigen. Im Gegenteil, ich müsste Sie wegen der Störung um Verzeihung bitten.“

„Nun, lassen wir es gut sein, wie ich sehe, haben Sie sich schon wieder nützlich gemacht. Eigentlich dürfte ich das nicht gutheißen, aber etwas Unterstützung tut meinen alten Knochen halt doch auch gut“, bummelte er zufrieden und erhob sich.

Obwohl sie das kleine Nickerchen dem alten Herrn gegönnt hatte, so war sie doch irgendwie froh, dass er jetzt wach war. „Was spräche dagegen, wenn ich heute einmal das Geschirr spüle und Sie mir dabei ein bisschen Gesellschaft leisten würden."

„Da wäre wohl einiges dagegen einzuwenden", erwiderte Andreas. „Aber wenn Sie mich schon so schön bitten, kann ich wohl schwer nein sagen."

Während Maria mit dem Spülen beschäftigt war, drängte es sie, etwas Näheres über das Fernbleiben des Hausherren zu erfahren. Besonders die Bemerkungen von einem angeblichen Waisenhaus und einem Revierförster schienen ihr doch etwas rätselhaft. „Wann wird der Herr Baron wieder zurück sein?"

„Das kann man nicht so genau einschätzen. Der Förster und er sind Jugendfreunde. Sie treffen sich meistens nur bei geschäftlichen Angelegenheiten. Soweit ich aber heraushören konnte, geht es um einen größeren Holzeinschlag im Revier. Die Begehung kann Stunden dauern. Was uns allerdings Sorgen macht, ist das Waisenhaus. Zehn Familien leben dort. Einige davon sind ehemalige Heimkinder, die geheiratet haben und auf dem Anwesen geblieben sind. Manche sind fest angestellt und bewirtschaften etwas über sechshundert Morgen Land. Die Einrichtung trägt sich selbst. Die erwirtschafteten Gewinne werden für Anschaffungen von Kleidung für die minderjährigen Zöglinge ausgegeben. Was übrig bleibt, wird der Stiftung zugeführt. Dem Aufsichtsrat, so habe ich munkeln gehört, seien Unregelmäßigkeiten in der Buchführung des Verwalters aufgefallen. Was daraus wird, muss man abwarten", resümierte er mit hochgezogenen Schultern.

„In welchem Zusammenhang hat der Herr Baron etwas mit dem Waisenhaus zu tun?"

„Nun, die Grafen zu Holm sind reiche Großgrundbesitzer. Von diesem Geschlecht lebten nur noch das alte Grafenehepaar, die Großeltern von unserer allzufrüh verstorbenen Frau Baronin, in einem kleinen Schlösschen auf der anderen Seite der Landzunge von Sanden. Als der Herr Baron die junge Gräfin, die einzige Nachfahrin der Holms, Hildegard Amalie heiratete, bekam sie als Hochzeitsgut das Lehen, das an die großen Wälder und landwirtschaftlichen Flächen derer von Sanden angrenzte, zugesprochen. Thomas erbte das von seiner Mutter eingebrachte Hochzeitsgut, das Waisenhaus und die dazu gehörenden Ländereien. Er zeigte leider wenig Interesse an seinem Erbe. Ihn zog es hinaus in die Welt. Er begann in Amerika ein Kunststudium und überließ seinem Vater die Verwaltung. Wie lange er es hier aushalten wird, weiß niemand. In ein paar Tagen, wenn er mit der Malerei fertig ist, wird es wieder einsam sein auf Sanden. Was mir dann noch bleibt, sind die wenigen Gespräche mit dem Herrn Baron, mit meinem

Federvieh und den Pferden. Wir können wohl mit ihnen sprechen, aber sie geben uns keine Antworten. Das wird mit Ihrem kleinen Hundchen wohl auch nicht anders sein, kann ich mir vorstellen."

„Ja, ich spreche auch oft mit ihm. Er ist sehr gelehrig und zu jedem Streich aufgelegt. Wie ich vor dem Mittagessen sehen konnte, brachte er Ihre Hühner ganz schön auf Trab. Der hat jetzt bestimmt auch Hunger", sagte sie vor sich hin und füllte etwas von den übrig gebliebenen Speisen in seinen Futternapf.

„Ist schon ein tolles Kerlchen, Ihr Trolli", brummelte Andreas und wandte sich wieder seinem Platz am Tisch zu. Maria verabschiedete sich und verließ die Küche. Draußen auf dem Flur sprang ihr Trolli entgegen. Ungeduldig winselnd folgte er ihr in das Gästezimmer. Kaum dass sie den Napf abgestellt hatte, stürzte er sich heißhungrig darauf. Maria ging ins Bad, um sich etwas frisch zu machen. Als sie zurückkam, hatte es sich Trolli bereits auf seinem Teppich bequem gemacht. Sie selbst streckte sich, ohne das Deckbett zu beseitigen, auf ihrem Nachtlager aus und schloss die Augen. Nach gut einer Stunde der Ruhe zog sie die alte Flöte hervor und entlockte ihr einige Hirtenlieder aus der Schulzeit. Dabei war ihr, als hätte sie ein leises Klopfen an der Tür gehört. Verunsichert öffnete sie die Tür einen Spalt, um nachzuschauen.

„Entschuldigen Sie, ich hörte Flötentöne. Ich war bereits im Begriff weiterzugehen, als Sie die Tür öffneten", erklärte sich der Baron. Überrascht von seinem plötzlichen Erscheinen stotterte sie verlegen: „Sie ... Sie brauchen sich doch nicht zu entschuldigen, es ist doch Ihr Haus", versuchte sie ihre Fassung zurückzugewinnen.

„Wie dem auch sei! Nachdem ich etwas zu mir genommen habe, hätte ich gern, dass Sie mich für ein Gespräch durch den Park begleiten. Wenn Sie damit einverstanden sind, werde ich Sie hier abholen." Völlig verwirrt und stumm bekundete Maria mit einem leichten Kopfnicken ihre Zustimmung.

„Gut, dann bis später", verabschiedete er sich. Nach etwa einer halben Stunde klopfte es wieder an der Tür. „Wären sie jetzt bereit für einen Spaziergang?", fragte die Stimme des Barons durch die geschlossene Tür.

„Ja, ich muss mir nur noch etwas überziehen! Der Wind von der See her ist doch noch etwas frisch, das habe ich gestern beim Rundgang mit ihrem Sohn zu spüren bekommen", antwortete sie, schlüpfte in den Mantel und öffnete ihm die Tür.

„Oh, ein Pelz aus Kanin, so etwas sieht man heute nur noch selten“, tat er erstaunt. „So ein schönes Kleidungsstück hätte ich bei Ihnen nicht vermutet. Stammt sicherlich noch aus gutbürgerlicher Zeit.“

„Das hätte ich mir auch im ganzen Leben nicht leisten können. Es ist ein Geschenk von Frau Drehsen.“

„Nett von ihr“, bemerkte der Baron anerkennend. „Ja, die Drehsen“, begann er nachdenklich. „In vier Wochen wird die Zollstation aufgegeben. Ich spiele mit dem Gedanken, Herrn Drehsen die freie Stelle des Verwalters auf dem Hofgut des Waisenhauses anzubieten. Wenn er mein Angebot annimmt, müsste er allerdings den Zolldienst quittieren. Den seitherigen Verwalter habe ich heute Morgen wegen Unregelmäßigkeiten entlassen. Aber genug davon. Draußen unter freiem Himmel lässt es sich besser reden. Wir gehen am besten in den kleinen Park. Dort sprießen bereits die ersten Schneeglöckchen. Wenn Sie mir bitte folgen wollen!“, wandte er sich an Maria und öffnete ihr die Tür auf der Südseite der Villa. Der ganze Tag hatte sich düster und nebelverhangen gezeigt. Als sie jedoch in den Park einbogen, blinzelte ihnen die Sonne entgegen. „Welch ein Wunder!“, staunte der Baron. „Einmal eine junge Frau an meiner Seite und schon scheint die Sonne“, rief er überschwänglich mit ausgebreiteten Armen. „Entschuldigen Sie, nur ein kleiner Scherz, aber wenn die Sonne scheint, fühlt man sich einfach wohler.“

„Ja, auch ich liebe den Sonnenschein“, flüsterte Maria etwas beklommen.

„Aber jetzt zu Ihnen! Soweit ich mich erinnern kann, waren Sie auf der Suche nach Arbeit, als mein Sohn Sie zum Modellsitzen überredet hatte. Wenn er mit der Malerei fertig ist und Sie entlohnt hat, wollen Sie sich anderswo verdingen, sagten Sie. Mein alter Freund Andreas und ich würden gern ihr Kochtalent in Anspruch nehmen. Er lobte ihre Geschicklichkeit und Ihr Können. Sie haben mich gestern beim Abendbrot ebenfalls davon überzeugt. Mein Angebot wäre für Sie wohl auch das Beste in dieser unsichern Zeit. Sie hätten ein festes Einkommen und zu Ihrer Unterstützung würde ich noch eine Zugehfrau einstellen. Wenn Sie sich für meinen Vorschlag entscheiden könnten, würde sich die große Lücke, die meine Frau nach ihrem Ableben auf Sanden hinterlassen hat, wieder etwas schließen. Andreas ist den Anforderungen nach dem Ausscheiden unserer Köchin seither nur schwer nachgekommen und mein Sohn zeigt wenig Interesse, hier einmal sesshaft zu werden, geschweige denn eine Familie zu gründen“, bedauerte er mit einem seltsamen Ton in der Stimme.

Maria, die seither schweigend seinen Worten gelauscht hatte, blickte berührt zu ihm auf. In seinen Gesichtszügen wähnte sie Schmerz und zugleich auch Trauer zu erkennen.

„Wie dem auch sei, es ist mein Schicksal“, endete er und es schien, als wolle er alle düsteren Gedanken von sich abschütteln. „Wie stehen Sie zu meinem Vorschlag?“

„Thomas machte mich gestern schon damit vertraut, dass Sie mich darauf ansprechen würden“, antwortete sie nach einigen Schritten. „Wie soll das wohl angehen? Die Sitten und Gebräuche der adeligen Gesellschaft sind mir fremd und für sie kochen, das kann ich mir nicht vorstellen. Wir waren arme Leute, bei uns zu Hause gab es nur einfache Gerichte!“

„Einfache Gerichte schmecken mir immer noch am besten, muss ich gestehen“, hielt der Baron dagegen. „Ich wünschte mir, dass Sie trotz all ihrer Bedenken mein Angebot annehmen“, kam es fast wie eine Bitte über seine Lippen.

Maria, tief beeindruckt von dem Schicksal und den rührenden Worten des Mannes an ihrer Seite, hatte in ihrem Inneren bereits zugesagt, bat ihn aber, bis morgen auf ihre Antwort zu warten.

„Einverstanden“, sagte er kopfnickend, während sie über den Vorplatz gingen.

„Oh, eine Sonnenuhr“, staunte Maria und ging auf die etwa zehn Schritt entfernte schräge Metallstange zu. Die eingekerbten Stunden auf der großen, weißen Marmorplatte waren verschmutzt und im Schatten der hohen Büsche nur schwach zu erkennen. „Schade“, seufzte sie. „Ich hätte gern die Uhrzeit abgelesen“, wandte sie sich dem Baron zu.

„Die Sonnenuhr hatte sich damals meine Frau zu ihrem dreißigsten Geburtstag gewünscht. Jetzt bedecken die nachwachsenden Bäume und Sträucher mit ihrem Schatten die Stunden. So vergehen die Jahre, als gäbe es keine Zeit und Zukunft mehr“, murmelte er mit in die Ferne gerichtetem Blick.

Nach ein paar Atemzügen bedrückender Stille fragte Maria: „Wollen wir noch ein paar Schritte gehen?“

„Oh ja, natürlich, ich war ganz in Gedanken. Wir könnten dem alten Park einen Besuch abstatten. Dafür müssten wir aber die Wege verlassen.“ Nach einigen hundert Schritt durch niederes Gebüsch stand umringt von schlanken Kiefern in der Mitte einer Lichtung eine mächtige uralte Eiche. Hoch oben in der Baumkrone erhob sich, aufgeschreckt durch die beiden Ruhestörer, ein großer Vogel von seinem Horst. Mit einem krächzenden

Schrei und nur wenigen Flügelschlägen schwebte er über die Wipfel in das Blau des Himmels.

„Ein Fischadler“, hörte die sichtbar erstaunte Maria den Baron sagen. „Solange ich denken kann, nisten hier jedes Jahr ein Paar dieser Greifvögel und ziehen dort oben auch ihre Jungen auf. Der Baum ist eine Seltenheit in dieser Gegend. Wie er hierhergekommen ist oder wer ihn gepflanzt hat, weiß niemand. Der Förster und einige Fachleute schätzen sein Alter auf mindestens vier- bis fünfhundert Jahre“, erklärte er Maria das einzigartige Naturdenkmal. Sie legte beeindruckt von dem mächtigen Baum eine Hand an den Stamm und umrundete ihn. Seine knorrigen Wurzeln durchpflügten die sandige Erde wie eine Schlange, die nach Wasser sucht. Seltsame Gedanken gingen ihr durch den Kopf. Das Geschlecht derer von Sanden auf dem sandigen Boden würde austrocknen. Seltsam, wie diese gleichklingenden Worte ein Schicksal zu besiegeln schienen, kam es ihr in den Sinn.

„Schon komisch“, sagte sie vor sich hin.

„Was finden Sie so komisch?“, fragte der Baron.

„Ich weiß es auch nicht, nur so ...“, begann sie zögernd. „Weil ich schon immer an der Herkunft von Flurnamen Interessiert war, da dachte ich, vielleicht .... Ihr Name und der sandige Boden standen mir plötzlich vor Augen, so als gebe es da irgendwelche Zusammenhänge.“

„Das ist gar nicht so abwegig. Das Geschlecht der Sanden ist untrennbar mit dem Boden, auf dem wir hier stehen, verbunden. Wie es dazu kam, das erzähle ich Ihnen auf dem Rückweg, wenn Sie möchten. Wir nehmen am besten den Treidelpfad an der Bucht“, schlug er vor. Nach einigen Minuten durch niederes Gebüsch und Heidekraut öffnete sich der lichte Hochwald und gab den Blick auf die scheinbar unendliche Wasserfläche frei. Maria blieb kurz stehen und betrachtete bewundernd die Schaumkronen, die auf den Wellen tanzten und goldfarben in der Nachmittagssonne aufblitzten. Sie sah, wie die Wellen am Strand leckten, schließlich verflachten und in dem kiesigen Untergrund versanken.

„Schön anzuschauen, dieses Meer“, bemerkte sie, nachdem sie zu dem einige Schritte vorausgehenden Baron aufgeschlossen hatte.

„Es freut mich, dass es Ihnen hier gefällt. Aber nun zu den Sanden: Die Geschichte liegt schon einige hundert Jahre zurück. Es begann im Zusammenhang mit den Kreuzzügen, als die Bremer und Lübecker Kaufleute an ihrer wichtigsten Handelsroute einen Krankenpflegeorden gründeten. Das heutige Waisenhaus stammt noch aus jener Zeit. Es wurde mehrmals geschleift und wieder aufgebaut. Das Gebäude war einst der Stammsitz des Ordens. Als erster Hochmeister wurde in ihren Rechnungsbüchern ein edler

Graf von Holm erwähnt, der den Reisenden mit ihren Waren Unterkunft und Schutz gewährte. Als dann Dänemark im Dreißigjährigen Krieg mit seinen Truppen die Ostseeküste, Jütland und Teile von Litauen besetzt hatte, bedrohte es auch die Grafschaft zu Holm. Wegen des dort eingelagerten Handelsgutes erhofften sie sich, reiche Beute zu machen. Ein gewisser Hauptmann Fürchtegott vertrieb mit einigen hundert Berittenen, die der Graf stets unter Waffen hielt, die plündernden Horden. Er selbst und nur zwei seiner Mitstreiter sollen verwundet worden sein. Als Belohnung für seine treuen Dienste wurde er in den niederen Adelsstand erhoben und bekam die Halbinsel Sanden als Baronie zugesprochen. Weiteres konnte aus den Aufzeichnungen der fast unlesbar vergilbten Fragmente nicht entschlüsselt werden. Die alten Kirchenbücher sind wahrscheinlich infolge des Dreißigjährigen Krieges geraubt oder auf irgendeine andere Weise verlorengegangen. Weitere Nachforschungen aus der Zeit vor den Religionskriegen blieben alle ergebnislos. Die ersten schriftlichen Nachweise über das Geschlecht der Sanden fand man erst wieder in den Kirchenbüchern aus der Mitte des siebzehnten Jahrhunderts. Ein Generationen späterer Nachfahre des damaligen Hauptmanns Fürchtegott, Baron Guntram Ritter zu Sanden, ließ für sich und seine Familie ein Schlösschen als dauernden Wohnsitz errichten. Zweihundert Jahre später ging das Gebäude durch einen Blitzschlag in Flammen auf. Einer meiner Urgroßväter baute es mit kleinen Änderungen im gleichen Stil wieder auf. Wie es ohne einen Nachkommen mit Sanden weitergehen soll, weiß ich nicht“, brachte er die Familiengeschichte zu Ende.

Maria hatte das Gefühl, als wären die letzten zwei Sätze wie ein Selbstgespräch über seine Lippen gekommen. Schweigend gingen sie, jeder mit seinen eigenen Gedanken beschäftigt, den strandnahen Pfad entlang.

„Das Fährboot ist unterwegs“, murmelte der Baron mit dem Blick auf das Meer. Sie verlangsamten ihre Schritte und sahen dem alten Kahn nach, wie er auf die Anlegestelle nach Grauwies zu tuckerte. „Ich werde mit dem Zollbeamten Drehsen über mein Ansinnen sprechen“, begann er, Maria seine Gedanken mitzuteilen. „Er ist ein zuverlässiger und gewissenhafter Mann. Denn das Waisenhaus liegt mir sehr am Herzen. Das alte kränkelnde Grafenpaar ist von den sich selbst auferlegten Verpflichtungen gegenüber dem Waisenhaus völlig überfordert. In diesem Falle sowie in der Verwaltung der Ländereien wäre Herr Drehsen der richtige Mann. Morgen wissen wir mehr“, sagte er voller Zuversicht, als sie die Wanderung fortsetzten. Am Bootssteg meinte der Baron mit einer stummen Geste auf eine der Bänke deutend. „Wir könnten doch hier noch ein Weilchen den Rest der wärmenden Sonne genießen. Bis zum Abendbrot ist noch einige Zeit hin. Dazu regt die salzige Meeresluft auch noch den Appetit an“, fügte er hinzu.

Maria, immer noch in Gedanken bei seiner Schilderung, nickte zustimmend und ließ sich neben ihm nieder. Sie lehnte sich zurück, schloss die Augen und rechnete. „Das ist ja unglaublich“, bemerkte sie von dem Resultat überrascht. „Das Geschlecht der Sanden ist über achthundert Jahre alt. Und das derer von Holm noch um einiges älter, eine unvorstellbar lange Zeit“, murmelte sie. „Und das soll jetzt zu Ende sein?“ Der Gedanke lag ihr auf der Zunge, sie sprach ihn aber nicht aus.

„Fürwahr, eine lange Zeit“, stimmte der Baron zu. „Aber alles ist einmal endlich“, sinnierte er. Männerstimmen wurden hörbar und Schritte kamen näher. Mit einem Seitenblick bemerkte der Baron: „Der Gärtner mit seinem Gehilfen ist unterwegs, wahrscheinlich inspizieren sie, was zu tun ist.“ Die beiden grüßten freundlich und schickten sich an, weiterzugehen.

„Wir sollten ihnen ein Stück weit folgen, vielleicht ergibt sich noch etwas zu klären“, wandte er sich an Maria. Sie erhoben sich und schlossen sich ihnen an. Die Männer sprachen vom Absägen herabhängender Äste und dem Zurückschneiden der Hecken. Dabei war Maria nicht entgangen, dass der Jüngere immer wieder versuchte, Blickkontakt zu ihr aufzunehmen. Obwohl sie seine Bemühungen zu ignorieren versuchte, so rangen sie ihr doch ein amüsiertes Lächeln ab. Inzwischen hatte die Gruppe den Vorplatz an der Villa ereicht. Es schien alles besprochen zu sein, denn die Gärtner verabschiedeten sich und wandten sich dem Ausgang des Parks zu.

„Einen Augenblick noch!“, rief ihnen der Baron nach. Die beiden Männer verharrten kurz und erwarteten weitere Anweisungen. An Maria gewandt, begann der Baron mit einem verschmitzten Lächeln: „Das junge Fräulein hier wünscht sich, dass man das Gebüsch und die Hecken soweit zurückschneidet, dass man die Zeit auf der Sonnenuhr wieder ablesen kann!“ Maria erstarrte, sie fühlte, wie ihr das Blut in Kopf und Wangen schoss. Aller Augen waren auf sie gerichtet. War es ihr seither gelungen, den Blicken des jungen Mannes auszuweichen, jetzt konnte sie nicht anders. Seine Augen leuchteten ihr mit einem Lächeln entgegen. Noch nie hatte ein Mann sie so angesehen. Maria hielt verlegen für ein paar Augenblicke ihren Kopf gesenkt. Sie hörte die Männer murmeln und Schritte, die sich entfernten.

„Musste das jetzt noch sein?“, wandte sich Maria an den Baron. Er hatte den versteckten Vorwurf sofort herausgehört.

„Soweit ich mich erinnern kann, haben Sie vor gut einer Stunde bemängelt, dass man die Zeit an der Sonnenuhr nicht ablesen könne“, gab er dem

Gespräch eine neue Richtung. „Jetzt wissen die Gärtner, was zu tun ist. Die beiden sind übrigens angestellte Arbeiter aus dem Waisenhaus. Es war doch für Sie eine Gelegenheit, einmal andere Leute kennenzulernen, finden Sie das nicht auch?“

„Doch schon, aber wie die mich angesehen haben“, schmollte sie und tat so, als wäre sie darüber entrüstet. Dabei machte sich wieder dieses seltsam beglückende Gefühl in ihr breit, als sie der junge Mann mit seinem Blick zu durchbohren schien. Am Eingangsportal angekommen, verabschiedete sich der Baron. „Wir sehen uns vermutlich wieder beim Abendbrot“, sagte er und ging in sein Arbeitszimmer.

Maria war gerade dabei, ihre Pelzjacke abzulegen, da klopfte es an die Tür. „Einen Augenblick noch“, machte sie sich bemerkbar. Während sie ihre derben Wanderschuhe auszog, öffnete sich die Tür einen Spalt breit und der Kopf von Thomas wurde sichtbar.

„Ich hörte euch zurückkommen, da dachte ich, vielleicht möchtest du eines der fertigen Bilder begutachten, an dem anderen habe ich bereits begonnen.“

„Oh ja, gern“, sagte sie überrascht und folgte ihm ins Atelier. Sie ging zielgerichtet auf die Staffeleien zu. Maria kam aus dem Staunen nicht heraus und betrachtete alle Details aus der Nähe. „Und die Schuhe wie echt, sogar der Schmutz daran ist zu sehen“, bewunderte sie sein Werk.

„Danke, das tut mir bis in die Zehenspitzen gut, wenn es dir gefällt. Übrigens, hat dich mein Vater wegen der Anstellung als Köchin angesprochen?“

„Ja, sehr eindringlich sogar. Ich sagte ihm, dass ich mir das alles noch überlegen müsse, morgen würde ich ihm Bescheid sagen. Er war damit einverstanden und wir sprachen nicht mehr darüber.“

„Und, wie wirst du dich entscheiden, oder muss ich auch bis morgen warten?“

„Dein Vater hat mir die Geschichte der Sanden und deren Werdegang erzählt. Sein Schicksal hat mich sehr gerührt. Nicht nur deswegen, sondern auch, weil ich in dem Haus eine so freundliche Aufnahme fand, werde ich bleiben und versuchen, eine gute Köchin zu sein.“

„Das ist ja phantastisch!“ In seiner Euphorie umfasste er ihre Hüften, hob sie hoch und versuchte sie zu küssen. Sie warf ihren Kopf in den Nacken und blitzte ihn an.

„Du stinkst nach Schnaps und dass du rauchst, ist mir auch neu“, wunderte sich Maria angewidert und befreite sich aus der Umarmung.

„Ach, das sind doch nur ein paar Schnäpschen. Wenn ich mit meinen amerikanischen Malerkollegen zu einem Meeting, wie sie es nennen, unterwegs bin, dann trinken wir auch schon mal einen über den Durst und rauchen reihum aus der Wasserpfeife. Seit ich hier bin, versuche ich das zu vermeiden, aber heute überkam es mich einfach so. Ein, zwei Gläschen Whisky und ein paar Krümel von dem Kraut in der Pfeife geraucht, ist das so schlimm? Nach ein paar Zügen meint man, dass es einen himmelwärts zieht. Danach lebt es sich einfach leichter."

„Ich mag das aber nicht an dir. Du bist dadurch so ganz anders als sonst und dieser Geruch, den du verbreitest ... Das erinnert mich stark an meinen Ziehvater, wenn er besoffen nach Hause kam."

„Entschuldige Maria, eine Schwäche von mir, es soll nicht wieder vorkommen", versprach er süffisant lächelnd mit zum Schwur erhobener Hand.

„Wie soll ich dir glauben, wenn du erzählst, was du und deine Freunde in der Fremde so alles treiben."

„Schon gut, ich habe dir versprochen, mich zu bessern, zufrieden?" Er deutete mit der Hand auf die danebenstehende Staffelei. „Es ist nur zur Hälfte fertig. Ich habe einfach so drauflos gemalt, noch ohne Schleier, so wie ich mir dich vorgestellt habe."

„Um Gottes willen, nein! Ich müsste mich ja in den Tod hinein schämen, wenn mich der Herr Baron oder Andreas oder irgendjemand anderes so abgebildet sehen würden!", protestierte sie empört. „Mit dem schönen Schmuck meinetwegen, aber bekleidet bis zu den Füßen. Aber so? Nein!" Sie trat näher und betrachtete ihr Gesicht von allen Seiten. „Hier hast du dir aber viel mehr Mühe gegeben. Die Gesichtszüge nicht so grob, viel feiner als auf dem anderen Porträt", nickte sie zufrieden.

„So soll es ja auch sein. Ich sagte dir doch, dass ich mit meiner Malerei versuche, die Kluft zwischen arm und reich darzustellen."

„Das verstehe ich wohl, aber wenn du daran weiterarbeitest, dann möchte ich mich nicht mehr nackt wiedersehen, sonst ist es mit unserer Freundschaft zu Ende."

„Na gut meine Schöne, wenn du schon so sehr darauf bestehst, dann werde ich deine Nacktheit mit dem feinsten purpurfarbenen Samt, der wertvollsten Farbe, die nur Königen zusteht, bedecken."

„Wie oft muss ich dir noch sagen, dass ich von dir nicht als deine Schöne angesprochen werden möchte!", erinnerte sie ihn energisch.

„Ist ja gut, entschuldige, es war wohl doch ein Gläschen zuviel von dem Whisky, muss ich eingestehen. Ich werde mich noch ein bisschen aufs Ohr legen“, sagte er zwischen einem ausgedehnten Gähnen, bedeckte die Staffelei mit einem Tuch und öffnete ihr die Tür zum Flur.

„Vielleicht sehen wir uns noch beim Abendbrot“, sagte er mit schwerer Zunge, bevor er sich der Treppe zuwandte, die in den ersten Stock hinaufführte. Maria sah ihm kopfschüttelnd nach, wie er mühsam eine Stufe nach der anderen erklomm.

„Wie kann man sich nur so gehen lassen?“, fragte sie sich. Obwohl sie seine liebevolle, fürsorgliche Art mochte, konnte sie sich ein Zusammensein mit so einem Mann nicht so richtig vorstellen. Maria ging den Flur entlang und klopfte wegen der Schwerhörigkeit von Andreas etwas beherzter an die Küchentür.

„Kommen Sie nur herein! Sie wollen mir sicher wieder beim Abendbrotrichten helfen“, hörte sie seine Stimme. Als sie die Tür hinter sich geschlossen hatte, blieb sie erstaunt stehen. Nichts deutete daraufhin, dass noch etwas vorzubereiten war. „Ja, heute habe ich Sie ausgetrickst“, brummelte Andreas mit einem listigen Lächeln. „Der Herr Baron wünscht heute sein Abendbrot etwas früher einzunehmen. Er hätte einen gesunden Hunger, wie er mir sagte. Es steht bereits alles angerichtet im Speisezimmer. So bleibt uns noch etwas Zeit für einen Plausch. Thomas erzählte mir, er würde für die Fertigstellung der Bilder noch ein oder zwei Tage Zeit brauchen. Wenn Sie uns danach verlassen, wird es für mich wieder einsam sein auf Sanden“, bedauerte er.

„Es kommt alles so, wie es kommen muss, der Weg ist uns vorgegeben, pflegte meine Ziehmutter immer zu sagen.“

„Eine kluge Frau“, murmelte Andreas anerkennend, während er aus einer Flasche roten Wein in ein dickbauchiges Glas dekantierte. Er nahm das Tablett mit dem Wein auf und Maria folgte ihm in das Speisezimmer. Erstaunt umrundete sie den gedeckten Tisch. „Ist es recht so?“, fragte er, nachdem er das Tablett abgestellt hatte.

„Sehr schön, Herr Mälzer. Besser hätte ich das auch nicht können“, lobte ihn Maria. „Nur glaube ich nicht, dass Thomas zum Abendbrot erscheinen wird. Er schien mir betrunken zu sein, deshalb zog er es vor, sich aufs Ohr zu legen, wie er sagte.“

„Ja, ja, dieser Alkohol. Ich fand ihn einmal am Anfang seiner Studienzeit draußen im Park, ich glaubte er sei tot und meldete es dem Herrn Baron. ‚Den werden wir gleich wieder zum Leben erwecken‘, meinte er. Wir gingen mit einem Eimer voll Wasser an die Stelle, wo er lag. Der Herr Baron schüttete ihm das kalte Wasser ins Gesicht. Ich hätte mir das nicht getraut. Es war aber doch irgendwie lustig, als Thomas erschrocken die Augen aufschlug. ‚Guten Morgen mein Sohn, warum gehst du nicht in dein Bett? Dort schläft es sich doch besser und du wirst nicht nass‘, tröstete ihn der Herr Baron mit einem ironischen Lächeln. Seit jenem Tag reißt er sich zusammen, wenn er auf Sanden ist. Schade, er ist so ein begnadeter Maler. Sein Leichtsinn und die Sauferei mit seinen Kumpanen bringt ihn noch einmal um.“ Andreas sprach nicht weiter, denn der Baron betrat geräuschvoll den Raum und trat an den Tisch.

„Ja dann wollen wir mal“, sagte er gutgelaunt, beugte sich kurz über die angerichteten Speisen und blickte Maria anerkennend an.

Andreas hatte die Geste des Barons wohl erkannt, er holte tief Luft und protestierte: „Oh nein, mein Baron! Dieses Mal habe ich angerichtet!“

„So, so, du hast also angerichtet. Es ist schon erstaunlich, was so eine junge Frau in der Küche alles zu bewirken vermag. Meine höchste Anerkennung, mein lieber Andreas“, lobte er ihn mit einem versteckten Augenzwinkern. „Wo bleibt Thomas, wollen wir ihn rufen oder sollen wir noch etwas warten?“

„Ihm sei unwohl, sagte mir Fräulein Wutter.“

„Ach, unwohl ...“, wiederholte der Baron gedehnt. „Na ja, dann wollen wenigstens wir es uns schmecken lassen, ich habe einen Bärenhunger. Setzen wir uns doch!“ Nachdem alle Platz genommen hatten, bemerkte der Baron: „Mein lieber Andreas, ich hatte mir doch ein Toastbrot mit überbackenem Käse bei dir bestellt.“

„Entschuldige, es ist alles angerichtet, nur wollte ich warten, bis alle bei Tisch sind, um es warm zu servieren.“

Während sich Andreas in der Küche zu schaffen machte, wandte sich der Baron mit einem Blick an Maria. „Was ist mit Thomas?“

„Ich weiß auch nicht so recht, er war ganz anders als sonst. Er zeigte mir voller Stolz das fertige Bild auf den Treppenstufen.“

„Ja, ich durfte es auch anschauen. Eine drastische Darstellung der Gegensätze.“

„Das fand ich auch. Aber auf einer danebenstehenden Staffelei hatte er bereits begonnen, mich als reiche Frau, mit Schmuck und Juwelen, nackt, nur mit einem Schleier bedeckt zu malen. Das habe ich aber entschieden abgelehnt.“

„Da hatten Sie recht, solche Malerei kann schon peinlich werden. Übrigens … Hat Sie Thomas auf unsere Unterredung angesprochen?“

„Ja, ich sagte ihm, dass ich mir ausbedungen hatte, mit meiner Entscheidung bis morgen zu warten. Doch als er mich fragte, ob er auch mit meiner Antwort bis morgen warten müsse, gestand ich ihm in meiner Bedrängnis, dass ich Ihr Angebot annehmen werde."

„Ist das wahr? So hat Gott das Flehen am Grab meiner Frau doch erhört und Sie bewogen, auf Sanden zu bleiben. Ich danke Ihnen, Maria, dass Sie sich für uns entschieden haben." Maria nickte nur stumm, denn Andreas war mit dem gerösteten Brot zurückgekehrt.

Obwohl alle den Speisen herzhaft zusprachen, wollte keine rechte Unterhaltung zustandekommen. Es war Maria, als läge etwas Geheimnisvolles in dem Raum. Nachdem alle gesättigt ihr Besteck abgelegt hatten, bat der Baron Andreas, noch einmal Wein nachzuschenken.

„Ist das nicht etwas zuviel für dich", fragte dieser besorgt über den Tisch.

„Nein, nein, mein Freund, schenke nur ein, heute gibt es etwas zum Feiern!"

„Dann darf ich wohl das Geschirr inzwischen abräumen", wandte sich Maria an den Diener. Er warf dem Baron einen vielsagenden Blick zu und gab kopfwiegend sein Einverständnis. Maria stellte das leere Geschirr und die übriggebliebenen Speisen auf ein Tablett und trug alles in die Küche. Nachdem die beiden Männer allein waren, fragte Andreas, der trotz seiner Schwerhörigkeit Teile des Gesprächs mitbekommen hatte: „Wenn ich recht herausgehört habe, hast du bereits mit Maria über die Anstellung in der Küche gesprochen."

„Ja, deshalb bat ich sie auch, mich zu einem Gespräch in den Park zu begleiten. Sie wird uns nicht verlassen! Sie hat mein Angebot angenommen."

„Ist das wahr? Ich habe es mir so sehr gewünscht. Seit mir Thomas von ihrem Schicksal erzählte, habe ich diese junge Frau in mein Herz geschlossen. Darauf möchte ich auch einen Schluck von deinem guten Wein zu mir nehmen, wenn du gestattest?"

„Ja, geh nur, mein Alter, und hol dir ein Glas, damit wir darauf anstoßen können."

„Warum so eilig, Herr Mälzer?", fragte Maria verwundert, als er schnellen Schritts auf den Küchenschrank zuging, die Tür öffnete und sich ein Glas vom Regal nahm.

„Der Herr Baron hat mir vorhin verraten, dass Sie auf Sanden bleiben werden, deshalb möchten wir Ihren Einstand feiern, da wäre es doch angebracht, wenn Sie auch dabei wären. Ich rede mal mit ihm, wenn Sie damit einverstanden sind."

„Oh, nein, ich möchte bald zu Bett gehen und alles noch einmal überdenken.“

„Nun ja, das kann ich gut verstehen. Also, dann wünsche ich Ihnen eine gute Nacht und schlafen Sie gut“, verabschiedete er sich.

Maria stellte für ihren kleinen Freund noch ein paar Happen zusammen und begab sich damit in ihr Zimmer. Trolli sprang von seinem Lager und stürzte sich mit einem Seufzer auf den gefüllten Fressnapf. Während er sich schmatzend gütlich tat, beschlich Maria eine Enge, die nach Luft und Erleichterung schrie. Sie öffnete das Fenster und sah in den nachtschwarzen Park hinaus. Verzerrte Bilder des vergangenen Tages tanzten vor ihren Augen. Wenn sie jetzt einen Menschen hätte, dem sie sich anvertrauen könnte. Einen Menschen wie einst ihre Ziehmutter, die über den Dingen stand und ihre Gefühle verstehen würde. Als sie tief durchatmend das Fenster wieder schloss, fühlte sie sich von einer schweren Last befreit. Sie legte sich ins Bett, zog sich die Decke bis über die Ohren und war bald darauf eingeschlafen.

Maria war früher als sonst aufgestanden, um sich in der Küche nützlich zu machen. In der Ferne hinter dem Dunst des Frühnebels kündigte sich ein sonniger Tag an. Sie reckte sich vor dem Fenster, ging ins Bad, machte ihre Morgentoilette und kleidete sich an. Trolli, der seufzend vor seinem leeren Fressnapf stand, sah zu ihr auf.

„Ja, ich weiß, du hast Hunger“, tröstete sie ihn, nahm den Napf auf und eilte den Flur entlang zur Küche. Sie klopfte wie vereinbart wegen der Schwerhörigkeit des Dieners etwas heftiger an.

„Kommen Sie nur herein!“, hörte sie die Stimme von Andreas und trat ein.

„Entschuldigen Sie, dass ich Sie in aller Herrgottsfrühe belästige. Ich komme nur, um für meinen Hund etwas Fressbares zu erstehen.“

„Da bedarf es doch keiner Entschuldigung. Ein Tier, das von uns abhängig ist, kommt immer zuerst. Doch da wäre noch etwas: Der Herr Baron wünscht sich ausgerechnet heute um neun Uhr ein gemeinsames Frühstück. Da wäre es lieb von Ihnen, wenn Sie mir dabei etwas helfen.“

„Oh ja, das mache ich gern. Nur möchte ich vorher für Trolli etwas zum Futtern richten.“ Maria war gerade dabei, den Fressnapf zu füllen, da klopfte es plötzlich hart an der Tür. Ohne die Einladung zum Eintreten abzuwarten, ging die Tür auf. Eine Frau, in jeder Hand einen Korb, grüßte kurz und stellte die Einkäufe auf dem Tisch ab. Während sie Andreas die bestellten Artikel übergab, schielte sie zu Maria hinüber.

„Ich bin gleich wieder da“, wandte sich Maria an Andreas. Sie verließ die Küche und brachte Trolli sein Frühstück.

„Wer war das eben?“, fragte die Frau verwundert. „Eine neue Freundin von dem jungen Baron, oder?“

„Oh nein! Das wird unsere neue Köchin.“

„Was? So ein junges Ding, bei euch als Köchin angestellt? Da muss ich ja lachen. Wo hat die denn das Kochen gelernt? Bei uns in der Gegend gibt es doch weit und breit keine Kochschule!“

„Die brauchte sie auch nicht, ihre Mutter hat es ihr beigebracht. Aber diese Neuigkeit wird sich ja bald im Städtchen herumgesprochen haben“, setzte er der Klatschbase noch eins drauf. Beleidigt über diese Bemerkung stürmte sie geradezu, vor sich hinbrabbelnd, aus der Küche. Da blieb es nicht aus, dass sich die beiden Frauen im Flur begegneten. Maria bot ihr einen Gruß an. Anstatt ihn zu erwidern, bedachte sie Maria mit einem abschätzigen Blick und verließ das Haus durch den Hintereingang.

„Dumme Kuh!“, dachte Maria hinter ihr her. Als sie wieder die Küche betrat, war Andreas gerade dabei, die Einkäufe zu sortieren.

„Obwohl alles aufgelistet ist, vergisst dieses Weib fast jedes Mal etwas und manchmal stimmen die Stückzahlen mit den Belegen nicht überein!“, wetterte Andreas aufgeregt. „Am besten wäre, die Frau nur für die morgendliche Anlieferung frischer Bötchen und Brote zu beauftragen. Die anderen Einkäufe müssten wir dann schon selbst erledigen, wäre mein Vorschlag“, brummelte Andreas vor sich hin.

Nach dem ausgedehnten Frühstück meinte der Baron, sichtlich gut gelaunt, mit einem versteckten Blick auf Maria: „Man könnte ja die alte Tradition des gemeinsamen Speisens wieder einführen, es ist ja jetzt eine helfende Hand in der Küche, und das mit dem Einkaufen lässt sich auch auf irgendeine Weise regeln. Aber jetzt werde ich dir, wenn nichts dagegen spricht, die junge Frau entführen“, wandte sich der Baron an Andreas. „Ich würde ihr gern einen Teil von des Anwesens der Sanden etwas näherbringen.“

Eine Stunde später hielt die Droschke des Barons vor einem nicht gerade einladenden großen dreistöckigen Gebäude. Dienstbeflissen näherte sich ein Mann mittleren Alters und fragte mit einer angedeuteten Verbeugung: „Darf ich Madame behilflich sein, vom Bock zu steigen?“ Der Baron konnte sich wegen der Anrede ein Lächeln nicht verkneifen. Doch nichts geschah. Im Gegenteil: Maria reichte ihm, ganz einer Dame würdig, die Hand und ließ sich über den eisernen Auftritt zu Boden helfen.

„Na, wie geht's, mein lieber rheumageplagter Ambros?“, begrüßte der Baron den früheren Gärtner, während er die Zügel vom Zaumzeug des Pferdes am Gartenzaun befestigte. „Und diese junge Frau ist unsere neue Köchin drüben auf Sanden“, stellte er Maria vor.

„Oh!“, entfuhr es Ambros mit einer angedeuteten Verbeugung.

„Es gibt etwas zu beklagen, hörte ich“, begann der Baron.

„Ja, das ist so. Der Schlendrian hat etwas überhand genommen. Die allein stehenden Erwachsenen, die hier wohnen, ignorieren einfach meine Ermahnungen zum Sauberhalten. Ohne Rücksicht schleppen sie den Dreck herein. Ich bin dann jeden Tag stundenlang damit beschäftigt, den Schmutz von den Treppen bis in den dritten Stock hoch zu entfernen. Nur die Wenigsten putzen ihre Schuhe vor der Haustür ab. Die im anderen Flügel untergebrachten Minderjährigen müssen auf Anweisung der Erzieherin ihr Stockwerk selbst reinigen und sauber halten. Man könnte sie doch ebenso wie die Schüler dazu verpflichten, in abwechselnder Reihenfolge auch die Treppen und Flure zu reinigen“, schlug der Gärtner vor.

„Das wäre wohl ein Weg“, überlegte der Baron. „Nur mit den Erwachsenen wird das schon schwieriger. Ich bin auf der Suche nach einem neuen Verwalter, der soll sich der Sache annehmen.“

„Danke, dass Sie sich für mein Anliegen etwas Zeit genommen haben,“ verabschiedete sich der Gärtner und ging mit gebeugtem Rücken wieder seiner Arbeit nach. Beim anschließenden Rundgang äußerte sich Maria beeindruckt über die Größe des Anwesens, über die Stallungen und Scheunen, in denen der ganze Fuhrpark untergebracht war. Ihr Blick streifte über die großen Felder, auf denen es bereits grünte und Menschen mit Pflug und Gespann die Erde für neue Saaten vorbereiteten.

„Ein Bild des Friedens“, kam es bewundernd über ihre Lippen.

„Ja, wahrhaftig!“, musste er ihr beipflichten. „Aber jetzt sollten wir die Unterkünfte der schulpflichtigen Kinder aufsuchen“, schlug er vor. „Vor zwei Jahren habe ich die zwei mit Ungeziefer verseuchten großen Schlafräume zu je zwei Bettzimmern, getrennt für Mädchen und Buben, umbauen lassen. Die darin wohnenden Schüler werden vorerst noch von zwei Erzieherinnen unterrichtet. Für die Kleinsten der Waisenkinder schwebt mir vor, demnächst eine Kinderfrau einzustellen.“

„Oh!“, äußerte sich Maria überrascht, als sie den Schultrakt betraten. Die Ordnung und Sauberkeit der oberen Räume hatten es ihr besonders angetan. „Hier ist es ungleich schöner, wenn ich an meine spärlich eingerichtete Dachkammer in meinem früheren Zuhause zurückdenke. Wie viele Kinder nehmen an dem Unterricht teil?“

„Soviel ich weiß, so an die dreißig. Es sind nicht nur alles Waisen, die hier untergebracht sind. Einige davon sind Kinder armer Leute aus Grauwies. Sie erhalten heute Unterricht in Wald und Flur, deshalb diese gähnende Leere in den Klassenzimmern und Unterkünften."

Auf dem Rückweg erzählte er Maria von einem größeren Holzeinschlag als Bauholz für das Wohnhaus des neuen Verwalters. Weiterhin plane er einen Anbau mit besserer Ausstattung für die hier wohnenden Familien. An der Einfahrt zum Park lenkte er das Gefährt dicht vor den Stall. Der Baron schirrte eigenhändig den Braunen ab, brachte ihn in seine Box und reichte ihm einen Arm voll Heu. Während das Tier an dem duftenden Heu knabberte, streichelte ihm Maria liebkosend über seine weiße Blesse.

„Sie können ihm dort aus der Futterkiste eine Schöpfkelle voll Hafer in die Krippe geben. Ich hole ihm nur noch etwas Wasser, damit er seinen Durst löschen kann!" Trolli, der mit gespitzten Ohren ihre Ankunft erwartet hatte, begrüßte sie mit lautem Gekläff. Nach dem Mittagessen erklärte der Baron der kleinen Gesellschaft sein nachmittägliches Vorhaben. „Wenn ihr hier mit allem fertig seid, machen wir einen gemeinsamen Ausflug. Andreas spannt den Braunen vor die Droschke und Sie, Maria, gehen mit ihm in die Läden und kaufen ein, was nötig ist. Thomas, der ja ohnehin mit der Malerei beschäftigt ist, kann ja inzwischen das Haus hüten. Das wäre es fürs erste!", sagte der Baron, ging in das Büro und Thomas suchte sein Atelier auf.

Während Maria mit dem Spülen des Geschirrs in der Küche beschäftigt war, fragte Andreas: „Was kochen wir morgen? Mein gesamtes Repertoire, was ich kochen kann, habe ich bereits alles durchgeforstet. Vielleicht fällt Ihnen etwas ein, das für uns hier neu ist."

„Da gäbe es schon einiges", erinnerte sich Maria. „Aber das wird den Ansprüchen, wie hier gekocht wird, nicht genügen."

„Woher wollen Sie das wissen? Das kommt doch alles nur auf einen Versuch an."

„Was aßen Sie zum Beispiel von ihren einfachen Gerichten am liebsten?"

„Am liebsten? Eigentlich alles, was der Gemüsegarten so hergab. Dazu etwas Rindfleisch, angekocht zu Würfeln geschnitten und zusammen mit dem vorbereiteten Gemüse fertiggegart."

„Das hört sich doch gut an. Da läuft mir jetzt schon des Wasser im Munde zusammen. Ich schlage vor, wir überprüfen die vorhandenen Vorräte und schreiben auf, was an sonstigen Zutaten noch einzukaufen ist."

Etwa eine Stunde später hielt die Droschke, gelenkt von Andreas, auf dem Marktplatz von Grauwies an. Der Herr Baron, der es vorgezogen hatte, im Fond Platz zu nehmen, ließ vor einem Bäckerladen anhalten und stieg aus. „Ihr braucht nicht auf mich zu warten. Die Angelegenheit mit der Bediensteten des Bäckers regle ich gleich als erstes. Anschließend werde ich mit Herrn Drehsen über mein Angebot sprechen. In der Zwischenzeit kannst du mit unserer jungen Köchin die nötigen Vorräte für die nächsten Tage einkaufen. Wenn ihr alles erledigt habt, könnt ihr mich unten am Hafen abholen. Und nun einen guten Einkauf!“, rief er, bevor er sich dem Laden zuwandte.

Nach gut einer Stunde faltete Andreas den langen Einkaufszettel zusammen, bezahlte und verstaute gemeinsam mit Maria die Einkäufe in der Droschke. Ein Hauch von Frühling lag auf dem von der Sonne beschienenen Marktplatz in der Luft.

„Wie wäre es, ich hätte jetzt Lust auf ein Bier“, schlug Andreas mit listigen Augen vor. „Nur um die Bedienung etwas zu necken, würde ich mich dort im Freien vor der Wirtschaft niederlassen. Was halten Sie davon?“

„Wenn Sie meinen, meinetwegen“, willigte Maria mit hochgezogenen Schultern ein.

Andreas nahm das Pferd am Halfter und führte es umständlich, um viel Auffälligkeit bemüht, direkt an einen Tisch vor dem Eingang der Kneipe. Er zog die Bremse fest und rief durch die offenstehende Tür: „Ein Bier bitte!“ Kurz darauf erschien die dicke Bedienung in der Eingangstür.

„Ach Ihr seid es, Mälzer, schon lange nicht mehr gesehen, warum kommt Ihr nicht herein?“

„Ach, bei dem schönen Wetter und der guten Luft wegen zieh‘ ich es vor, hier draußen mein Bier zu trinken.“

„Na ja, wenn es denn sein muss, dann bring’ ich’s halt raus“, nuschelte sie gnädig, wandte sich ab und erschien kurz darauf mit einem überschäumenden Glas Bier, das sie vor Andreas abstellte. Maria, die seither verdeckt noch etwas in der Droschke zu ordnen hatte, trat an den Tisch.

„Ja, du bist ja immer noch da! Ich glaubte, du seist schon über alle Berge“, fauchte Hedda schlecht gelaunt Maria an.

„Ich bin immer noch da, wie Sie sehen“, entgegnete sie bissig. Die Bedienung schien etwas sagen zu wollen, wandte sich aber murrend dem Eingang der Wirtschaft zu.

„Einen Augenblick noch! Ich möchte gleich bezahlen, damit Sie sich einen extra Weg sparen können“, fügte Andreas mit einem Schuss Ironie in der Stimme hinzu. Er legte die geforderte Zeche auf den Tisch. Anstatt das

Rückgeld entgegenzunehmen, winkte er mit einem „Stimmt so!“ ab. Nach einem letzten Schluck aus dem Glas stieg er, gefolgt von Maria, auf den Kutschbock und wendete das Gefährt in Richtung Hafen. „Der haben wir für das Erste einmal den Stachel gezogen. Ob sie das in ihrer Einfalt begriffen hat, wage ich zu bezweifeln“, sagte er schmunzelnd vor sich hin. Unten am Hafen angekommen, fanden sie den Baron mit dem Zollbeamten diskutierend auf der Bank vor dem Zollhaus sitzen. Während sich Andreas um das Pferd bemühte, eilte ihnen Drehsen entgegen.

„Schön, dich wieder zu sehen!“, empfing er Maria und half ihr, vom Bock zu steigen. „Wie mir der Herr Baron berichtete, hast du dich entschlossen, auf Sanden zu bleiben. Meine Frau wird sich freuen, wenn sie davon erfährt. Übrigens: Ich habe das Angebot des Herrn Baron als Verwalter des Waisenhofgutes angenommen. Eine Fügung des Schicksals, sich nicht aus den Augen zu verlieren“, freute er sich.

Während sich Drehsen mit Maria unterhielt, fragte der Baron Andreas: „Hasbt ihr zwei auch nichts vergessen?“

„Nein, wir haben alles, was aufgelistet war, darüber hinaus auch noch einiges auf Vorrat und ein paar Kleinigkeiten, die uns noch eingefallen sind.“

„Dann können wir uns ja auf den Heimweg machen“, und an Drehsen gewandt sagte der Baron: „Bringen Sie so bald wie möglich Ihre dienstlichen Angelegenheiten zum Abschluss. Sollte es Ihnen nicht gelingen, eine zuverlässige Zugehfrau und eine Beiköchin als halbtags Beschäftigte zu finden, dann ziehen Sie doch einfach ihre Frau zu Rate“, empfahl er ihm und nahm im Fond neben den gefüllten Einkaufskörben Platz.

Unterwegs auf dem sandigen Damm der Dünen knuffte Maria Andreas leicht am Oberarm: „Darf ich auch mal?“

„Oh ja, versuchen Sie’s! Unser Brauner weiß den Weg auch von allein. Wenn sich alles so eingespielt hat, dass Sie das Pferd auch in der Stadt lenken können, dann steht es Ihnen, natürlich nur mit der Billigung des Herrn Baron, frei, auch allein einkaufen zu fahren.“

Er reichte ihr die Zügel und wie nicht anders zu erwarten, hielt das Pferd ohne jedes fremde Zutun punktgenau vor dem heimischen Stall. Trolli begrüßte wie immer die Ankommenden mit lautem Gekläff.

Der Baron überließ es den beiden, den Braunen abzuspannen und begab sich in sein Büro. Nachdem sie gemeinsam alle Tiere, Andreas seine Papageien, den Fuchs, das Reitpferd des Barons, und den Braunen mit Futter versorgt hatten, begannen sie die Einkäufe abzuladen. Andreas wuchtete den größeren Einkaufskorb aus dem Fußbereich der Droschke, den kleineren Korb reichte er Maria. Sie verfehlte den zweiten Griff. Der Inhalt und ein halbes Dutzend Eier klatschten auf den Boden. Kein einziges Ei hatte den Absturz überlebt. Trolli stürzte sich wieselflink sofort auf die Leckereien. Während Maria noch halb im Schock über ihr Missgeschick begann, die unversehrt gebliebenen Verpackungen vom Boden aufzuheben, donnerte Andreas los: „Kannst du nicht besser aufpassen? Jetzt hast du meinen ganzen Plan durcheinandergebracht. Ich hatte dem Herrn Baron noch heute Morgen versprochen, sein lange vermisstes Frühstücksei zu servieren, und jetzt liegt alles im Dreck!“

Maria, tief betroffen von der Rüge des sonst so warmherzigen Mannes, richtete sich auf. Ihre Augen wurden feucht und ein paar Tränen rollten über ihre Wangen. Voller Mitgefühl trat Andreas einen Schritt näher.

„Verzeih mir meine Unbeherrschtheit, es tut mir leid“, flüsterte er. „Es ist alles nicht so schlimm, nur es war ... weil ich es ihm doch versprochen hatte.“

Maria sah ihn erstaunt an und ein beglücktes Lächeln huschte über ihr Gesicht. „Sie haben mich gerade mit ‚du‘ angesprochen“, tat Maria erstaunt.

„Ja, in einem Anfall von Kopflosigkeit ist es mir einfach so rausgerutscht, entschuldigen Sie bitte! Ich mache Ihnen aber trotz allem einen Vorschlag: Wir könnten uns auch in Zukunft gegenseitig duzen, wenn Sie damit einverstanden sind.“

„Ja gut, es redet sich einfach besser. Allein schon wegen der Fragen, die sich um das Essen drehen und vieles andere mehr“, freute sich Maria über die neue Situation.

„Frage nur, wann immer du etwas wissen willst, an Auskünften wird es, soweit ich dazu in der Lage bin, nicht fehlen.“

„Wo bleibt eigentlich mein versprochenes Frühstücksei?“, fragte der Baron am nächsten Morgen Andreas mit gespielter Empörung.

„Ja, das ist so: Unsere Junghennen sind noch nicht bereit, Eier zu legen“, erklärte er ihm mit einem, Maria zugedacht, versteckten Lächeln.

„Na gut, dann muss ich eben noch eine Weile warten, bis es den Hennendamen genehm ist, welche zu legen.“

Inzwischen hatte sich auch Thomas zum Frühstück eingefunden. „Was gibt es übrigens von unserer neuen Köchin heute zum Mittagessen?“ Andreas und Maria sahen sich etwas betroffen an.

„Das bleibt bis dahin mein Geheimnis“, verteidigte Maria ihr Rezept.

Als sich nach der Mittagsmahlzeit die Männer wohlgesättigt zurücklehnten, meinte der Baron: „Auf so ein schmackhaft gutes Tellergericht habe ich lange verzichten müssen“, lobte er Marias Kochkunst. „Da darf man wohl in Zukunft auf manche kulinarische Überraschung gespannt sein“, orakelte er.

Fortan kochten und brutzelten Andreas und Maria in der Küche, was ihnen in den Sinn kam und erfanden immer wieder neue Rezepte. Einige Tage nach dem Besuch bei Drehsen auf der Zollstation stellte sich eine Frau Gerber als Zugehfrau und ihre vierzehnjährige Tochter Vanessa als Küchenhilfe vor. Andreas, im Einvernehmen mit dem Herrn Baron befugt, über die Aufgaben der Angestellten zu entscheiden, hieß sie herzlich willkommen. Er verabredete mit ihnen, dass sie jeden Morgen beim Bäcker die bestellten Waren abholten und zwischen sieben und halb acht Uhr ihren Dienst antraten. Nachdem alles besprochen war, begleitete er die beiden, Mutter und Tochter, aus dem Empfangsraum. Unterwegs auf dem Flur begegneten sie Thomas.

„Welche Freude, zwei neue Frauen im Haus!“, rief er mit ausgebreiteten Armen aus. „Morgen gebe ich mit meinen Freunden eine Abschiedsfeier, das gibt einen Riesenspass. Da wäre doch auch etwas für euch dabei!“, faselte er und streckte den beiden Frauen einladend beide Hände entgegen.

„Thomas, bitte!“, ermahnte ihn Andreas und drängte ihn, den Weg freizugeben.

„Ist ja gut“, lallte Thomas mit schwerer Zunge und trat zur Seite.

„Entschuldigen Sie bitte den Vorfall. Die jungen Männer und der Alkohol, es ist immer das Gleiche.“

„Nicht schlimm“, bemerkte die Frau. „Da habe ich schon ganz andere Sachen erlebt.“

Am nächsten Morgen riss ein heftiges Klopfen am Eingangsportal Maria aus ihren Träumen. „Natürlich“, schoss es ihr durch den Kopf. Sie hatten wegen des störenden Zwischenfalls von Thomas ganz vergessen, der Zugehfrau einen Hausschlüssel zu geben. Sie schlüpfte in ihren Morgenmantel und öffnete die Eingangstür.

„Guten Morgen!“, empfing Maria die beiden Frauen. „Wir vergaßen, Ihnen gestern einen Schlüssel zu überlassen. Den Weg zur Küche kennen Sie ja bereits. Sie sollten etwas heftiger an die Tür klopfen, denn der alte Diener ist etwas schwerhörig, ich komme dann auch gleich nach.“

Als Maria nur wenig später die Küche betrat, waren die Vorbereitungen für das Frühstück soweit fortgeschritten, dass es ihrer Mithilfe nicht mehr bedurfte. Gegen neun Uhr erschien der Baron in der Küche, wünschte einen guten Morgen und begrüßte die beiden neu angestellten Frauen.

„Der Tisch ist gedeckt, wie ich im Speisezimmer gesehen habe. Dann können wir ja mit dem Frühstück beginnen.“ Nachdem der Baron, Andreas und Maria Platz genommen hatten, zog sich die Frau mit ihrer Tochter in die Küche zurück.

„Wo bleibt eigentlich Thomas? So habe ich mir ein gemeinsames Frühstück eigentlich nicht vorgestellt.“

„Der schläft wahrscheinlich seinen Rausch aus“, brummelte Andreas in Erinnerung an den gestrigen Vorfall.

„Was, schon wieder? Seit er sich dieser Malerclique angeschlossen hat, geht es mit ihm abwärts, da hilft kein Zureden und keine Ermahnung. Wie dem auch sei, ich kann nichts daran ändern“, bemerkte er resigniert und nahm nur wenige Happen zu sich. Nach dem Frühstück erhob er sich, um einen seiner vormittäglichen Spaziergänge anzutreten. Nach ein paar Augenblicken betretenen Schweigens brummelte Andreas: „Dann kann ich ja jetzt meine Viecher versorgen“, worauf er aufstand und in den Stall ging.

Maria hatte inzwischen das Frühstücksgeschirr zusammengestellt und betrat den Flur. „Schon fleißig?“, bedachte Maria die Zugehfrau mit einem Lob, die dabei war, den Fußboden mit einem nassen Lappen aufzuwischen. Als sie jedoch die Küchentür öffnete, fand sie Thomas fröhlich schäkernd neben dem jungen Mädchen stehen.

„Entschuldige, wenn ich störe. Warum warst du nicht beim Frühstück dabei? Dein Vater war sehr ungehalten.“

„Was soll das alles? Es ist mein Leben, da lasse ich mir von niemandem etwas vorschreiben. Ich bin alt genug, um zu wissen, was ich tue.“

„Thomas, bitte!“, machte sie ihn mit einem Blick auf das anwesende Mädchen aufmerksam.

„Ist ja gut, ich kann es einfach nicht ertragen, wenn er mich ständig zu gängeln versucht. Ein gemeinsames Frühstück gibt es schon seit Jahren nicht mehr und wenn ich Hunger habe, kann ich mir auch ein Brot selbst richten, meinst du nicht auch? Und noch etwas: Ich erwarte heute am Abend zwei meiner Freunde zu einer kleinen Abschiedsfeier, da wäre es angebracht, wenn du dabei bist und zwischendurch etwas Deftiges anzubieten hättest. Für Getränke brauchen wir nicht zu sorgen, die bringen die beiden mit.“

„Wenn das ein Besäufnis werden soll, dann bin ich nicht dabei. Du weißt, wie ich so etwas hasse.“

„Nein, nicht wie du denkst! Vielleicht sind wir etwas angeheitert. Aber bestimmt nicht so wie dein Ziehvater“, fügte er mit spitzer Zunge hinzu.

Es begann bereits zu dunkeln, als eine offene Luxuskarosse, gezogen von zwei durchgeschwitzten Pferden, vor der Villa anhielt. Thomas empfing die beiden Freunde mit stürmischen Umarmungen. Nachdem der Herr Baron und Andreas die Neuankömmlinge begrüßt hatten, bot sich der alte Diener an, die Pferde zu versorgen, befreite sie von dem Geschirr und führte sie in den Stall. In Anbetracht der vorgerückten Stunde verabschiedeten sich der Baron und Andreas von den jungen Männern und zogen sich zur Nachtruhe zurück.

Inzwischen hatten sich Thomas und seine Freunde im Speisezimmer niedergelassen und feierten mit einem ersten Umtrunk ihr Wiedersehen. Maria bereitete indessen in der Küche einen abwechslungsreichen Imbiss mit vielen leckeren Zutaten vor. Sie schnabulierte gerade von den übriggebliebenen Köstlichkeiten, die auf dem Tablett keinen Platz gefunden hatten, da klopfte es an der Tür.

„Darf ich eintreten?“, hörte sie die Stimme von Thomas.

„Ja bitte!“, antwortete sie.

In jeder Hand eine Flasche und eine unter den Arm geklemmt betrat er die Küche. „Ich muss noch kurz eine Bowle ansetzen“, sagte er mit genüsslich schnalzender Zunge, entkorkte die Flaschen und leerte deren Inhalt in eine große Glasschüssel. „Bin gleich wieder da“, kam es ihm in den Sinn. Schneller als erwartet erschien er mit einem Glas eingemachter Früchte und füllte damit die Bowleschüssel randvoll auf. Unter ständigem Umrühren gab er noch einige Esslöffel Zucker hinzu. Als er glaubte, die richtige Geschmacksrichtung getroffen zu haben, bot er Maria eine Beerenfrucht mit etwas Flüssigkeit an.

„Hm, süß, schmeckt gut. Daran könnte ich mich gewöhnen“, gab sie mit großen Augen erstaunt zu.

„Wie ich sehe, bist du mit dem Vorbereiten der Appetithappen fertig. Komm doch mit und leiste uns etwas Gesellschaft. Meine Freunde würden sich freuen, dich kennenzulernen.“

„Ach, das möchte ich nicht, eine Frau unter euch Männern. Aber geh du schon mal voraus und halte mir die Türen offen. Ich bringe das Besteck, die Gläser, das Tablett mit den Happen und serviere es euch. Danach werde ich mich zurückziehen, Trolli versorgen und zu Bett gehen.“

Nachdem Maria die Gedecke abgesetzt hatte, begann Thomas: „Darf ich vorstellen? Die Herren sind meine Schulfreunde, Ulli und Jörg, und die junge Dame ist Maria, mein Modell.“

„Oh!“, entfuhr es den Männern voller Bewunderung. Obwohl Thomas wusste, dass sich Maria eigentlich zurückziehen wollte, rückte er einen Stuhl für sie zurecht und bat sie, darauf Platz zu nehmen.

„Gut“, willigte sie ein. „Aber nicht lange.“

Die beiden Männer, schon in guter Stimmung, bedienten sich an den Köstlichkeiten und stießen mit ihren Gläsern an. „Möchten Sie nicht auch? Nur ein kleiner Schluck von der Bowle?“ Thomas nickte Maria aufmunternd zu und begann ihr Bowleglas zu füllen.

„Nicht so viel, nur ein paar Beeren mit wenig Flüssigkeit!“

„Wie du möchtest“, gab er zurück und reichte ihr die mit Früchten gefüllte Schale.Während Maria von den süßen Früchten naschte, prosteten sie ihr immer wieder zu. Die Wirkung der mit Alkohol vollgesogenen Früchte machte sich langsam bei ihr bemerkbar. Bereitwillig ließ sie sich in den Sog der heiteren Unterhaltung treiben. Doch als sich die Männer mit vom Wein gelöster Zunge auch von ihren schlüpfrigen Eroberungen erzählten, entschloss sie sich, die Party zu verlassen. „Entschuldigen Sie, dass ich mich jetzt zurückziehe, mein Hund braucht sein Futter.“

„Schade! Es wäre bestimmt noch eine amüsante Abschiedsfeier geworden“, versuchten die Männer sie umzustimmen. Maria, die seither noch nie mit Alkohol in Berührung gekommen war, erfasste ein leichter Schwindel.

„Tut mir leid!“, tat sie bedauernd und verließ leicht schwankend das Speisezimmer. „Ich glaube, ich habe einen kleinen Schwips“, entschuldigte sie sich mit einem sinnlichen Lächeln bei Thomas, der ihr in die Küche gefolgt war.

„Du siehst so verführerisch schön aus“, bemerkte er mit schwerer Zunge, umschlang mit beiden Armen ihren Körper und drückte sie fest an sich. Ein seltsames Gefühl machte sich in ihr breit, als sie seine männliche Erregung spürte. Doch als sein Drängen stärker wurde, wehrte sie sich und entwandt sich aus seiner Umarmung.

„Na gut, dann eben nicht!“, hörte sie noch, als er sich von ihr abwandte und die Küchentür hinter sich schloss.

„Morgen wird er abreisen“, dachte sie hinter ihm her. Vor wenigen Minuten hatte sie noch mitanhören müssen, wie schamlos sich die Männer in ihrer Gegenwart mit ihren Eroberungen brüsteten. So würde sich auch Thomas wieder mit seinen Kumpanen in dunklen Spelunken herumtreiben, sich mit seinem Geld Frauen gefügig machen, und dann, wenn ihn das Heimweh überkommt, nach ein paar Monaten nach Hause zurückkehren. Er wird sein Vagabundenleben nicht aufgeben, davon war sie überzeugt. Maria nahm den Futternapf auf und begab sich damit in ihr Zimmer. Zur Sicherheit vor weiteren Belästigungen drehte den Schlüssel zweimal herum.

Als Maria am nächsten Morgen den Vorhang vor ihrem Fenster zurückschob, stand die Nobelkarosse unverändert noch am gleichen Platz an der Einfahrt. Die beiden Freunde von Thomas hatten also hier im Haus übernachtet, musste sie feststellen. Erst am späten Nachmittag erschienen die drei verschlafen und mit verkaterten Gesichtern zu einem Imbiss in der Küche.

Es dunkelte bereits, als Andreas die beiden Pferde vor die Karosse führte, um sie anzuspannen. Inzwischen hatten die beiden jungen Männer zwei schwere Reisekoffer im Fahrzeug verstaut. Thomas verabschiedete sich von seinem Vater und verließ mit kleinem Gepäck, die Feldstaffelei unter einen Arm geklemmt, das Haus. Maria stand allein auf der Treppe vor der weit geöffneten Haustür und sah mit gemischten Gefühlen dem Treiben zu. Thomas kam noch einmal zurück. Er drückte ihr zum Abschied einen Kuss auf die Wangen und flüsterte: „Verzeih mir bitte meine Unbeherrschtheit von gestern!“ Dann wandte er sich zum Gehen. Er drehte sich noch einmal nach ihr um, bevor ihn die Dunkelheit verschluckte.

Die Tage und Wochen schlichen dahin. Nachdem auch Herr Drehsen sein Dienstverhältnis beim Zoll beendet hatte, übernahm er die Verwaltung über die Ländereien mit Hauptsitz im Waisenhaus. Darüber hinaus wurde ihm im Flur neben Maria ein Arbeitszimmer eingerichtet. Da blieb es nicht aus, dass sie ihm ab und zu in seinem Büro über die Schulter schauen konnte. Er selbst, mit der Verwaltung des Hofgutes beschäftigt, dazu noch verantwortlich für den erweiterten Anbau des Waisenhauses und mit dem Einschlag von mehreren hundert Klaftern Holz völlig überfordert, schlug dem Baron vor, zu seiner Entlastung Maria die Buchführung näherzubringen. Der Baron zeigte sich begeistert von dem Vorhaben, was seinem Denken über Marias Zukunft entgegenkam. So konnte ihr Drehsen schon nach kurzer Zeit einen Teil der Büroarbeit übertragen. Die „Gruber-Frauen“, Mutter und Tochter, kamen mit Unterstützung von Andreas im Haus und in der Küche gut zurecht, sodass die Anstellung von weiterem Personal als Ersatz für Maria nicht erforderlich war.

Der Sommer kam und mit ihm die ersten Vorbereitungen für die Heuernte. Die Schnitter und Mägde vom Waisenhof begannen schon in den frühen Morgenstunden, mit ihren Sensen das feuchte Gras zu mähen, um es anschließend in der Sonne trocknen zu lassen. Maria fand es an der Zeit, die Arbeiter drüben auf der anderen Seite der Bucht mit einer erfrischenden

Abkühlung zu überraschen. Mit Andreas‘ Hilfe hatte sie einen Korb mit Trinkbechern dabei und zwei Kannen Wasser mit Fruchtsäften zu einem schmackhaften Getränk gemischt.

Das Meer ruhte an diesem späten Nachmittag wie ein tiefblauer Spiegel in der Sonne. Maria nahm auf Empfehlung von Andreas das kleine, leichter zu handhabende Boot, das schaukelnd am Bootsteg vertäut war und zog es an den Strand. Er half beim Einladen der Kannen und legte ihr die Ruderblätter zurecht. Trolli, der seither nie von Marias Seite gewichen war, bellte aufgeregt, als sie in den Nachen stieg. „Du kannst nicht mit!“, versuchte sie ihn zu verscheuchen. Doch mit einem Satz war er auf das kleine Sitzbrett am Bug gesprungen. „Was soll das? Du bist doch sonst so wasserscheu. Schau das viele Nass um dich herum.“ Alles Zureden half nichts, er streckte sich mit einem zufriedenen Seufzer aus und schloss die Augen. „Na gut, dann eben nicht“, gab Maria auf, nahm die Ruder und gab Andreas einen Wink, das Boot abzustoßen.

„Pass auf dich auf und komm gut zurück“, rief er ihr winkend nach. Andreas sah voll Bewunderung, wie sie es verstand, das Boot gegen die leichte Strömung zu halten. Um möglichst weit auf den gegenüberliegenden Strand aufzulaufen, zog Maria in Ufernähe die Ruder etwas kräftiger durch. Ein letzter Ruderschlag und das Scharren auf dem kiesigen Untergrund verrieten ihr, dass sie das Boot trockenen Fußes verlassen konnte. Sie wuchtete die schweren Kannen ins Freie und rief den schwitzenden Frauen und Männern zu: „Kommt und bedient euch!“ Überrascht richteten sie ihre Köpfe zu der Rufenden. Sie legten ihre Arbeitsgeräte aus den Händen und kurz darauf war sie von etwa zwanzig Personen eingekreist. Maria reichte jedem einen Trinkbecher und schenkte ein. Dabei entdeckte sie auch Jonas, jenen jungen Gärtner, dessen Blicke sie zu ignorieren versuchte, als sie sich zum ersten Mal begegneten. Doch dieses Mal war sie es, die seinem Blick suchte. Nachdem sich alle erfrischt wieder ihrer Arbeit zuwandten, winkte der Vorarbeiter Jonas zu sich.

„Du könntest doch die junge Angestellte des Herrn Baron zurückbringen. Erfahrung hast du ja genug durch das Heranschaffen von Baumaterial mit dem Lastkahn. Du kennst die Tücken der Bucht wie kein anderer. Das Wasser ist bereits ablandig und die Sandbänke sind um diese Zeit gefährlich. Wenn sie auffahren sollte, kommt sie bis zur nächsten Flut nicht mehr weg. Es wäre unverantwortlich, sie allein zurückrudern zu lassen. Bring’ sie rüber, der Fußweg bis zu deiner Unterkunft ist ja nicht allzu weit, sodass du gegen Feierabend wieder auf dem Gut sein kannst.“

Jonas verschlug es kurz den Atem. „Ich ... ich soll sie rüberbringen?“, stotterte er.

„Ja, du! Außer dir und mir kennt keiner so die Gefahr, die ihr beim Ablanden durch den Wind droht. Aber wenn du dir das nicht zutraust, dann muss ich das wohl machen.“

„Nein, nein“, beeilte er sich, zuzustimmen, denn er fürchtete, so schnell würde sich keine zweite Gelegenheit ergeben, mit ihr allein zu sein.

„Mit dem kleinen Kläffer, der das Boot bewacht, wirst du wohl klar kommen, schätze ich“, bemerkte der Vorarbeiter, wandte sich ab und schob mit der Gabel das getrocknete Gras zu einem Haufen zusammen.

„Ich soll dich hinüberbringen, hat mir der Vorarbeiter aufgetragen“, sprach Jonas Maria an und nahm ihr die Kannen ab. Er ging ihr ein paar Schritte voraus und legte alles unter die Ruderbank. Den Korb mit den Trinkbechern setzte er am Bug vor Trollis Füßen ab. Mit einem kurzen Blick stellte Jonas fest, dass das Heck des schmalen Bootes tief im Wasser lag. Maria wäre es unmöglich gewesen, trockenen Fußes einzusteigen. Jonas zögerte nicht lange, er nahm sie auf die Arme, trug sie durch das knietiefe Wasser und setzte sie auf der schmalen Heckbank ab. Um ihr etwas mehr Halt zu verschaffen, klappte er die Rückenlehne hoch. Jonas hob den Bug an, stieg ein und stieß mit dem Ruder vom Ufer ab. Trolli, der das ganze Treiben mit lautem eifersüchtigen Gekläff verfolgt hatte, streckte sich zufrieden auf seinem Platz aus. Während das Boot leicht auf den Wellen schaukelte, durchlebte Maria noch einmal dieses prickelnde Gefühl der Körpernähe, als er sie mit seinen kräftigen Armen in das Boot gehoben hatte. Sie lehnte sich zurück und beobachtete mit halb geschlossenen Augen das Spiel der Muskeln auf seinem nackten Oberkörper, wenn er die Ruder bewegte. Voller Wonne fühlte sie seinen Blick auf sich gerichtet. Ein wohliges Gefühl durchlief ihren Körper.

„Es ist so schön, hier draußen auf den Wellen“, begann er, nur um etwas zu sagen. „Ich wollte, diese Überfahrt würde eine Ewigkeit dauern“, drängte es ihn, Maria seine Empfindungen mitzuteilen. Wie aus weiter Ferne hatte sie seinen Worten gelauscht. Der Klang seiner Stimme voll verhaltener Zärtlichkeit löste den Bann. Sie öffnete die Augen und erwiderte mit einem Lächeln Jonas Blicke.

„Mir ist es ebenso ergangen“, begann sie zum erstenmal in ihrem Leben, einem Mann ihre Gefühle preiszugeben. Inzwischen waren sie dem Ufer so nahegekommen, dass Jonas den Bootssteg ansteuern konnte. Er warf das Halteseil um den Poller. Das Boot drehte sich mit einem Ruck um seine eigene Achse. Trolli, von der plötzlichen Wendung überrascht, verlor das

Gleichgewicht, fiel von seinem schmalen Sitz ins Wasser und tauchte unter. Erschrocken hielt sich Maria beide Hände vor den Mund, atmete aber erleichtert auf, als Trollis Kopf wieder sichtbar wurde. Eifrig paddelnd erreichte der Hund schließlich das Ufer. Maria, die sich mit Unterstützung von Jonas zum Stehen aufgerichtet hatte, sah ihrem kleinen Freund einen Augenblick lang bedauernd nach. Er schüttelte das Wasser aus seinem Fell und rannte in panischer Angst von der nassen Unfallstelle weg. Eine unbedachte Bewegung brachte das kleine Boot derart ins Schwanken, dass sich Maria mit beiden Händen an Jonas‘ nackten Schultern festhalten musste. Sehnsuchtsvoll trafen sich ihre Blicke. Jetzt konnte er nicht mehr anders. Er legte beide Arme um ihren Leib und drückte sie fest an sich. Sie lehnte ihren Kopf an seine Brust und lauschte seinem Herzschlag. Diese unendlich beglückende Gegenwart ließ sie alles um sich herum vergessen. Als sie zu ihm aufschaute, senkte Jonas seinen Kopf und küsste leidenschaftlich ihren Mund. Maria schmiegte sich an seinen Körper und erwiderte seine Küsse. Völlig außer Atem lösten sie schließlich die Umarmungen und sahen sich mit verlangenden Blicken an.

Jonas stieg über die Bordwand in das flache Wasser und streckte ihr seine Hände entgegen. Maria neigte sich zu ihm und legte beide Arme um seinen Hals. Er umfasste ihren Körper und hob sie aus dem schaukelnden Boot. Eng umschlungen wandten sie sich dem nur wenige Schritte entfernten Park zu. An einem von niederen Büschen abgeschirmten Plätzchen ließen sie sich nieder. Seine Hände wanderten über ihren ganzen Körper. Er öffnete ihre Bluse, streichelte ihre samtweiche Haut und die festen, jungfräulichen Brüste. Maria umschlang mit beiden Armen seinen nackten Oberkörper. Sie genoss es, seine Muskeln und Sehnen zu streicheln. Noch nie hatte sie ein solches Verlangen gespürt. Sie drängte sich ihm mit leidenschaftlichen Küssen entgegen und nur wenig später lagen sie wohlig erschöpft eng aneinandergeschmiegt auf dem moosigen Waldboden. Entrückt von dem soeben Erlebten überflutete sie eine Welle von Zärtlichkeit. Aller irdischen Schwere beraubt, glaubte Maria zu schweben. Dabei war ihr, als saugten die sattgrünen Blätter der Büsche das letzte Licht der untergehenden Sonne ein. Still lag das Wasser der Bucht vor ihren Augen, als sie sich auf der Bank neben dem Bootssteg niederließen. Es begann bereits zu dämmern, als sie vereinbarten, sich jeweils an den Sonntagen hier um die gleiche Zeit zu treffen.

Der leichte Wind vom Meer her schien eingeschlafen zu sein, so wie auch das Haus schlief, als sie die Eingangstür öffnete. Alles war dunkel, nur das monotone Ticken der alten Standuhr in der Diele und das Winseln von

Trolli war zu hören. „Ja, ich weiß, du hast Hunger“, kam es ihr in Erinnerung. Maria ging ihm voraus in die Küche und trat ein. Andreas, der alte Diener, saß schlafend den Kopf vornübergebeugt auf der Eckbank.

Verwirrt öffnete er die Augen. „Du warst lange weg. Ich habe mir schon Sorgen gemacht wegen dem Ablanden des Wassers bei der Rückfahrt.“

„Es ging nicht anders, der Vorarbeiter hat den Gärtner Jonas beauftragt, mich wegen der gefährlichen Sandbänke zurückzubringen.“

„So, so, der Gärtner Jonas“, brummelte Andreas stirnrunzelnd.

„Danach haben wir uns am Bootssteg noch etwas verweilt. Dabei habe ich die Kannen und die Trinkbecher im Boot vergessen“, entschuldigte sie sich.

„Nun, wie dem auch sei. Ich habe für Trolli das Futter vorbereitet.“ Entgegen ihrer sonstigen Gewohnheiten, wo sie doch immer etwas zu bereden hatten, nahm sie den Futternapf auf, bedankte sich bei Andreas für die Fürsorge um Trolli und verabschiedete sich mit einem kurzen „Gute Nacht!“

Einige Wochen später: Friedhelm Drehsen war an dem Grenzstein auf der kleinen Anhöhe angekommen, der das Anwesen der Holms und das derer von Sanden markierte. Die Ernte war eingebracht und ein Teil der Äcker bereits mit den Pflugscharen aufgebrochen. Drehsen, selbst auf dem elterlichen Bauernhof aufgewachsen, machte sich Gedanken über die Fruchtfolge der nächsten Jahre. Plötzlich war ihm, als hörte er dumpfen Hufschlag hinter sich.

„Guten Morgen Herr Drehsen!“, grüßte der Baron und lenkte den Fuchs an Drehsens Seite. Er schwang sich aus dem Sattel und die Männer reichten sich die Hände. „Der Förster berichtete mir, dass sich unter Ihrer Regie schon einiges getan hat. Die Arbeiten am Wohnhaus und an dem Anbau schreiten seither zügiger voran, sodass man noch dieses Jahr Richtfest feiern könnte. Lobend erging sich auch Ambros, mein rheumageplagter alter Gärtner über Sie. Jetzt müssten die Bewohner im Wechsel ihren Dreck selber putzen, verriet er mir. Wenn Sie weitere Verbesserungen haben, dann lassen Sie mich das wissen.“

„Da wäre schon etwas, was mir vorschwebt.“

„Und was wäre das?“, fragte der Baron interessiert.

„Ich würde gern die Dreifelderwirtschaft einführen. Die Ackerböden scheinen mir ausgelaugt zu sein. Die Getreidekörner und Knollenfrüchte sind im Vergleich mit den Erzeugnissen der anderen Bauern unterentwickelt. Durch diese Maßnahme könnte man, ohne den Ertrag zu schmälern, auch eine beträchtliche Summe an Düngemitteln einsparen.“

„Da bringen Sie mich auf etwas, mein lieber Drehsen. In den vergangenen drei Jahren habe ich einen kontinuierlichen Rückgang der Gewinne aus der Landwirtschaft hinnehmen müssen. Wir sprechen in nächster Zeit noch einmal darüber, dann können Sie mir ihre Idee näherbringen. Übrigens: Ich wollte Sie schon länger fragen, können Sie reiten?“

„Reiten? Oh ja, das ist aber schon eine Zeitlang her. Ich war anfangs bei der berittenen Zollstaffel.“

„Gut, dann habe ich was für Sie! Drüben im Stall steht der Wallach, das Reitpferd von ihrem Vorgänger. Das Tier muss bewegt werden. Zudem sind Sie auch schneller vor Ort. Die leere Box im Stall neben meinem Fuchs können Sie auch benutzen“, schlug er vor. Der Baron stieg in den Sattel, verabschiedete mit erhobener Hand und ritt auf den nahen Wald zu.

Jonas, der junge Gärtner, sah überrascht von seiner Arbeit auf. Er war gerade damit beschäftigt, den neuen Vorgarten vor dem Waisenhaus anzulegen. Der Baron kam geradewegs auf ihn zugeritten. Der junge Mann grüßte ihn mit einer angedeuteten Verbeugung.

„Das trifft sich gut“, sprach der Baron Jonas an. „Ich hätte eine andere Aufgabe für Sie. Anstatt hier rumzuwerkeln, wäre es mir lieber, man würde die Wege am Friedhof in Ordnung halten und sie vom Unkraut befreien. Ich wünsche, dass Sie morgen schon damit beginnen.“

„Aber ich kann doch nicht einfach .... grade jetzt, wo ich hier angefangen habe ....“

„Lassen Sie mal gut sein, Sie können!“, unterbrach der Baron seine Bedenken. „Ich werde mit dem Vorarbeiter sprechen und auch darüber, dass man einmal in der Woche die Anlagen um das Haus herum pflegen sollte.“

Pflichtgemäß meldete sich Jonas am nächsten Morgen bei dem alten Diener an, um mit der von dem Baron angeordneten Arbeit zu beginnen.

„So, so? Da bin ich aber überrascht. Der Herr Baron hat mich nichts Derartiges wissen lassen. Wenn dem aber so ist, kannst du als erstes auf dem Vorplatz das Unkraut in den Fugen zwischen den Mosaikplatten beseitigen“, wies er Jonas an. Ohne weitere Worte zu verlieren, wandte sich Andreas dem Stall zu, um seine Tiere zu versorgen. Hühnergackern empfing ihn, als er die Stallungen betrat. Neugierig durchstöberte er ihre Nester. Da lagen zu seinem Erstaunen vier Eier. Zwei davon waren kalt, die anderen noch leicht warm. „Die müssen die Junghennen kurz vorher noch gelegt haben“, war er sicher. Andreas legte sie behutsam in seine Schürze und eilte in die Küche. „Schau, was ich hier habe!“, rief er begeistert und legte die Eier auf den Küchentisch.

„Da wird sich der Herr Baron freuen, wenn er morgen früh sein lang ersehntes Frühstücksei erhält", strahlte Maria den alten Herrn an.

„Nicht nur er, jetzt haben sie angefangen zu legen, da dürfen wir uns auch ab und zu eines gönnen. Da gibt es noch eine Neuigkeit. Wie mir vorhin Jonas, der Gärtner, berichtete, hat ihn der Herr Baron beauftragt, einmal in der Woche am Friedhof nach dem Rechten zu sehen und auch die Anlagen um das Haus zu pflegen."

„Wieso vorhin, ist er etwa da?", fragte Maria, die fühlte, wie ihre Knie weich wurden und ihr Herz zu rasen begann. In ihrer Aufregung hörte sie sich lauter als gewohnt sagen: „Es ist auch an der Zeit, das Unkraut wuchert überall." Da wollte es der Zufall, dass gerade jetzt draußen auf dem Flur Schritte vernehmbar wurden. „Ich glaube, unsere Zugehfrauen sind mit den Einkäufen eingetroffen", bemerkte sie und eilte aus der Küche. Maria bedachte Mutter und Tochter nur mit einem „Guten Morgen!", huschte hinaus ins Freie und sah sich suchend um. „Jonas!", rief sie verhalten, als sie ihn hinter einem niederen Zierstrauch entdeckte. Die ganze Welt um sich herum vergessend, lief sie ihm in die Arme. Andreas, der gerade auf dem Weg in den Stall war, um auch den Pferden das Futter vorzulegen, wollte zunächst nicht glauben, was er sah. Auf der anderen Seite des Platzes standen Maria und Jonas eng umschlungen.

„Dachte ich mir doch, dass mit dem Verweilen am Bootssteg mehr dahintersteckt. Kein Wunder, dass sie dabei die Kannen und das Geschirr im Boot vergessen hat. Eigentlich ein schönes Pärchen. Aber warum muss sie ausgerechnet an diesen Windhund geraten, wo doch genug andere anständige junge Männer herumlaufen. Zugegeben, hier in der Einöde hat sie wenig Auswahl. Zumal, wenn einer wie Jonas daherkommt, der es versteht, jungen Frauen den Kopf zu verdrehen, kann man ihm keine Vorwürfe machen, wenn sie sich ihm hingeben, ohne eventuelle Folgen in Betracht zu ziehen. Verliebt zu sein, heißt doch nicht, gleich miteinander ins Bett zu gehen, das habe ich in meiner Jugend auch erfahren müssen", dachte er weit zurück und wandte sich mit einem verständnisvollen Lächeln seinen Tieren zu.

Wie vereinbart erschien Jonas täglich, um die ihm aufgetragenen Arbeiten zu erledigen. Da wollte es der Zufall, dass er einmal in Unkenntnis der Örtlichkeiten an allen Türen anklopfte, bis ihn schließlich Stimmen zu der offenstehenden Küchentür führten. Die Zugehfrauen, Mutter und Tochter, waren gerade dabei, das Frühstück für die Herrschaften anzurichten.

„Da komme ich ja zur richtigen Zeit!"

„Guten Morgen erst mal", erinnerte ihn Frau Gerber an einen Morgengruß.

„Ja, ebenfalls“, antwortete er in saloppem Umgangston. „Bei so einem Anblick am hellen Morgen kann es schon einmal vorkommen, dass man zu grüßen vergisst, oder?“, fragte er die vierzehnjährige Tochter und tätschelte mit einer Hand ihr rundes Gesicht.

Von dem lauten Gespräch angelockt erschien Andreas, der im Speiseraum mit dem Tischdecken beschäftigt war, im Türrahmen. Kopfschüttelnd über die Szene, die sich ihm da bot, herrschte er Jonas an: „In Zukunft meldest du deinen Besuch bei mir an, bevor du Privaträume in diesem Haus betrittst.“

„Entschuldigung, ich wusste nicht, wo du ...“

„Da gibt es nichts zu entschuldigen, das erfordert allein schon der Anstand, dass man sich anmeldet. Zudem hat das Haus auch einen gut sichtbaren Türklopfer! Das wäre es fürs erste. Mit deinen Arbeiten an den Hecken kannst du zunächst weitermachen. Ich komme dann später hinaus, um dir weitere Anweisungen von dem Herrn Baron mitzuteilen!“ Beschämt, vor den beiden Frauen so abgekanzelt zu werden, drückte sich Jonas an Andreas vorbei und verließ das Haus.

Die Sonne stand schon hoch an diesem Nachmittag, als sich Maria gedankenschwer mit einem erfrischenden Getränk Jonas näherte. Stürmisch wie immer empfing er sie mit weit ausgebreiteten Armen. Nachdem er einen kräftigen Schluck aus der Flasche getan hatte, nahm er sie in die Arme. „Warum bist du heute so schweigsam? Ich hatte gehofft, du könntest mich etwas aufheitern. Komm, wir machen es uns auf unserem Plätzchen bequem, danach fühlen wir uns sicherlich wohler.“

„Ich glaube nicht, dass du dich danach besser fühlen wirst, wenn ich dir sage, was wir angestellt haben: Meine Blutungen sind schon einige Tage ausgeblieben.“

„Soll das heißen, dass du in anderen Umständen bist? Das hätte mir gerade noch gefehlt. Das darf doch nicht wahr sein, wo ich doch schon für das Kind der Tochter des letzten Verwalters Unterhalt zahlen muss. Und jetzt noch eines mit dir, das kann ich mir auf keinen Fall leisten.“

Mit weit aufgerissenen Augen sah ihn Maria entsetzt an. So etwas von ihm zu hören, hatte sie nicht erwartet.

„Nun mal ruhig, meine Liebe. Ich weiß dir eine Engelmacherin in Grauwies, die hat schon so mancher Frau aus der Patsche geholfen. Nur den Namen von dem Mann, mit dem du zusammen warst, darfst du ihr auf keinen Fall nennen. Ich gebe dir Geld, damit du sie bezahlen kannst.“

„Ist das alles, was du mir zu sagen hast? So erniedrigend mit mir umzugehen, hätte ich dir nie zugetraut“, hielt sie ihm mit tränenfeuchten Augen vor. Zu keinem weiteren Wort fähig, wandte sie sich von ihm ab und trat den Rückweg über den Friedhof an. Auf halber Strecke begegnete sie Andreas.

„Wie ich sehe, hast du Jonas etwas zum Durstlöschen gebracht."

„Ja, die Erfrischung war ihm sehr willkommen."

„Das kann ich mir gut vorstellen. Jonas ist auch sonst ein toller Bursche", bemerkte er provozierend.

„Was soll ich dazu sagen, er ist halt so, wie er ist", antwortete sie mit hochrotem Kopf und eilte, um das Gespräch nicht noch mehr zu vertiefen, durch die Grabreihen auf den Ausgang zu. Der alte Diener sah ihr nachdenklich hinterher, setzte dann aber ebenfalls seinen Weg fort.

„Wie kommst du mit deinen Arbeiten voran?", sprach er unverfänglich Jonas an, der sich zum Sägeschärfen auf einem Baumstumpf niedergelassen hatte.

„Warum fragst du? Bin ich dir etwa zu langsam, oder?" fragte er mürrisch.

„Nein, nein, das nicht. Nur der Herr Baron bat mich, dir mitzuteilen, dass du die Blumenrabatte an der Einfahrt so anlegen solltest wie die vor dem Waisenhaus."

„Sonst noch was?", fragte er, die Zurechtweisung von heute früh noch nicht ganz verdaut.

„Eigentlich nichts, was deine Arbeit betrifft", antwortete Andras etwas zögerlich und bediente sich der Notlüge, die ihm auf der Zunge brannte: „Ich sah dich zufällig vorhin zusammen mit Maria, als sie dir etwas zum Trinken brachte", begann er. „Dass du mir da nichts anfängst. Wie man sich erzählt, stellst du jedem Weiberrock nach. Bestätigt fand ich das Gerücht auch heute Morgen in der Küche, als du der jungen Frau, die eigentlich noch ein Kind ist, die Wange getätschelt hast. Ich habe nichts gegen deine Eskapaden, aber lass dabei Maria aus dem Spiel. Der Herr Baron hält eine schützende Hand über sie", redete ihm Andreas ins Gewissen.

„Was heißt hier ‚nichts anfängst'? Wir mögen uns vom ersten Augenblick an. Ob etwas daraus wird, ist doch wohl unsere Sache!", entgegnete er.

„Ich meine nur, es wäre Unrecht, wenn sie am Ende in Schande alleingelassen wird."

„Hör auf, mich zu schulmeistern und lass mich in Ruhe! Alles andere geht dich doch einen feuchten Käse an. Nur dass das klar ist!", drohte er Andreas und begann die Schatten werfenden Äste an der Sonnenuhr abzusägen.

Maria, inzwischen zurückgekehrt, machte sich in der Küche zu schaffen. Widerwillig spülte sie die Trinkflasche aus und stellte sie zum Trocknen in die Sonne vor das Fenster. Ihre seitherige Zuneigung zu Jonas war in einen unbändigen Hass umgeschlagen. Was sie schon seit einigen Tagen beschäftigte, bekam durch Andreas' anzügliche Worte von vorhin neue Nahrung. Ahnte Andreas etwas von ihrem Verhältnis mit Jonas? Schlau wie der alte Herr war, könnte es schon sein. Heimlichkeiten ihm gegenüber kamen einer Lüge gleich, musste sie sich eingestehen. Noch ganz in Gedanken sah sie erschrocken auf, als plötzlich der Herr Baron und Drehsen, ohne sich vorher bemerkbar zu machen, die Küche betraten. Verstohlen wischte sie sich den Rest einer Träne aus den Augen.

„Entschuldige, ich glaubte, du seist noch nicht zurück", rechtfertigte der Baron sein unangemeldetes Eindringen. „Ich hatte die Absicht, mit Herrn Drehsen den Abschluss unseres Gesprächs mit einem Gläschen zu besiegeln. Aber jetzt, nachdem du da bist, könntest du uns im Speisezimmer mit einer Flasche Wein und zwei Gläsern aufwarten."

Am nächsten Morgen nach dem Frühstück bat der Baron Maria, ihm in sein Büro zu folgen. Noch nie hatte sie es gewagt, auch nur einen Blick in sein Allerheiligstes zu tun. Die Einrichtung war seinem Stande nach eher bescheiden. An der Längswand ein bis zur Decke reichendes Regal, mit Büchern vollgestopft und in der Mitte ein großer Schreibtisch mit ein paar Stühlen. Etwas abseits an der Wand ein zweisitziges Sofa und darüber, in einem kostbaren Rahmen abgebildet, eine wunderschöne junge Frau.

„Hier schau mal!", riss er Maria aus ihren Betrachtungen. Er lotste sie an den Schreibtisch und deutete auf ein paar lose gebundene Mappen. „Herr Drehsen hat mir da einen interessanten Vorschlag gemacht. Deshalb sollten wir die Annalen der letzten vier Jahre durchforsten, um die rückläufigen Erträge aus der Landwirtschaft zu dokumentieren. Das Ganze kann unter Umständen zu einer Sisyphusarbeit führen, fürchte ich." Der Baron deutete ihr an, ihm gegenüber am Schreibtisch Platz zu nehmen. Um eventuelle Fehler auszuschließen, tauschten sie die Mappen gegenseitig aus. Nach etwa einer halben Stunde lagen die aufgelisteten Ergebnisse vor. Beim Vergleich wiesen Marias Aufzeichnungen einen Verlust von ca. fünfzehn Prozent aus, während die Berechnungen des Barons fünf Prozent weniger betrugen. Maria sah verunsichert zu ihm auf.

„Ich habe mich doch nicht verrechnet", ging es ihr durch den Kopf. „Lass mal sehen!", entfuhr es ihr spontan und riss dem Baron geradezu seine Notizen aus der Hand. Erstaunt über ihr Temperament konnte er sich ein Lächeln nicht verkneifen. Amüsiert verfolgte er, wie sie stirnrunzelnd die Zahlen überflog. „Ha, da haben wir es schon“, stellte sie fest und beugte sich zu ihm über den Tisch. „Da, mein lieber Baron, liegt der Hund begraben. Das Getreide hast du wohl, nicht aber die Kartoffeln und Hackfrüchte dazu gezählt“, machte sie ihn darauf aufmerksam. Beim Überfliegen der Zahlen waren sie sich so nahegekommen, das jeder den Atem des anderen in seinem Gesicht spüren konnte.

„Du hast recht, mein Kind, das war mein Fehler.“ Der Baron erhob sich und ging auf ein zweisitziges Sofa zu. „Komm, setz dich einmal zu mir!“ Nachdem Maria neben ihm Platz genommen hatte, begann er ohne Umschweife: „Es ist mir vorhin wiederholt aufgefallen, dass dir das ‚Du' in der Anrede leichter über die Lippen geht, als das ‚Sie'. Ich bin durchaus damit einverstanden, von dir in Zukunft so angesprochen zu werden. So eine vertraute Anrede setzt aber einiges voraus. In der Öffentlichkeit bin ich nach wie vor für dich, so wie für Andreas auch, der Herr Baron, schon wegen dem Gerede der Leute. Wärst du meine leibliche Tochter, dann wäre das etwas ganz anderes.“

Der Baron bemerkte, wie Marias Augen feucht wurden. Um ihre Rührung zu verbergen, nickte sie mit gesenktem Kopf zum Zeichen, dass sie ihn verstanden hatte.

Einige Tage später: Marias anfängliche Sorgen wegen einer Schwangerschaft hatten sich als unbegründet herausgestellt. Jonas musste wohl auf eigenes Betreiben veranlasst haben, dass die gärtnerischen Arbeiten einem anderen übertragen wurden, vermutete sie. Auf Sanden wurde er jedenfalls nicht mehr gesehen. Das Leben schien auf Sanden in gewohnter Weise weiterzugehen, wäre da nicht einige Tage nach dem vertraulichen Gespräch zwischen dem Baron und Maria ein Telegramm mit der Nachricht eingetroffen: *„Thomas Leopold von Sanden beim Untergang einer Jacht verunglückt. Sterbliche Überreste wurden nicht gefunden, berichtet Australiens Ausländerbehörde.“*

Bleischweres Schweigen der Trauer breitete sich über Sanden aus. Seit dem Tod von Thomas ging es dem Baron nicht mehr gut. Ruhelos ging er zwischen den hohen Bücherregalen auf und ab, sah gequält zu dem Gemälde seiner so früh verstorbenen Frau auf. Wenn Einsamkeit ihm das Herz schwer machte, ging er hinaus auf den Friedhof in den kleinen Park an das Grab zu seiner Frau, um im stillen Gedenken mit ihr zu sprechen. Sie konnte ihm keine Antwort auf seine Fragen geben. Tagelang machte er nichts anderes, als über sein Leben und die Zukunft von Sanden nachzudenken.

Für Maria gab es keine mystischen Winkel mehr, so wie früher, in denen man sich vor der Wirklichkeit verstecken konnte. Kurz entschlossen klopfte sie eines Tages an seiner Bürotür an.

„Komm nur herein!“, hörte sie den Baron sagen und trat ein. „Was führt dich zu mir?“, fragte er mit schwacher Stimme.

Obwohl es sie einiges an Überwindung gekostet hatte, ihn auf sein Verhalten anzusprechen, begann sie dennoch: „Mein lieber Baron, so kann das mit dir nicht weitergehen“, sagte sie voller Mitleid im Herzen. „Du brauchst frische Luft zum Atmen. Außer deinen Friedhofsbesuchen verlässt du kaum noch das Haus, verkriechst dich in deinem Büro und isst kaum noch etwas. Du kannst dich doch nicht für den Rest deines Lebens hier in dein Haus zurückziehen!“, redete sie eindringlich auf ihn ein.

Der Baron hob seinen Kopf und starrte Maria einen Augenblick lang betroffen an. „Eigentlich hast du recht, aber was soll ich machen? Ich habe alles verloren, was mir lieb und teuer war“, sagte er mit einer Stimme, die wenig Lebenswille verriet.

Maria, auf das Tiefste erschüttert, trat einen Schritt näher. „Schau einmal durch das Fenster, die Sonne lädt doch geradezu zu einem Spaziergang ein.“

„Das stimmt wohl“, sagte er zu ihr aufblickend. „Nur meine Spaziergänge über den Friedhof und die nähere Umgebung brachten mich selten auf andere Gedanken.“

„Ich würde gern eine kleine Wanderung mit dir unternehmen, wenn du damit einverstanden bist. Dabei könnten wir einiges bereden“, versuchte sie ihn auf ihren Vorschlag einzustimmen.

„Im Grunde genommen hast du ja recht, meine Gute, nur fällt es mir schwer, über unabwendbare Dinge einfach hinwegzusehen. Die Verantwortung für Sanden und in Zukunft auch noch für das Anwesen derer von Holm wiegt zwar schwer auf meinen Schultern, aber ich füge mich gern deinem Rat. Welchen Weg schlägst du vor?“, fragte er, als sie ins Freie traten.

„Irgendeinen, der hinausführt in die freie Landschaft“, antwortete Maria.

Die nächsten Tage und Wochen erwanderten sie Wege und Pfade, auf die der Baron selbst noch keinen Fuß gesetzt hatte.

Inzwischen war es Herbst geworden. Der Baron fühlte sich seit Wochen schon nicht mehr wohl. „Eine Herzschwäche“, hatte der Hausarzt diagnostiziert, ihm ein paar Tabletten, frische Luft und Ruhe verordnet.

„Ist das alles?“, hatte Maria den Doktor nach der Untersuchung angesprochen.

„Ja, mehr kann ich im Augenblick nicht für ihn tun. Es sind die Schicksalsschläge, die ihn gebeugt haben. Bedenken Sie auch das Alter. Soviel ich feststellen konnte, sind Sie die einzige Bezugsperson. Versuchen Sie ihn aufzuheitern und von seinen Sorgen abzulenken“, riet er ihr und verabschiedete sich.

Wegen seines schlechten Gesundheitszustandes nahm sich Maria vor, die täglichen Wanderungen nicht mehr so weit auszudehnen. So gingen sie an einem späten Nachmittag, jeder mit seinen eigenen Gedanken beschäftigt, den von Gladiolen und Dahlien gesäumten Weg entlang, der zum Bootssteg hinführte.

„Bei unseren morgendlichen Spaziergängen begrüßte uns doch immer der Gesang von Vögeln oder Amseln“, unterbrach der Baron das Schweigen. „Außer dem Rauschen des Windes und dem Krächzen einer Krähe in den Baumwipfeln ist nichts mehr davon zu hören. Ist dir das nicht aufgefallen?“

„Nein, bis jetzt noch nicht, aber nachdem du mich darauf aufmerksam gemacht hast, bin ich doch überrascht“, stimmte Maria zu.

„Mir ist jetzt geradeso wie damals, als wir meine Frau der geweihten Erde übergaben. Vogelgezwitscher bis in die Nacht hinein und am anderen Morgen Totenstille ringsum. Mir war, als würden die Vögel und die ganze Welt um sie trauern“, kam es mit brüchiger Stimme über seine Lippen. „Außer dir und Andreas lebt nun niemand mehr bei mir im Haus. Wobei die Jahre meines alten Freundes auch gezählt sind. Dann wird es außer meinen Pflichten wieder einsam um mich sein. Und du, Maria, wirst einmal heiraten und Sanden verlassen, um eine Familie zu gründen“, bedauerte er.

„Die Zeit wird alles regeln, mein lieber Baron.“ Um weitere Gespräche in dieser Richtung zu vermeiden, lenkte sie ihre Schritte hinaus auf den Bootssteg.

„Eine Familie gründen“, hatte er gesagt. „Mit wem?“ Thomas war ein Trinker und Streuner gewesen. Die Trauer über seinen Tod hielt sich bei Maria in Grenzen, rang ihr aber doch manchmal eine Träne ab, wenn sie an ihn dachte. Würde er noch leben, eine Ehe wäre sie mit ihm nie eingegangen. Und von Jonas, dem sie sich willig hingegeben hatte, derart erniedrigt, wollte sie von Männern und Heirat ohnehin nichts mehr wissen.

„Willst du dich heute nicht zu mir setzen?“, rief der Baron, der sich inzwischen auf der Bank niedergelassen hatte, mit erhobener Stimme in das Rauschen der Wellen.

Maria, den Blick immer noch zum Meer hingewandt, wischte sich eine Träne aus den Augen, wandte sich um und nahm neben ihm Platz.

„Du hast geweint, sehe ich. Bin ich dir irgendwie zu nahe getreten?“

„Geweint? ... Nein. Es ist nur ... weil ich doch so glücklich bin. Was wäre aus mir geworden? Nach dem Tode meiner Ziehmutter war ich allein. Thomas hat mich aufgelesen und auf Sanden eingeführt. Bei dir habe ich eine neue Heimat gefunden. Sanden zu verlassen kam mir noch nie in den Sinn, es sei denn, du wirst meiner überdrüssig und schickst mich fort,“ sagte sie mit gesenktem Kopf.

Der Baron hob mit leichter Hand ihr Kinn etwas an. Seinen liebevollen Blicken ausgesetzt wischte sie sich ein paar Tränen aus ihren Augen.

„Ich dich wegschicken? Niemals! Deine frohe unbefangene Art half mir, mein Schicksal leichter zu ertragen und brachte etwas Licht in mein Leben. Auch wenn ich vorhin sagte, dass du irgendwann heiratest, um eine Familie zu gründen, so wünschte ich, dass du trotzdem mit deiner Familie auf Sanden bleibst. Für deinen zukünftigen Mann würde sich bestimmt eine angemessene Stellung finden“, versicherte er. Dicke Tränen der Rührung rollten über ihre Wangen. Voller Mitgefühl legte er einen Arm um ihre Schultern und drückte ihr einen Kuss auf die Stirn. Wie konnte sie sich besser fühlen als gerade jetzt, wo sie wusste, dass sie von einem Menschen geliebt wurde, der ihr Vater sein könnte.

„Du sagtest, dass du dir nie vorstellen könntest, Sanden zu verlassen, wenn du nicht dazu gezwungen würdest. Heißt das, du würdest bis ans Ende meiner Tage bei mir bleiben und dein Leben mit mir teilen, einfach so? Mit einem Mann, der keine Bedürfnisse mehr hat?“

Maria schaute über das Wasser. Es schien, als würde sie die Stimme des Mannes, der neben ihr auf der Bank saß, nicht hören. Ihren Blick immer noch in die Ferne gerichtet, wandte sie sich langsam dem Baron zu. „Ja, ich werde hier bleiben, bei dir“, sagte sie und es klang wie ein Schwur. Sie war bereit, für ihre einstigen Träume und Illusionen einen hohen Preis zu bezahlen. Maria nahm seine Hand und flüsterte: „Es wird alles gut, wenn wir uns nur genug Zeit dafür lassen.“

„Ja, ich denke auch“, murmelte der Baron, legte einen Arm um Marias Schultern und drückte sie leicht an seine Seite. Schweigend verfolgten sie das Schauspiel, wie sich die Abendsonne langsam rot färbte und im Meer versank.

Seit jenem Tag waren einige Jahre ins Land gegangen. Dank Drehsens fortschrittlicher Ideen in der Landwirtschaft war Sanden zu neuer Blüte erwacht. Nach dem Ableben der Grafen zu Holm, den Schwiegereltern des Barons, wurde ihr Anwesen mit den ausgedehnten Ländereien der Baronie von Sanden zugeschlagen. Ein halbes Jahr, nachdem das Erbe rechtskräftig in seinen Besitz übergegangen war, verfügte der Baron, den alteingesessenen Arbeiterfamilien, die auf den Gütern beschäftigt waren, einen Morgen guten Acker gegen eine symbolische Pacht von zehn Kreuzern jährlich zu überlassen. Unter der drückenden Last der Verantwortung über mehrere tausend Morgen Land entschloss er sich, Drehsen zwei Stellvertreter zur Seite zu stellen. Dadurch wurde es erforderlich, für die neuen Verwaltungsangestellten die Räume in der unteren Etage einschließlich des Gästezimmers, das Maria seither bewohnt hatte, zu Büros umzubauen. Die Küche, der Empfangsraum und das Speisezimmer fielen nicht unter diese Maßnahme. Maria durfte sich in den darüberliegenden Räumen, die ursprünglich nur der Baronin vorbehalten waren, einrichten.

Mit stiller Bewunderung stellte der Baron fest, wie sich Maria in den letzten Jahren zu einer selbstbewussten jungen Frau entwickelt hatte. Wie sie es verstand, Verhandlungen mit Lieferanten und Abnehmern von landwirtschaftlichen Produkten zu führen. Heimlich beobachtete er aus den Augenwinkeln ihren anmutigen Gang, ihre Bewegungen und manchmal schlichen sich abwegige Gedanken bei ihm ein. Doch in der Erinnerung an seine viel zu früh verstorbene Frau verscheuchte er sie immer wieder.

Die Tage und Nächte schlichen dahin. Maria hatte schlecht geträumt, war sehr früh aufgestanden, hatte sich in der Küche zu schaffen gemacht und nebenher das Frühstück für Trolli vorbereitet. Als sie mit dem Fressnapf in den Händen ihr Zimmer betrat, wunderte sie sich, warum er sie nicht wie in den vergangenen Tagen, wenn sie ihm das Fressen brachte, begrüßte. Scheinbar tief schlafend lag er auf seinem Kissen. „Na Trolli, heute noch keinen Hunger?“ Sie trat näher und setzte den Napf vor ihm ab. Er zeigte immer noch keine Regung. „Bist du krank?“, fragte sie und strich über sein Fell. Da war keine Wärme und kein Lebenszeichen zu spüren. „Was ist mit dir? Warum hast du mich verlassen? Jetzt, wo ich dich doch so gebraucht hätte, um mit dir über meine Sorgen reden zu können“, schluchzte sie mit versagender Stimme. Maria nahm den kleinen leblosen Körper auf und drückte in an ihre Brust. Ein nie enden wollender Strom von Tränen rollten über ihre Wangen und durchnässten sein Fell.

Überrascht und voller Trauer über Trollis Tod wollte heute niemand so recht an ein Frühstück denken. Betroffen saßen der Baron, Andreas und die Zugehfrauen um den Tisch und versuchten, Maria Trost zu spenden.

„Wir wollen ihm ein schönes Grab richten“, unterbrach der Baron die drückende Stille. „Wo soll er seine letzte Ruhe finden?“

„Ich wollte ihn gern dort, wo ich das Vergissmeinnicht neben der Sonnenuhr gepflanzt habe, begraben wissen."

Wenige Minuten später, als hätten sie es heimlich miteinander abgesprochen, verließen Andreas und der Baron die Küche. Mit Spaten und Schaufeln machten sie sich daran, eine ausreichend kleine Grube auszuheben. Frau Gerber hatte Trolli inzwischen in ein weißes Tuch eingewickelt, um ihn so der Erde zu übergeben.

„Wir wären soweit, das Grab ist fertig", meldeten sich der Baron und Andreas zurück. „Darf ich ihn zu seiner Ruhestätte bringen?", wandte sich Andras an Maria.

„Ja, nimm ihn nur, du hast ihn zu seinen Lebzeiten oft herumgetragen", stimmte sie zu und legte Trolli auf seine ausgestreckten Arme. Während er den toten Körper der Erde übergab, konnte kaum einer der Anwesenden eine Träne zurückhalten. Nach ein paar tröstenden Worten zogen sich die beiden Frauen und der Baron zurück. Nur Andreas und Maria blieben noch eine Weile. Mit einem Wink von Maria begann Andreas den kleinen Leichnam mit Erde zu bedecken. Nach einem letzten Blick auf den Grabhügel wandte sie sich ab, zog sich ins Haus zurück und verließ es an diesem Tage nicht mehr.

Um Maria von ihrer Trauer etwas abzulenken, sprach Andreas sie wenige Tage später an: „Wie wäre es, wenn wir gemeinsam meine Kaninchen und das Federvieh versorgten. Du kämst dabei auf andere Gedanken und hättest wieder Leben um dich herum?"

„Eigentlich hast du recht, ich mag deine Tiere und wie du sagst, hätte ich wieder eine Aufgabe."

Am Anfang, wenn sie sich unbeobachtet fühlte, redete sie wie Andreas mit seinen Kaninchen und Hühnern. Am liebsten streichelte sie die Kopffedern der Papageien und brachte ihnen sogar einige Worte bei. Und langsam fühlte sich Maria wieder so wie früher, als Trolli noch lebte.

Im gleichen Jahr, drei Monate nach Trollis Ableben, traf Sanden ein neuer Schicksalsschlag: Andreas, ihr altvertrauter Freund und Ratgeber, hatte sich ohne jedes Vorzeichen heimlich aus dem Leben verabschiedet. Wie oft hatten sie zusammen bis spät in die Nacht draußen auf der Bank gesessen und über alles geredet, was zwischen Himmel und Erde möglich erschien. Ihm konnte sie alle ihre Sorgen mitteilen. Nun war alles vorbei. Der Baron zog sich meistens schon kurz nach dem Abendessen zur Nachtruhe zurück. Maria begann das Alleinsein an den langen Abenden zu fürchten.

Doch dann, einige Wochen später, geschah etwas Unerwartetes: Der Baron hatte plötzlich seinen Tagesablauf vollkommen umgekrempelt. Er unternahm nur noch selten etwas ohne Maria, leistete ihr Gesellschaft, wo er nur konnte. Er machte sie mit den vielfältigen Aufgaben in der Verwaltung, dem Personalbestand auf den Gütern und der Stiftung vertraut. Die meisten Abende verbrachten sie zusammen und tranken manchmal auch ein Gläschen Wein.

Als dann im Herbst die Tage kürzer und die Nächte immer länger wurden, begann der Baron zu kränkeln. Aus Angst, dass auch er wie Andreas eines Tages unerwartet sterben könnte, stahl sie sich oft aus dem Haus und streifte ziellos durch den Park. Sie liebte diese Stille, das Rascheln des trockenen Herbstlaubes zu ihren Füßen, und manchmal übertönte der warnende Ruf eines Käuzchens das Rauschen der Wellen am Ufer.

Wenige Tage vor dem Weihnachtsfest überzog der Winter mit einer dicken Schneedecke und sibirischer Kälte das Land. Der Baron begann an einer hartnäckigen Erkältung zu leiden und musste mehrere Wochen das Bett hüten. Die Gerber-Frauen, Mutter und Tochter, inzwischen fest angestellt, kochten und hielten das Haus in Ordnung. So konnte Maria sich ganz der Pflege des Hausherrn zuwenden. Nächtelang wachte sie neben seinem Krankenlager, kühlte seine schweißnasse Stirn und flüsterte ihm tröstende Worte zu. Mit heißem Tee und Medikamenten von Maria bestens versorgt, besserte sich langsam sein Zustand. Manchmal, wenn sie ihm das Frühstück reichte und sie von ihm mit einem Lächeln empfangen wurde, keimte jedes Mal ein neuer Funke von Hoffnung auf eine baldige Besserung in ihr auf.

Der Frühling nahte und mit ihm wurden auch die Tage länger und wärmer. Ab und zu unternahm Maria kurze Spaziergänge mit dem Baron. Dabei wurde er nicht müde, sich überschwänglich für Marias aufopfernde Pflege zu bedanken, wenn er vom Fieber geschüttelt ihre Hand suchte, um kurz darauf in einen erholsamen Schlaf zu versinken.

An einem Morgen hatte sich der Baron aufgerappelt und war ohne die Hilfe von Maria in die wärmende Sonne vor das Haus getreten. Der immer während Druck in seiner Brust und die Atemnot erinnerten ihn erneut daran, nun endlich sein Feld zu bestellen. Deshalb entschloss er sich, noch heute mit Maria über seine Vorstellungen, was Sanden und ihre Zukunft betraf, zu sprechen. Er fand sie, zusammen mit Drehsen über die Bücher gebeugt, in seinem Büro.

„Ich bin gekommen, um Maria zu entführen“, versuchte er sein unangemeldetes Eindringen zu entschuldigen.

„Dagegen spricht nichts, wir sind mit der Buchführung fertig", stimmte Drehsen zu.

„Na, dann wollen wir uns bei dem schönen Wetter einmal ein bisschen die Füße vertreten", lud er Maria zu einem Spaziergang ein. Der Baron verabschiedete sich von seinem Verwalter und öffnete ihr die Tür zum Flur.

„Ich freue mich riesig, dass du dich schon so weit erholt hast und die wenigen Sonnenstunden nutzen kannst, um neue Kraft zu schöpfen." Der Baron wählte den von hohen Bäumen gesäumten Weg, an dessen Rändern bereits die ersten Sprösslinge der Blumen die harte Erde durchbrochen hatten. „Warum so schweigsam heute?", rang sich Maria die ersten Worte ab, denn sie fühlte, dass etwas in der Luft lag.

„Ich habe mit dir über wichtige Angelegenheiten zu sprechen, aber gehen wir doch erst mal zum Bootssteg, dort können wir in aller Ruhe über alles reden." Das Wasser lag vom leichten anlandigen Wind bewegt fast spiegelglatt in der Bucht. „Komm, setz dich etwas näher zu mir, dann fällt mir meine Beichte leichter."

„Du ein Sünder? Das kann ich mir nicht vorstellen", bezweifelte Maria seine Worte und rückte nah an seine Seite.

„Nun, es ist eigentlich keine Sünde, es ist nur, dass ich dir etwas vorenthalten habe, was mich schon seit langer Zeit beschäftigt. Dabei geht es um Sanden, das Erbe von Holm und letztendlich auch um dich und deine Zukunft. Seit dem Tod von Thomas habe ich dich als ein liebenswertes Familienmitglied angesehen", begann er mit in die Ferne gerichtetem Blick. „In den letzten Jahren wuchs immer mehr das Gefühl in mir, dass du durch deine Liebe und Güte, die du mir entgegengebracht hast, ein Teil von mir geworden bist. Deshalb habe ich mich im Einvernehmen mit unserer Heiligen Kirche und den bestehenden Gesetzen entschlossen, dich als meine Tochter zu adoptieren. An Peter und Paul des nächsten Monats habe ich den Stiftungsrat, dem einige Honoratioren des Adels angehören, in die Abtei der Kirche zum Heiligen Michael eingeladen. Es bedarf dort nur noch deiner Unterschrift vor dem Notar und den anderen anwesenden Herren."

Ohne die Tragweite seiner Worte richtig begriffen zu haben, sah Maria zu ihm auf. „Du kannst doch nicht ... Ich bin nicht von Adel, nur ein Findelkind aus der Gosse. Du hast mich aufgenommen und warst für mich wie ein liebenswerter Vater. Als du mich damals gefragt hast, ob ich bis ans Ende deiner Tage bei dir auf Sanden bleiben würde, habe ich ja gesagt und würde es gern noch hundertmal wiederholen." Sie nahm seine Hände, und berührte sie mit ihren Lippen.

„Nun lass es mal gut sein, Liebes. Du bist klug, jung und schön, wie damals meine allzu früh verstorbene Frau. Was liegt für mich da wohl näher, als dich in unsere Familie aufzunehmen. Glaube mir, es ist das Beste für uns alle, denn ich fühle immer mehr, dass auch meine Tage gezählt sind. Deshalb wurde es langsam Zeit, mit mir selbst ins Reine zu kommen."

„Sprich doch nicht so!", wehrte Maria ab und wischte sich eine Träne aus dem Gesicht.

„Alles ist einmal endlich, wir müssen den Tatsachen ins Auge sehen, um nicht eines Tages Versäumtes zu bereuen." Während der Baron versuchte, Maria seine Gedanken näherzubringen, liefen immer wieder Tränen aus ihren Augen.

„Wie schnell doch die Zeit vergeht", flüsterte Maria, als sie an der Seite des Barons auf das Eingangsportal der St. Michaelskirche in Grauwies zuging. „Als ich vor acht Jahren drüben vor dem Torhaus auf den Treppen die halbe Nacht frierend mit Trolli auf dem Arm zugebracht habe, ahnte ich noch nicht, dass ich einmal auf Sanden sesshaft werde und an deiner Seite an einem Gottesdienst teilnehmen kann."

„Ja, so will es manchmal das Schicksal. Früher, als meine Frau noch lebte, war der sonntägliche Besuch der Heiligen Messe eine Selbstverständlichkeit. Durch ihren Tod hatte ich fast den Glauben an eine Gottesgerechtigkeit verloren. Als dich Thomas auf Sanden einführte, fand ich durch dein unbekümmertes Wesen mein Gleichgewicht wieder", sagte er mit gedämpfter Stimme. Sie tauchten nach altem Ritual ihre Fingerspitzen in das bereitstehende Weihwasser und bekreuzigten sich. Als sich der Baron mit Maria an seinen angestammten Platz, der seit Jahren verwaist geblieben war, in der vorderen Bankreihe niederließ, ging ein hörbares Raunen durch die Bankreihen. Selbst der Pfarrer nickte ihnen überrascht zu, gebot aber seine Schäflein mit einer beschwichtigenden Geste seiner Hände, sich zu beruhigen. Nach der Predigt über die Liebe zu Gott und über seine Gebote segnete er mit großer Gebärde die Gläubigen seiner Gemeinde. Sichtlich nervös wischte er sich den Schweiß von der Stirn und beeilte sich, so schnell es seine Leibesfülle zuließ, von der Kanzel zu kommen. Mit überschwänglicher Freude begrüßte er den Baron und seine Begleiterin und hieß sie herzlich willkommen.

Inzwischen hatten sich vier Männer, unter ihnen auch der Verwalter Drehsen mit seiner Frau aus der Menge, die dem Ausgang zustrebte, herausgeschält. Nach der gegenseitigen Begrüßung folgten sie der einladenden Geste des Pfarrers in sein Amtszimmer neben der Sakristei. Nachdem alle auf den bereitstehenden Stühlen Platz genommen hatten, erläuterte der Vorsitzende des Stiftungsrates kurz den Grund der Zusammenkunft. Als er geendet hatte, überließ er es dem Baron, sein Anliegen vorzutragen.

„Meine Herren! Wie Sie aus den ihnen vorliegenden Akten ersehen können, habe ich mich entschlossen, Fräulein Maria Wutter mit allen Rechten einer leiblichen Tochter zu adoptieren. Kraft meines Standes als legitimer Erbe der Grafen von Holm und Besitzer der Baronie von Sanden verleihe ich ihr den Titel *Freifrau Baronin von Sanden*." Mit respektvollem Kopfnicken quittierten die anwesenden Herrn die Entscheidung des Barons. „Nun möchte ich den Herrn Notar und den Prälaten unserer Heiligen Kirche bitten, die nötigen Formalitäten vorzutragen."

Der geistliche Herr übernahm als erster das Wort. „Als Vorsitzender des Stiftungsrates bin ich verpflichtet, Ihnen mitzuteilen, dass Sie als Alleinerbin nach dem Ableben des Barons die Geschäfte im Sinne der verbrieften Stiftung weiterführen. Wenn Sie bereit sind, diese Voraussetzungen zu erfüllen, dann wollen Sie das bitte vor den anwesenden Herren durch ihre Unterschrift bezeugen, damit wir der Adoption zustimmen können."

„Hast du gehört?", brummelte der Baron, als er neben Maria wieder Platz nahm. „Diese alten habgierigen Marionetten haben Angst um ihr Seelenheil, wenn ihnen auch nur ein Bruchteil der angestrebten Pfründe verloren ginge. Was wir tun, dient nur einem guten Zweck, das ist in der Stiftungsvereinbarung festgelegt. Du kannst also mit reinem Gewissen unterschreiben", knuffte er sie wie zur Ermutigung mit seinem Ellenbogen leicht in die Seite.

Maria erhob sich und schritt auf den Priester zu, der die Amtshandlung begleitete, und legte ihre Hand auf die dargebotene Bibel. „Ich bin bereit, die mir auferlegten Verpflichtungen in vollem Umfang zu erfüllen, das schwöre ich bei Gott!", kam es mit einem langen Blick auf den Baron über ihre Lippen. Tiefgerührt angesichts der feierlichen Handlung wischte sich Frau Drehsen ein paar Tränen aus dem Gesicht.

Der Notar ging gemessenen Schrittes auf Maria zu und begann mit theatralischer Gebärde: „Wenn es Ihr freier Wille ist, die Adoption mit allen Verpflichtungen auf sich zunehmen, dann mögen Sie das bitte mit ihrem neuen Namen und dem Titel in den Urkunden des Standesamtes und der kirchlichen Stiftung bescheinigen." Dabei deutete er mit einer Handbewegung auf die Schriftstücke in seiner Hand. Maria folgte ihm unaufgefordert bis zum Schreibtisch und tauchte den Federhalter in die Tinte. Ihrer Verantwortung voll bewusst, bedachte sie noch einmal den Baron mit einem Blick und setzte ihren neuen Namen mit dem Titel in die Urkunde. Friedhelm Drehsen bescheinigte als unabhängiger Zeuge ihre rechtmäßige Unterschrift. Nachdem auch alle anderen Herren ihre Anwesenheit auf den Urkunden bescheinigt hatten, trennte man sich mit einigen freundlichen Worten und den besten Wünschen für die Zukunft.

„Nun, Freifrau von Sanden“, sprach der Baron Maria mit einem zufriedenen Lächeln und stolz geschwellter Brust an. „Wie ich von den Gerber-Frauen hörte, hast du aus diesem Anlass ein Festmahl vorbereiten lassen“, bemerkte er.

„Ein Festmahl mit Gelage wohl nicht, aber auf ein gutes Essen dürfen wir uns schon freuen“, versuchte Maria die Ankündigung ihres Adoptivvaters etwas abzuschwächen.

„Wie dem auch sei. Wie du hörst, mein lieber Friedhelm, zu Hause erwartet uns etwas Besonderes. Hol’ die Kutsche von unserem Unterstellplatz, damit du uns nach Hause bringen kannst. Wir drei warten hier und steigen dann zu.“

Drehsen war vor drei Jahren mit seiner Frau Hanna in das neue Verwaltungsgebäude neben dem Waisenhaus eingezogen. Das gute Verhältnis der beiden Männer führte schließlich dazu, dass sie sich duzten. Eine tiefe Zuneigung, die Drehsens Frau schon immer zu der jungen Maria empfand, führte zu einer dauerhaften Freundschaft.

Auf Sanden angekommen, wehte der kleinen Gesellschaft ein verführerischer Duft von Gebratenem entgegen. Das Essen wurde von den beiden bediensteten Küchenfrauen aufgetragen. Es gab einen feinen Wildschweinbraten von einem Läufer aus dem eigenen Revier. Dazu Semmelknödel mit einer schmackhaften Soße und allen Beilagen … was das Herz nur begehrte. Um diesem besonderen Tag würdig zu begehen, hatte der Baron seinen Verwalter Drehsen beauftragt, die leitenden Angestellten von den Gütern der Holms zu einem Umtrunk in den kleinen Speisesaal einzuladen. Maria als Mittelpunkt wurde von allen Seiten mit Geschenken und guten Wünschen bedacht. Es dunkelte bereits, als sich die letzten Gäste verabschiedeten. Nur Maria, der Baron und die Drehsens saßen noch lange zusammen, plauderten und entwarfen bei einem Gläschen Wein Pläne für die Zukunft.

Einige Wochen später: Die Ernte war in vollem Gange und versprach, begünstigt durch das schöne Wetter, einen außergewöhnlich guten Ertrag. Maria unternahm täglich mit ihrem kränkelnden Adoptivvater kleine Wanderungen quer durch die Flur. Ab und zu legten sie eine kleine Pause ein, ließen sich im Gras nieder und nahmen etwas von den mitgebrachten Erfrischungen zu sich. Dabei verfolgten sie einen Marienkäfer, der auf Marias

Finger herumkrabbelte, schließlich am höchsten Punkt seine Flügel ausbreitete und sich mit schnellem Flügelschlag ihren Blicken entzog - oder eine Seejungfer, deren elfenhaft zarte Flügel in der Sonne glänzten, und die nach kurzem Tanz über wogende Gräser und Halme in das Blau des Himmels schwebte.

„Es ist immer wieder ein erhebendes Gefühl, zu sehen, in welch vielfältiger Welt wir eigentlich leben", schwärmte der Baron. „Dies alles in meinem Alter noch zu erleben, verdanke ich allein deinen Aufmunterungen, auch wenn es mir manchmal nicht gut ging. Es waren immer noch die schönsten Stunden, die ich mit dir zusammen verbringen durfte."

„Vergiss nicht, ich bin deine Tochter. Ich werde immer wieder versuchen, dich zu etwas zu verführen, das deiner Gesundheit guttut", versprach sie ihm mit einem listigen Lächeln.

Es war bereits Ende September. Der Baron litt schon seit Tagen unter schweren Hustenanfällen und Atemnot. Die von seinem Arzt verordneten herzstärkenden Medikamente brachten nicht den erwarteten Erfolg. So wurden auch die täglichen Ausflüge immer kürzer, bis der Baron dann das Haus nicht mehr verlassen konnte und bettlägerig wurde. Trotz Marias liebevoller Pflege verschlechterte sich sein Gesundheitszustand zusehends. Bei einem der täglichen Besuche des Hausarztes erkundigte sich Maria bei ihm nach weiteren Maßnahmen. Ohne ihr recht antworten zu können, schüttelte er zunächst den Kopf. „Verehrte Baroness, ich habe getan, was in meiner Macht steht", antwortete er mit hochgezogenen Schultern. „Alles andere liegt in Gottes Hand. Pflegen Sie ihn wie seither und erfüllen Sie ihm soweit wie möglich seine Wünsche", empfahl er und verabschiedete sich.

Zwei Tage später: Der Himmel war grau und lichtlos geworden. Die Sonne hatte sich an diesem Tag noch kein einziges Mal sehen lassen und es regnete in Strömen. Maria hatte die Arznei für ihren Vater zusammengestellt, überquerte den Flur und öffnete die Tür zum Krankenzimmer.

„Um Gottes willen!", entfuhr es ihr halblaut. „Liebster Vater, du solltest doch nicht ohne meine Hilfe das Bett verlassen, das weißt du doch."

„Ja", nickte er. „Mir war aber so leicht, und die vielen Lichter", brachte er nach Atem ringend gerade noch heraus, dann sank er von einem Schwindel erfasst in Marias Arme. Nach ein paar tiefen Atemzügen sah er zu ihr auf. „Es geht schon wieder", röchelte er und ließ sich von Maria geführt auf sein Krankenbett gleiten. „Liest du mir noch etwas vor?", fragte er mit schwacher Stimme.

„Ja gern", willigte sie ein, setzte sich auf die Kante des Krankenbetts und begann, ihm aus der vollkommen durchnässten Tageszeitung die fast unleserlichen Nachrichten vorzulesen: „Großes Passagierschiff gesunken, steht da und noch etwas von vielen Toten. Mehr kann ich auf dem zerfaserten Papier nicht lesen", erklärte sie ihm.

„Da ist doch Thomas auch unter den Toten."

„Aber nein, mein Lieber, das mit Thomas ist schon lange her, erinnerst du dich nicht?"

„Ja doch, aber da sind die vielen Lichter ... und das Feuer, ich muss nachsehen", kam es gequält über seine Lippen und er versuchte, sich dabei aufzurichten. Marias Herz krampfte sich zusammen.

„Wo ist sein sonst so heller Verstand geblieben?", fragte sie sich ob seiner wirren Worte. Ein tiefer Schmerz, der sich wie eine Zange um ihre Brust gelegt hatte, raubte ihr fast den Atem. Um ihn von seinen Wahnvorstellungen abzulenken, suchte sie eine trockene Seite aus der Zeitung und begann, ihm weiter vorzulesen. Beim Umblättern bemerkte sie, dass er eingeschlafen war. Er schien zu träumen, denn seine Lippen bewegten sich, als wollte er etwas sagen.

„Schlaf nur, ich mache dir jetzt deinen Tee mit viel Honig, so wie du ihn immer möchtest", dachte Maria und erhob sich vorsichtig, um ihn nicht aufzuwecken. Sie verließ das Zimmer auf Zehenspitzen, ging in die Küche und setzte Wasser auf den Herd, um seinen Tee aufzubrühen.

„Wie geht es dem Herrn Baron?", fragten die beiden Frauen fast gleichzeitig wie aus einem Mund.

„Er ist gerade eingeschlafen. Mir schien er etwas verwirrt zu sein. Ich will ihm eine Weile Ruhe gönnen, bevor ich ihm den Tee serviere." Die Frauen besprachen noch einiges für die nächsten Tage und geraume Zeit später füllte Maria den mit viel Honig gesüßten Tee in eine Karaffe und verließ die Küche. Um ihn durch das Anklopfen nicht zu erschrecken, öffnete sie vorsichtig die Tür und trat an das Bett. „Ich bringe dir deinen Tee", machte sie ihn leise auf sich aufmerksam. Schwer atmend öffnete der Baron seine Augen. „Alles wird gut, wenn du nur bei mir bist", flüsterten seine welken Lippen. Erschöpft von den wenigen Worten schloss er die Augen, atmete noch einmal tief durch, dann war es still. Die Züge seines Gesichts glätteten sich und nahmen den Ausdruck tiefen Friedens an. Das gutmütige Herz hatte aufgehört zu schlagen. Tiefes Schweigen erfüllte den Raum. Verzweifelt kniete Maria neben dem Totenbett und betrachtete mit tränengefüllten Augen das geliebte Antlitz ihres Vaters. „Bis zum Wiedersehen in der Ewigkeit", flüsterte sie und drückte einen Kuss auf seine Stirn.

Verstört, als hätte sie die Tragweite über das, was soeben geschehen war, noch nicht so begriffen, eilte sie in die Küche. „Vanessa, bitte!“, wandte sie sich an die Tochter von Frau Gerber. „Geh’ du zu den Drehsens und sage ihnen, dass der Herr Baron soeben verstorben ist.“

Die beiden Frauen schlugen sich mit einem Aufschrei die Hände vor das Gesicht.

„Herr Drehsen soll den Arzt bestellen und hierherkommen!“, brachte sie gerade noch heraus, dann wurde ihr schwarz vor den Augen.

„Maria, Liebes, hörst du mich?“, drang die Stimme von Johanna, Drehsens Frau, an ihr Ohr. Maria schlug die Augen auf: „Wo bin ich, wie bin ich hierhergekommen?“

„Nur ruhig, mein Liebes. Der Doktor hat dir ein Beruhigungsmittel gegeben.“

„Wie spät ist es eigentlich?“, fragte Maria leicht benommen.

„Es ist bereits dunkle Nacht. Mach dir keine Sorgen, ich helfe dir beim Zubettgehen. Versuche wieder zu schlafen. Dein Vater, der Herr Baron, liegt wohlversorgt aufgebahrt in der Aussegnungskapelle drüben auf dem Friedhof.“

„Oh Gott, mein allerliebster Vater hat mich alleingelassen“, schluchzte sie und ein nie enden wollender Strom von Tränen ergoss sich in ihr Kopfkissen.

„Weine nur, mein Liebes, jede Träne erleichtert den Seelenschmerz“, flüsterte ihr Johanna voller Mitgefühl zu. Langsam versiegten ihre Tränen und kurz darauf verrieten gleichmäßige Atemzüge, dass Maria eingeschlafen war. Johanna, ihre mütterliche Freundin, hatte es sich für die Nacht in einem Liegesessel bequem gemacht. „Ich bleibe heute Nacht bei dir, damit du nicht so allein bist“, flüsterte sie und löschte das Licht.

„Guten Morgen!“, begrüßte sie Maria, die zunächst etwas befremdet die Augen aufschlug. „Wie fühlst du dich?“, fragte Hanna ein paar Augenblicke später, während Maria mit der Morgentoilette und dem Umkleiden beschäftigt war. „Die Gerberfrauen haben für uns ein leichtes Frühstück vorbereitet. Wenn du möchtest, gehen wir nachher nach unten.“

„Ich weiß auch nicht so recht … so, wie mir zu Mute ist“, bezweifelte Maria ihre augenblickliche Verfassung, folgte ihr aber in die Küche. Appetitlos nahm sie nur einen kleinen Happen zu sich und trank etwas von dem bereitgestellten Tee. Nach ein paar Augenblicken des Schweigens flüsterte sie: „Ich möchte jetzt zu meinem Vater.“

„Liebes, das geht jetzt nicht. Die Kirchenverwaltung hat die Friedhofskapelle geschlossen und sie versiegeln lassen. Eine reine Vorsichtsmaßnahme. Denn bis in die jüngste Vergangenheit wurden noch Leichen, besonders die von Adeligen geraubt und erst gegen hohe Lösegeldforderungen zurückgegeben. Selbst Familienangehörigen ist der Zugang erst eine Stunde vor der Beerdigung gestattet."

„Dann möchte ich doch wenigstens sehen, ob er auch an der Seite von seiner Frau zur letzten Ruhe gebettet wird, wie er es sich immer gewünscht hat. Begleitest du mich?", fragte sie Johanna, die kopfnickend zustimmte.

Kränze und Blumen zierten bereits den frisch aufgeworfenen Grabhügel. Maria beugte sich über den Rand der Grablege, deren Boden mit Tannenreis bedeckt war. „Das soll also bis in alle Ewigkeit dein Bett sein", bedauerte sie mit tränengefüllten Augen. Tief berührt von Marias Worten erfasste Hanna Marias Hand. „Komm, lass uns ein paar Schritte gehen."

„Ja, aber ich muss doch noch allerlei vorbereiten und weiß nicht so recht, wo ich anfangen soll?"

„Darüber brauchst du dir den Kopf nicht zu zerbrechen. Die Gruberfrauen haben in solchen Sachen Erfahrung und Friedhelm hat gestern noch die Honoratioren, die dem Hause der Sanden verbunden sind, zur Bestattung für heute um fünf Uhr Nachmittag eingeladen."

„Was, heute schon? Warum ist die Beerdigung nicht erst am nächsten Tag wie sonst überall üblich?"

„Das ist bei den Adeligen hier nicht Brauch. Es ist eine Ehre für die Hinterbliebenen, eine Nacht die Totenwache am offenen Grab der Verstorbenen zu halten. Aber jetzt gehen wir erst mal ein Stück weit den Treidelpfad entlang, die frische Meeresluft wird dir guttun", schlug Johanna vor.

Nur wenige Stunden später, nach einem bescheidenen Mittagsmahl, hatte sich eine überschaubare Zahl von Trauergästen eingefunden. Einige standen in kleinen Grüppchen zusammen, während sich andere um das vor der Kapelle ausgelegte Kondolenzbuch drängten. Als der Pfarrer mit zwei Ministranten an seiner Seite das Siegel an der Tür entfernt hatte, bat er Maria und Johanna, als erste einzutreten. Die beiden Frauen bekreuzigten sich und traten an den Sarg.

„Oh Vater, liebster Vater, irgendwann sehen wir uns wieder", kam es, begleitet von einem Strom Tränen, über Marias Lippen. Nachdem sie sich wieder etwas gefasst hatte, segnete sie ihn mit dem Kreuzeszeichen auf seiner Stirn. Als letzten Gruß steckte sie ihm eine seiner Lieblingsrosen, die sie seither an ihr Herz gedrückt hatte, neben das kleine Holzkreuz unter seine blassen Hände.

Die Friedhofbediensteten, die sich respektvoll im Hintergrund aufgehalten hatten, legten den kunstvoll verzierten Deckel auf den Sarg, den sie dann hinaustrugen. Nachdem der Pfarrer nach einer kurzen Predigt dem Verstorbenen und den anwesenden Trauergästen seinen Segen erteilt hatte, ließen die Männer den Leichnam langsam in das Grab gleiten. Maria vernahm nur wenig von den vielen Lobesreden über ihren geliebten Vater. Zwei der von Drehsen neu angestellten Verwalter von den Gütern der Holms erklärten sich bereit, die Nachtwache an dem offenen Grab zu halten.

Einige Tage später: Als der erste tiefe Schmerz etwas abgeklungen war, bat Maria Friedhelm Drehsen, ihren Verwalter, zu einem Gespräch. „Wie wollen wir es für die Zukunft mit den Zuständigkeiten zwischen uns regeln?", war ihr erste Frage.

„Ja nun, ich halte es für sinnvoll, allein schon wegen des guten Namens der Sanden, dass du den Finanzverkehr und Vertrieb unserer Produkte beibehalten würdest und ich wie seither bei der Landwirtschaft bleibe. Bei personellen Angelegenheiten sollten wir aber gemeinsam beraten", schlug er vor.

„So dachte ich mir das auch. Danke Friedhelm, du bist ein wahrer Freund, so wollen wir es in Zukunft halten."

Um nicht über den Verlust um ihren geliebten Vater in eine Lethargie zu verfallen, stürzte sie sich buchstäblich in die Verwaltungsgeschäfte oder half den Frauen in der Küche. Wenn das Haus leer war und sich Einsamkeit in ihrem Herzen breitmachte, ging sie hinaus, erfreute sich an den Blumen und an den gefiederten kleinen Freunden, die nach Würmern Ausschau hielten. Oft saß sie bis spät in die Nacht draußen auf der Bank am Bootssteg und hörte dem Rauschen der Wellen zu.

Seit jenem Gespräch mit ihrem Verwalter waren einige Jahre ins Land gegangen. Die nun reiche Baroness weckte vor allem bei dem verarmten Adel gewisse Begehrlichkeiten. Dabei ging es zunächst überwiegend um Beteiligungen, doch im Hintergrund auch um Heiratabsichten. Der Umstand, dass das Anwesen der Holms erst nach dem Ableben von Maria in die kirchliche Stiftung überging, gestattete es ihr, bis dahin einen Teil des Vermögens für soziale Einrichtungen zu verwenden.

Als erstes ließ sie auf Klagen der Fischer die Fahrrinne zu dem kleinen heimischen Hafen in Grauwies vertiefen, damit die Boote unabhängig von den Gezeiten wieder am Kai anlegen konnten. Als nächstes schwebte ihr die Erweiterung der Schule im Waisenhaus um zwei Klassenzimmer vor.

Einige Jahre nach deren Fertigstellung verstarb Friedhelm Drehsen wegen einer von den Ärzten zu spät erkannten Blutvergiftung. Durch diesen schweren Schicksalsschlag noch enger verbunden, gab Johanna die seitherige Wohnung im Verwaltungsgebäude auf und lebte fortan mit Maria unter einem Dach. Von den großen Unruhen in den Städten und den arbeitslosen, notleidenden Menschen hatte man nur Gerüchte auf Sanden gehört. Um der Wahrheit näherzukommen, beschlossen Maria und Johanna, das Städtchen Grauwies aufzusuchen.

Was sie als erstes zu sehen bekamen, erschütterte sie auf das Tiefste. Auf dem gegenüberliegenden kleinen Platz vor dem Torhaus brannte ein Holzfeuer und an einem Eisengestell darüber hing ein dampfender Kessel. Zigeunerfrauen in ihren abgetragenen bunten Kleidern teilten an eine wartende Schlange schlecht gekleideter Kinder Essen aus. Etwas weiter dem Hafen zu grasten zwischen Planwagen einige kleine zottige Pferde. Der Bürgermeister, inzwischen von der Ankunft Marias unterrichtet, trat auf sie zu.

„Ich hätte mir gewünscht, Ihre Durchlaucht bei einem anderen Anlass begrüßen zu können“, begann er untertänig. „Die Not ist groß, wie Sie sehen. Die Regierung überschwemmt uns dazu noch mit Verwundeten von den Kriegsschauplätzen aus dem Ausland. Unsere Quartiere sind alle überfüllt. Es fehlt an Ärzten und Pflegepersonal und eine Unterstützung von der Behörde ist auch nicht zu erwarten. Dazu kam noch, dass sich gerade jetzt in unserer Notlage die Fahrensleute für ein paar Tage hier niederließen. Anfangs war ich nicht davon begeistert. Doch als sich die Anführerin der Sippe, eine Frau um die Mitte fünfzig, die, wie sie sagte, vor vielen Jahren schon einmal hier durchgezogen sei, sich erbarmte, für die hungernden Kinder aus ihren Vorräten ein paar Mahlzeiten zu kochen, gab ich meine Zustimmung für eine Woche Aufenthalt. Wenn Baroness von Sanden die Güte hätten, uns mit einem Geldbetrag unter die Arme zu greifen, wären wir Ihnen sehr dankbar.“

„Mit barem Geld kann und darf ich Sie nicht unterstützen. Aber was ich hier sehe, bringt mich auf einen Gedanken. Sie könnten doch im Torhaus eine Suppenküche einrichten. Die anfallenden Kosten für den Umbau und das Betreiben der Einrichtung würde die Stiftung tragen, aber darüber reden wir noch“, gab sie dem Bürgermeister mit auf den Weg und verabschiedete sich.

Bereits zwei Jahre nach dem Umbau übernahm eine Frau aus dem Waisenhaus die Einrichtung. Sie hatte die Aufgabe, täglich nicht nur für die Kinder armer Leute, sondern auch für Obdachlose, durchziehende Spielleute oder andere in Not geratene Menschen ein kostenloses warmes Essen auszugeben. Ein weiteres großes Vorhaben, das Maria in Zusammenarbeit mit der Stadtverwaltung anstrebte, war der Bau eines Pflegeheims mit medizinischer Versorgung.

„Die Mittel für das Bauvorhaben würden zum größten Teil aus dem Holmischen Vermögen finanziert“, hatte sie den Stadtoberen versichert. „Die Entlohnung eines Arztes sowie die von zwei Krankenschwestern wird von der bereits bestehenden kirchlichen Stiftung der Sanden übernommen.“ Die Instandhaltung und Pflege der Einrichtung wurde der Stadt durch einen Vertrag übertragen.

So hatte Maria all die Jahre, unter den Blicken der Bilder längst verstorbener Ahnen, mit viel Gespür die Geschicke auf Sanden und Holm gelenkt. Hatte Verwalter ausgewechselt und neue mit größerem Verantwortungsbewusstsein eingestellt. Viele alte Bekannte, denen sie durch ihre Geschäftsbeziehungen nähergekommen war, hatten sich durch Tod oder Krankheit von ihr verabschiedet.

Am schwersten hatte sie das Ableben ihrer mütterlichen Freundin Johanna Drehsen getroffen. Doch nur wenige Jahre nach Johannas Tod folgte ihr Emilie Gerber, ihre langjährige Köchin in die Ewigkeit. Was Maria an vertrautem Personal zurückblieb, war nur die Tochter Vanessa, die nach einer enttäuschten Liebe ledig geblieben war. Vanessa verließ ihre seitherige Wohnung in Grauwies und zog in die Räume ein, die seit Johannas Tod leer gestanden hatten.

So reihte sich ein Jahr an das andere. Die beiden Frauen, obwohl überwiegend mit der Buchführung beschäftigt, verfolgten auf ihren ausgedehnten Spaziergängen interessiert den Fortschritt am Neubau des Pflegeheimes.

Als dann eines Tages im Herbst die ersten Blätter ihr sattes Grün verloren, wurde Maria von einer heimtückischen Krankheit befallen. Ihre Kraft reichte nicht mehr aus, um längere Spaziergänge zu unternehmen. Von Vanessa begleitet begnügte sie sich mit dem kurzen Weg bis zu der Bank am Bootssteg. An manchen Tagen saß sie nur stumm da und hörte dem Wispern des Röhrichts auf den Dünen zu. Dann wiederum blickte sie sehnsüchtig zum Himmel hinauf und sah den Vögeln zu, wie sie hoch über den Baumkronen nach Süden zogen.

Die Sonne stand schon tief, als sich die beiden Frauen von der Bank erhoben und den Rückweg antraten. Das Dämmerlicht ging bereits in die Dunkelheit der Nacht über, als sich Maria müde in ihre Räume zurückzog.

Am nächsten Morgen war Vanessa nach einer unruhigen Nacht früher als sonst aufgestanden und hatte in der Küche das Frühstück vorbereitet. Als es ihr an der Zeit schien, Maria abzuholen, klopfte sie an der Tür zu ihrem Schlafzimmer. Nachdem auf ihr wiederholtes Anklopfen keine Reaktion erfolgte, öffnete sie leise die Tür. „Maria!“, rief Vanessa verhalten in den von Gardinen leicht abgedunkelten Raum. Verwundert trat sie einen Schritt näher an das unbenutzte Bett und sah sich um. Sie fand Maria reglos, weit zurückgelehnt, als würde sie schlafen, tot in ihrem bequemen Polstersessel. Bestürzt, als wollte sie nicht wahrhaben, was geschehen war, berührte Vanessa Marias kalte Hand.

„Du hast mich in den vergangenen Jahren gelehrt, mit Tod und Trauer umzugehen. Jetzt liegt es an mir, einen letzten Dienst an dir zu erweisen“, schluchzte sie und ließ ihren Tränen freien Lauf.

Nur wenige Tage später fand unter großer Anteilnahme der Bevölkerung, der Vertreter der Stiftung und der kirchlichen Würdenträger die Beerdigung statt.

Der ewige Kreislauf aller Dinge hatte es vorgesehen, dass Maria die Einweihung des neuen Pflegeheimes nicht mehr erleben durfte. Obwohl sich nach Marias Tod vieles auf Sanden verändert hatte, war die Zeit nicht stehen geblieben. Nur das Rauschen des Windes in den Wipfeln der Bäume war noch immer das gleiche wie damals.

In dankbarer Erinnerung an die Wohltätigkeiten der Baroness Maria von Sanden ließ die Stadt Grauwies im Torhaus neben einer Gedenktafel eine Glasvitrine aufstellen. Einer Reliquie gleich liegt auf rotem Samt gebettet eine alte schwarze Holzflöte und darunter ein kleines Schild: *Freifrau Baronin Maria von Sanden, geb. 1845, gestorben im Jahre 1934 im Alter von 89 Jahren.*

## Im Jungfernmoor

Entmutigt, ohne Arbeit, mit nur ein paar Groschen Geld in den Taschen schlenderte ich durch die Gassen der Stadt. Dabei bemerkte ich eine Traube von Menschen, die sich vor einem verglasten Schaukasten der „Stadtnachrichten“ die Nase platt drückten. Ich drängte mich dazwischen und fand unter der Rubrik „Offene Stellen“ eine Anzeige: „*Bauer Grahlen aus Masdorf sucht Saisonarbeiter*.“

„Ein kleiner Lichtblick“, ging es mir durch den Kopf. Es war jetzt zehn Uhr dreißig. In einer Viertelstunde ging der nächste Bus, stand auf dem Fahrplan. Nach kurzer Fahrt hielt der Fahrer vor einer Wegkreuzung an. Nur ein Mann mittleren Alters und ich mit kleinem Gepäck verließen das Fahrzeug.

„Haben wir den gleichen Weg?“, fragte der Fremde.

„Ich weiß es nicht, ich muss jedenfalls nach Masdorf zum Grahlenbauern“, antwortete ich.

„Da will ich auch hin“, nickte er mir zu. „Wir nehmen am besten die Abkürzung, so ersparen wir uns die vier Kilometer auf der Straße, die um das Moor herumführt“, schlug er vor und ging mir voraus. Ein schmaler Trampelpfad führte auf eine mit niederem Buschwerk bewachsene Landschaft zu.

„Das Moor ist hier nur teilweise entwässert, deshalb benutzen nur die Einheimischen diesen Weg“, sagte er mehr vor sich hin, aber doch so laut, dass ich es hören konnte. „Auf dem Knüppeldamm müssen wir immer in der Mitte bleiben und hintereinandergehen“, machte er mich aufmerksam. Nach einigen Metern über quergelegte kurze Baumstämme und starkes Geäst blubberte und seufzte es geheimnisvoll unter meinen Füßen.

„Hier stinkt es aber mächtig nach Aas“, sagte ich.

„Das kommt schon mal vor“, antwortete er wortkarg und ging ohne sich nach mir umzusehen weiter. Im Gegensatz zu dem zügig voranschreitenden Mann musste ich auf jeden Schritt achten, der mich voranbrachte. Dabei entdeckte ich in einer großen Pfütze etwas, das einem Fußball ähnlich sah. Trotz des üblen Verwesungsgeruches verharrte ich kurz.

„Ein Feldhase“, stellte ich fest. Das Tier hatte sich vermutlich in dem Sumpf verirrt, war in die Wasserlache geraten und darin ertrunken. Eine Ratte, die sich an dem aufgeblähten Kadaver zu schaffen machte, beäugte mich kurz, tauchte in das rotschillernde Brackwasser ein und verschwand zwischen den Binsen. Unterdessen war die Entfernung zwischen mir und dem Fremden schon fast außer Rufweite angewachsen. Dazu kam noch, dass der Damm immer wieder seine Richtung änderte und ich ihn ganz aus den Augen verlor.

Ein beklemmendes Gefühl machte sich in mir breit. So ganz allein auf einem Moor zu sein und die Gefahren, die ich nur vom Hörensagen her kannte, machten mich noch unsicherer und ich achtete jetzt umso mehr darauf, wo ich hintrat. Einige Schritte weiter entdeckte ich eine Ringelnatter, die einem laut quakenden Frosch nachjagte. Dabei erschreckte mich der warnende Ruf eines Kiebitz, der auf mich zuflog, um sein Gelege in den Binsen zu verteidigen. Während ich dem wild umherflatternden Vogel nachschaute, sah ich auch wieder den Fremden. Er stand am Ende des Knüppeldammes und schien auf mich zu warten.

„Hier trennen sich unsere Wege“, empfing er mich. „Und entschuldigen Sie bitte meine Eile. Ich bin der Dorfpfarrer und muss vor zwölf Uhr noch eine Taufe zelebrieren. Das Anwesen des Grahlenbauern liegt am Ortsende“, erklärte er mir. „Und nun Gott befohlen!“, verabschiedete er sich und reichte mir zum Abschied die Hände.

Als ich den Hof des Grahlenbauern betrat, erhob sich schwerfällig ein großer schwarzer Hund, der vor der Eingangstür gelegen hatte. Er trottete auf mich zu und lehnte sich, aus seinen Lefzen sabbernd, an meine Seite. „Bitte läuten!“, las ich auf einem Schild, das an einem Stützbalken des Eingangs befestigt war. Ich zog einmal an dem Griff, von dem ein dünnes Seil hinauf zu der bronzenen Glocke führte. Kurz darauf, als der Glockenton ausgeschwungen hatte, trat wie aus dem Nichts ein junges Mädchen von etwa fünfzehn oder sechzehn Jahren auf mich zu. Verblüfft über ihr plötzliches Erscheinen brachte ich zunächst kein Wort heraus.

„Kann ich dir weiterhelfen?“, ergriff sie mit einem neckischen Augenaufschlag das Wort.

„Ich weiß es nicht, ich komme auf Grund einer Anzeige in den Stadtnachrichten, wonach der Bauer Grahlen Aushilfskräfte sucht.“

„Ja, das stimmt, er sucht jemand für die Arbeiten im Moor. Darf man erfahren, wie du heißt?“, fragte sie und ich nannte ihr meinen Namen.

„Und du bist die Haustochter?“, fragte ich zurück.

„Nein, junger Herr, ich bin Herta, die Nichte des Grahlenbauern. Ich habe mich nur über die Schulferien hier eingenistet“, stellte sie sich mit einem spitzbübischen Lächeln vor.

Inzwischen war der Bauer mit dem Bulldog und einer Ladung Grünfutter in den Hof eingefahren.

„Geh und zeig dich meinem Onkel, ich muss in die Küche, um mit meiner Tante das Essen vorzubereiten“, drängte sie. Ich sah ihr erstaunt nach, wie sie leichtfüßig davonschwebte und die Tür hinter sich schloss.

„So ist es recht“, begrüßte mich der Bauer, nachdem ich mich ihm vorgestellt hatte. „Ich habe nicht erwartet, dass sich so schnell jemand meldet“, sagte er und reichte mir die Hand. „Na, dann komm mal mit, ich habe einen Bärenhunger, über alles andere reden wir später“, entschied er und lud mich mit einer Handbewegung ein, ihm zu folgen.

Es gab einen dicken schmackhaften Rübeneintopf mit Rinderwürstchen. Nach dem Essen meinte der Bauer: „Geh und bring deine Sachen in die Kammer, anschließend kann dir Herta den Weg und die Parzelle zeigen, wo du morgen mit dem Torfstechen beginnen sollst. Wenn du noch keinen Torf gestochen hast, wird es dir mein Täubchen, die Herta, schon beibringen. Nehmt die Fahrräder, so kommt ihr am schnellsten voran.“

Etwa eine Viertelstunde später lehnten wir die Fahrräder an den Pfosten eines Hinweisschildes: *„Lebensgefahr! Unbefugten ist das Betreten des Jungfernmoores verboten!*“

„Ist es wirklich so gefährlich?“, fragte ich, den Weg über den Knüppeldamm noch vor meinen Augen.

„Eigentlich nicht, wenn man sich auskennt und weiß, wie man sich zu verhalten hat“, antwortete sie. „Als Fremder sollte man möglichst den Damm nicht verlassen. Die Bauern aus den Dörfern haben ihn vor vielen Jahren aufgeschüttet, um den getrockneten Torf besser abfahren zu können."

Um nicht wortlos hinter ihr herzugehen, bohrte ich weiter: „Und was verdankt dem Moor seinen Namen?“

„Ach, das ist auch so eine Geschichte. Angeblich soll eine Braut mit ihren Brautjungfern, weil sie sich verirrt hatten, vom Moor verschluckt worden sein. Seit jenen Tagen geistern ihre Seelen als Nebelschwaden über dem Moor, erzählen sich die Leute.“

„Eine traurige Geschichte“, bemerkte ich. Inzwischen waren wir bei der Parzelle angekommen, an der ich mit dem Abstechen beginnen sollte. Herta zeigte mir den Umgang mit dem Torfeisen, das Aufsetzen der Törbe und machte mich mit den sonstigen Gefahren, die im Moor lauern, vertraut.

„Wegen der langen Anfahrtswege übernachten die meisten Torfstecher hier im Moor. Sie werden täglich von ihren Auftraggebern mit Lebensmitteln und frischem Trinkwasser versorgt“, sagte sie, als wir den Heimweg antraten.

„Und was sind das für verfaulte Baumstümpfe zwischen den Binsen?“, erkundigte ich mich.

„Das sind die Reste von den Bäumen, die von dem großen Moorbrand vor dreißig Jahren noch übriggeblieben sind. Sie dienten damals, als das Moor noch nicht genügend entwässert war, zur Befestigung des Dammes“, erklärte sie mir.

Unsere Fahrräder lehnten noch unverändert an dem Pfosten des Warnschildes. „Es ist schön da draußen in der freien Landschaft. Zelten im Freien war schon immer ein kleines Abenteuer für mich und wenn mich dein Onkel gerade nicht zur Feldarbeit braucht, würde ich auch gern hier draußen bleiben.“

„Das könnte wohl angehen“, murmelte sie mit in die Ferne gerichtetem Blick.

Der Bauer war mit meinem Ansinnen einverstanden. Er stellte zusammen, was seiner Erfahrung nach für das Übernachten im Moor erforderlich war. „Damit bin ich immer gut über die Nacht gekommen“, erinnerte er sich mit einem Lächeln. „Vielleicht findest du dort draußen auch dein Glück. Ich habe es jedenfalls in meiner Frau gefunden, die damals als junges Mädchen mit ihrem Vater im Moor beschäftigt war.“

Am nächsten Morgen: Die Sonne hatte noch nicht den Horizont erklommen, als ich mich mit dem Rucksack und dem scharfen Torfeisen auf der Schulter auf den Weg machte. Nach etwa einer Stunde hatte ich die sandige Randzone des Torfmoores erreicht. Aus dem schmutzigweißen Frühnebel, der über der Landschaft lag, ragte gerade noch sichtbar das Verbotsschild heraus, an dessen Pfosten wir gestern unsere Fahrräder angelehnt hatten. Ich glaubte mich daran zu erinnern, dass der Zugang über den Damm nur wenige Meter neben dem Schild liegen konnte. Doch schon nach den ersten Schritten durch den dichten Bodennebel stolperte ich in eine Bodenvertiefung, die mich fast zu Fall gebracht hätte. Übelgelaunt blieb mir nichts anderes übrig, als zu warten, bis die Sonne den Dunst aufsaugen würde. Meine Uhr zeigte bereits die siebente Stunde an. Der Aufbau des kleinen Zeltes nahm nur kurze Zeit in Anspruch. Nachdem ich die Verpflegung und den Wasservorrat unter den Decken verstaut hatte, begann ich, anfangs noch etwas unbeholfen, mit dem Abstechen.

Als die Kirchenglocken von Masdorf die Mittagszeit ankündigten, zählte ich etwas über dreihundert aufgesetzte Törbe. Ich legte nur eine kurze Mittagspause ein, aß etwas von den belegten Broten und löschte meinen Durst. Die Arbeit in der flimmernden Hitze, die über dem Moor lag, verlangte mir alles ab und als es zu dunkeln begann, setzte ich mich vor das

Zelt, aß den Rest meiner Verpflegung und nahm ein paar Schluck von dem inzwischen warm gewordenen Wasser. Am fernen Horizont zuckten Blitze aus den Wolken und Donnergrollen kündigte ein Gewitter an.

„Es wird wohl nicht so schlimm werden", dachte ich, schlüpfte in das Zelt und streckte mich auf den Decken aus. Doch ein gewaltiger Donnerschlag riss mich aus dem Schlaf. Der Wind zerrte an den Zeltschnüren und nur kurze Zeit später riss eine gewaltige Sturmböe das Zelt über mir weg. Es gelang mir gerade noch, einen Zipfel davon festzuhalten, bevor es vom Winde fortgetragen wurde. Mit der Plane über Kopf und Körper setzte ich mich auf die einzige trockene Stelle, an der das Zelt vorher gestanden hatte. Das Unwetter tobte weiter und es regnete in Strömen. Nach etwa einer halben Stunde war das Gewitter weitergezogen und es hatte aufgehört zu regnen. Ich erhob mich und streifte mir die Zeltplane vom Körper.

Die Wärme des Tages hatte das Moor aufgeheizt und ließ den Regen verdampfen. Von dichtem Nebel umgeben, versuchte ich mich zu orientieren. Der Nachthimmel war sternenklar, das konnte ich durch den aufsteigenden Dunst erkennen. „Es wäre sinnlos, den Rest der Nacht hier zu verbringen", ging es mir durch den Kopf. Denn der weitere Abbau von Torf konnte erst nach dem Abtrocknen des Moores wieder aufgenommen werden. Ich verstaute die etwas feucht gewordenen Decken in den Rucksack, packte das Zelt so gut es ging zu einem Bündel zusammen und schickte mich an, den Heimweg anzutreten. Die Angst, mich zu verirren, ließ mich zögern, denn der abenteuerliche Weg über den Knüppeldamm von gestern stand mir wieder vor Augen.

Ich taxierte die Richtung, aus der ich heute Morgen über den Damm gekommen war. Vorsichtig setzte ich einen Fuß nach dem anderen auf den feuchten, schwammig weich gewordenen Boden. Nach einer Weile ratlosen Umherirrens glaubte ich schon Stimmen durch den Nebel zu hören. Oder waren die weißen Dunstschleier doch die Seelen der Nebeljungfern, die mich ins Verderben führen wollten? Sie schwebten vom leichten Wind getragen wie feenhafte Wesen vor mir her. Ja, ich glaubte sogar, Hertas schönes Gesicht und ihre schlanke Gestalt unter ihnen gesehen zu haben. „Alles nur Halluzination", schalt ich, „was mir Hirn und Augen vorgaukelten." Sie zogen, als hätten sie Flügel, über die im Restlicht der Sterne fluoreszierenden Lichter verfaulter Baumstümpfe von einem Licht zu dem anderen den rettenden Damm hinauf.

Über der Landschaft und dem Dorf lag noch immer dieser dünne Nebelschleier, der nur spärlich vom Sternenlicht erhellt mich beinahe ins Verderben geführt hätte. Das Fenster von Hertas Kammer war noch hell erleuchtet, als ich den Hof betrat. Auch in der Wohnstube des Bauern brannte noch Licht. Obwohl ich mich bemühte, so leise wie möglich die Eingangstür zur Diele zu schließen, öffnete Herta ihre Kammertür und kam im Lichtschein der offenstehenden Tür auf mich zu.

„Gott sei Dank, dass du das Unwetter unbeschadet überstanden hast“, flüsterte sie. „Ich habe gebetet und Gott angefleht, dich zu beschützen. Ein Gewitter im Moor ist gefährlich. Erst letztes Jahr sind da draußen zwei junge Männer durch einen Blitzschlag ums Leben gekommen“, sagte sie leise vor sich hin, mit einer Stimme, die mich auf das tiefste berührte. Ich nahm sie in die Arme und bedankte mich mit einem Kuss für ihre Gebete.

## Das Beichtgeheimnis

Es war der Sonntag vor der Bittprozession im Sommer des Jahres 1953. Die letzten Töne der Orgel kündeten das Ende der Frühmesse an. Heiner Dunst, erster Vorsitzender des Kirchengemeinderates und Pfarrer Pelzig hatten sich in die Sakristei zurückgezogen, um die Münzen aus dem Opferstock zu zählen.

„Des isch aber heut mager", bemerkte der Heiner und trug den Betrag in das Spendenbuch ein.

„Na ja, es gab schon bessere Zeiten, aber unser Herrgott ist auch mit wenig zufrieden. Die Leute haben es halt nicht mehr so dick wie vor dem Krieg", gab der Pfarrer zu bedenken.

„Des stemmt scho, des han i au lange Zeit am eigene‘ Leib erfahra müssa. Aber wenn se doch scho arm send, die Hosaknöpf koschtet do au Geld!"

„Na ja, ein paar schwarze Schafe sind wohl immer dabei. Manche werfen aus Geiz oder reiner Boshaftigkeit Knöpfe in den Opferstock. Aber die wirklich Armen, die kein Geld haben, werfen schon mal einen Knopf hinein, nur weil das gut hörbar ist und nur wegen der befürchteten Nachrede, sie hätten wieder nichts gespendet. Das habe ich schon aus mancher Beichte heraushören können."

„Ja no, des kann scho sei, aber recht isch des trotzdem net", brummelte der Heiner.

„Was ich noch sagen will", wandte sich der Pfarrer an ihn. „Der Bläser Hans ist nach seiner Krankheit noch nicht so auf dem Damm. Da könntest doch *du* an der Bittprozession die Fahne tragen."

„Herr Pfarrer, des mach i gern, wenn Sie mir des scho a‘bietet."

„Also abgemacht! Ich rede mit dem Hans über meinen Vorschlag", sagte der Pfarrer und verabschiedete sich mit einem *Gelobt sei Jesus Christus.*

„Ja wia, Herr Pfarrer, geh‘n Sie heut net mit zom Frühschoppa? Mir habet was zom bereda wega mei‘m Geburtstag."

„Heute nicht, mein lieber Heiner, ein anderes Mal wieder. Nach dem Umzug über die Felder am kommenden Freitag, dem Fest unserer Wetterheiligen Johannes und Paulus, gibt's ja auch wieder einen Umtrunk."

„Do hen Se recht, Herr Pfarrer", mischte sich die Messdienerin ein, die gerade dabei war, das Altartuch zusammenzulegen, um es reinigen zu lassen. „Des muss jo net bei jeder G‘legeheit g'soffa sei!"

„Na ja, so schlimm ist das mit dem Einkehren auch nicht, es hat sich halt so eingebürgert", versuchte der Pfarrer, sie zu besänftigen.

„Sie hen leicht reda, Herr Pfarrer! Sie müsset ‘n jo au net han, wenn er b’soffa hoimkommt“, rief sie ihm hinterher, als er sich bereits auf den Weg zum Pfarrhaus machte. Die Liesbeth, seit über dreißig Jahren mit ihrem Heiner verheiratet, begann alles für die Abendandacht vorzubereiten.

„No gang i halt ohne ihn zom Frühschoppa“, brummelte Heiner resigniert.

„Ja, ja, gang no, euer Bereda macht halt emmer arg durschtig, do bleibt‘s net bloß bei oiner oder zwoi Halbe!“

„Es isch jo guat“, versuchte der Heiner abzuwiegeln. „Wenn du do fertig bischt, kascht mi‘ jo aus dr Wirtschaft abhola komma“, sagte er und wandte sich dem Ausgang zu.

Während drüben vor dem *Gasthaus zum Hirschen* bereits Heiners Stammtischfreunde auf ihn warteten, begann Liesbeth indessen mit Eifer, die unansehnlich gewordenen Messingbeschläge an den Fahnenstangen blank zu polieren. Voller Stolz, dass ihr Heiner bei der Prozession die Fahne tragen durfte, ließ sie sich zu einer kurzen Rast in der ersten Reihe der Kirchenbänke nieder. „S isch scho a große Ehr“, sagte sie kopfnickend vor sich hin. Mit sich selbst und der Welt zufrieden erhob sie sich und machte sich daran, die Gebetbuchablagen der Kirchenbänke abzustauben.

Nach gut einer Stunde schloss sie die Tür zur Sakristei ab, drehte gewissenhaft den Schlüssel zweimal herum und machte sich ebenfalls auf den Weg zum Gasthof *Hirschen*. Unterwegs erinnerte sie sich daran, dass die Männer mancher Frotzelei ausgesetzt waren, wenn sie vom Stammtisch weg von ihren Ehefrauen abgeholt wurden. Um ihren Heiner diesem Gespött nicht auszusetzen, entschied sie sich, ein Gläschen mitzutrinken.

Als sie die Tür zur Gaststube hinter sich geschlossen hatte, hörte sie ihren Heiner sagen: „Also abg’macht, Hirschwirt, du spendescht dr Moscht ond i schwätz mit meiner Liesbeth wega oim Zwiebelkuacha. Was an Getränk‘ driebernaus goht, zahl i!“

„Zwiebelkuacha ja, aber net so mager ond halber verbrennt wie‘s letztmol vo dr Hauser Marie, wo ihr Jakob sein Geburtstag g’hett hot!“, wandte der Maurer Sepp ein. „Do g’hört kräftig G’würz, Speck ond Sahne nei“, vervollständigte er die Zutaten und sah zum Heiner auf, der mit einem Lächeln dem Vortrag von Sepp gefolgt war. „Was gibts do zom Grinsa?“, fuhr er den Heiner an. „Des g’hört doch do älles nei, oder net?“

„Doch doch“, gab ihm Heiner recht. „Aber weil du vo dr Hauser Marie ond Sahne g’schwätzt hoscht, han i‘ grad wieder dra denka müssa, wie i domols bei ihrem Vattr, dem Sattler Hauser, en d‘ Lehre ganga be. Die Hauserin, also dera Maria ihr‘ Mutter, hot zwei Ziega g’halta ond weil se selber buttert hat, han i jeda Morga mit dr Handkurbel die Zentrifuge a'treiba müssa, om dr Rahm vo der Milch zom trenna. Der Sahnetopf isch emmer zua'deckt daneba g'schtanda, no han i' halt hälenga öfter amol mit de Fenger davo probiert. Aber oimol hot se mi doch beim Sahneschlecka erwischt."

Köstlich amüsiert von der Geschichte fragten die Stammtischler: „Was hot se no g'sagt?"

„Ha, die war am A'fang gar net a'mol so wütich, hat mir aber trotzdem a' Ohrfeig' verpassa wella. Aber weil se mi net recht troffa hot, han i schade'froh grinsa müssa. Sie hot mi'bös a'guckt und g'frogt, was i mir dabei denkt häb. Do isch mir auf die Schnelle nix anderes eig'falla und i han raus'pruschtet: ‚En *Löffel* sollt i han!' Do drüber hen mir beide no a ganze Weile lacha müssa."

„Ja, des han i scho oft vo ihm höra müssa", mischte sich Liesbeth, die Frau des Heiners ein, die belustigt zugehört hatte.

„Ja, guck amol do no, dem Heiner sei Zwieblabeet isch komma!", lallte der Maurer Sepp mit schwerer Zunge. „Komm, setz die na, i ruck no a bissle uf d' Seite!", sagte er und sah sie mit glasigen Augen an.

„Noi, jetzt nemme - nach so oinera Begrüßung", lehnte sie mit einem strafenden Blick auf die Stammtischrunde ab. „Wenn du dei' Bier aus'tronka hosch ... i' wart draußa uf di", wandte sie sich streng an ihren Heiner.

Auf dem Nachhauseweg wunderte er sich, dass sie sich nicht wie sonst, wenn sie nebeneinander gingen, bei ihm einhakte.

„Bisch du jetzt a bissle beleidigt?", fragte er und legte eine Hand auf ihre Schulter.

„Do soll mer net beleidigt sei, wenn oim sein Name so vero'glempft wird?"

„Des derfscht deane net so kromm nehma, dia redet halt manchmol Blech", versuchte er, seine Angetraute zu beruhigen. „Des isch doch net bös gmoint. Guck amol, s hot doch fascht jeder en Schpitznama."

„I mogs aber net!", hielt sie lautstark dagegen.

„Es isch jo guat, reg di net weiter uf. I mogs jo au net. Wenn's wieder amol vorkommt, no werd' i' s dene scho saga, dass i des au net will, bisch jetzt z'frieda?"

„Was hoißt z'frieda? I mog des oifach net!"

„Aber zu mei'm Geburtstag am Tag vor dr Prozession hätt i' scho gern, dass du für mi ond meine Freind en Zwiebelkuacha bacha tätscht."

„I back euch oin …!“, sagte sie hintersinnig und der Schalk leuchtete aus ihren Augen.

*

Am Tag vor der Bittprozession hatte Heiner Dunst seine drei Stammtischbrüder zu seiner Geburtstagsfeier für den späten Nachmittag eingeladen. Es dunkelte bereits, als auch der letzte Gast Platz genommen hatte. Nach einem ersten Umtrunk nahm der Wirt den dampfenden Zwiebelkuchen aus dem Backofen, den ihm Heiners Frau zum Warmhalten überlassen hatte.

„Hmm!“, brummten die Stammtischler anerkennend und sogen gierig den Duft ein. „Do hot sich aber dei Zwieblabeet mächtig a‘gschtrengt“, lobten sie.

„Zwieblabeet?“, begehrte der Heiner tief durchatmend auf. „Bloß dass ihr’s wisset: Mei Liesbeth will net, dass ma ihren Nama so vero‘glimpft, ond i‘ wills au nemme vo euch höra, also haltet euch do dra, sonscht könnts mit onserer Freindschaft bald z‘ End sei!“

Der Hirschwirt, der aufmerksam Heiners Rüge zugehört hatte, teilte den Kuchen in acht Teile, weil für jeden zwei Stück vorgesehen waren. Er servierte jedem ein Stück auf einem Teller mit Besteck, stellte den Mostkrug auf den Tisch und wünschte einen guten Appetit. Heiner, der fürchtete, dass bei dem Appetit seiner Gäste der Zwiebelkuchen wohl nicht ausreichen würde, begnügte sich deshalb mit nur einem Stück. Auf dem Höhepunkt der Feier hatten die Stammtischler schon einiges zuviel von dem Most genossen und laberten nur noch dummes Zeug.

Doch als der Pfarrer den Schankraum betrat, verstummten alle Gespräche. „Unterhaltet euch nur weiter!“, wandte er sich an die Tischrunde. „Ich bin nur gekommen, um unserem Heiner zu seinem Geburtstag zu gratulieren.“ Der geistliche Herr fasste sich kurz, gratulierte und wünschte ihm Gesundheit und Gottes Segen.

„Schade“, bedauerte Heiner. „Wäret Se a bissle früher komma, no hättet Se au no äbbes vo dem Zwieblkuacha abkriegt. Aber meine Gäscht‘ hent älles wegputzt. Des letzte Stickle han i dem Wirt überlassa.“

„Des isch net schlemm“, meldete sich der Hirschwirt. „Kommet Se no, Herr Pfarrer, mir teilet ons des Sofa vo dem Kuacha, no hemmer au‘ davo‘ probiert.“

*

Die Sonne meinte es gut bei den Feierlichkeiten am nächsten Tag. Zahlreiche Teilnehmer hatten sich zur Bittprozession vor der Kirche eingefunden.

Der Hirschwirt hatte wie jedes Jahr ein Fass Freibier gespendet und auf einem improvisierten Schanktisch neben dem Eingang zum Anstich freigegeben.

Der Schultes trieb gekonnt mit einem Schlag den Zapfhahn in das Fass und der Pfarrer nahm, wie es hier am Ort der Brauch war, den ersten Schluck. Während sich die Männer an dem köstlichen Nass ergötzten, schenkte sich sehr zum Unwillen des Pfarrers der Oberministrant Lukas seine zweite Maß ein. Lukas war ein kräftiger Bursche und bereits im Mannesalter. Damals als Jugendlicher immer in Geldnot hatte er sich, vom Pfarrer beobachtet, langfingernd am Opferstock zu schaffen gemacht. Überzeugt, dass der junge Mann sein Vergehen niemals bei ihm beichten würde, hatte er ihn an Ort und Stelle zur Rede gestellt. Ein Gebet als Sühne hielt er nicht für angebracht, stattdessen fiel ihm ein, dass die Gemeinde doch unter mangelndem Ministrantennachwuchs litt. „Als Buße erlege ich dir auf, ein Jahr lang als Ministrant während der Heiligen Messe Dienst zu tun!“

Reumütig hatte Lukas damals dem Pfarrer zugenickt. Aus dem einen Jahr waren mehrere geworden, nun stand er da und hörte, wie der Pfarrer sagte: „Willst du dich heute nicht auch an den Vorbereitungen beteiligen?“

„Ja glei, i‘ han jo bloß no oin Schluck e‘m Glas“, entschuldigte er sich.

Inzwischen hatten sich auch einige Reiter mit ihren geschmückten Pferden zum Abmarsch eingefunden. Nachdem die jüngeren Ministranten Weihrauchgefäß und Weihwasser bereitgestellt hatten, traten auch der Bläser Hans und der Heiner mit der Fahne ins Freie. Der Pfarrer segnete die Schar der Anwesenden und mit einem Wink setzte sich die Prozession in Bewegung.

Unterwegs sagte der Bläser Hans zum Heiner: „Deine drei Stammtischbrüder han i heut no gar net g’seha.“

„I woiß au net, dene hot scheint’s mei‘ Geburtstagsmoscht net guatdoa. Mir isch’s aber au scho besser ganga, so wie mir‘s heut em Bauch romfahrt. I han fascht bei jeder Station en‘s Gebüsch müssa, sonscht wär’s en d‘ Hosa ganga.“

Durch das zeitweilige Austreten hatte der Heiner den Anschluss zur Spitze der Prozession verloren. Es war bereits gegen Mittag, die Sonne brannte unbarmherzig vom Himmel und quälender Durst machte sich bei manchen der Büßer bemerkbar. Dem Fahnenträger Bläser machte die Hitze besonders zu schaffen. Während der Gebetspause an einer Station beauftragte der Pfarrer den Ministranten Lukas, den Ersatzfahnenträger Heiner ausfindig zu machen. Als er ohne ihn zurückkam, eröffnete ihm der Pfarrer, dass Lukas für den Rest des Tages für die Sicherheit und das Tragen der Fahne zuständig sei.

Nach stundenlangen Gebeten auf dem Weg durch Feld und Flur versammelte man sich müde zu einer letzten Andacht in der Kirche. Voraussetzung für die Teilnahme an einer Bittprozession war, dass dabei nichts gegessen oder getrunken wurde. Deshalb verzichteten einige Männer, unter ihnen auch Lukas mit seiner Fahne, angesichts der erlittenen Strapazen auf geistlichen Beistand und stillten lieber ihren Hunger mit einem Braten beim Hirschwirt.

Es begann bereits zu dunkeln, als der Pfarrer die Gaststube betrat. Einige der Männer hatten wohl schon etwas über den Durst getrunken. Dennoch nahm der Pfarrer bei ihnen Platz und bestellte sich ein Glas Wein. An den Oberministranten gewandt sagte er: „Ich glaubte die Fahne in besseren Händen, jetzt liegt sie immer noch hier herum. Du hast genug getrunken. Geh jetzt und stell‘ die Fahne an ihren Platz, damit ich nachher abschließen kann.“ Zwar widerwillig, aber ohne etwas zu sagen erhob sich Lukas, nahm die Fahne und torkelte mit ihr über den Platz zur Kirche.

Nur mit Mühe gelang es ihm, die Fahnenstange von oben in die Halterung einzuführen. Um den weißen Umhang mit dem roten Kragen abzulegen, stolperte er in die Sakristei. Anstatt den Heimweg anzutreten, nahm er erst einmal auf einem Stuhl in einer dunklen Nische Platz und gönnte sich einen kräftigen Schluck von dem Messwein. Es war ihm schon zur Gewohnheit geworden, dass er wie eben jetzt, wenn er sich nicht beobachtet fühlte, jedes Mal einen kräftigen Schluck zu sich nahm, bevor er den Wein zur Umwandlung in den silbernen Kelch füllte,.

Währenddessen hatte sich der Pfarrer davon überzeugt, dass die Fahne wieder an ihrem Platz stand. Er hatte Lukas nicht wahrgenommen, wähnte diesen daher bereits auf dem Heimweg und verließ den Kirchenraum. Geräuschvoll schloss er das Eingangsportal und drehte den Schlüssel zweimal herum.

„So en Mischt!“, schimpfte Lukas. „Jetzt ben i ei‘gschperrt. No muss i halt warta, bis morga früh jemand ufmacht.“ Er öffnete eine neue Flasche. Als er sie bis zur Hälfte geleert hatte, begann er zu frieren. Weiterhin auf dem harten Stuhl zu sitzen schien ihm unmöglich. Mit der Flasche unter dem Arm verließ er die Sakristei, setzte sich auf die weichgepolsterte Kniebank in einem der Beichtstühle und zog den schweren Vorhang zu. Kurz nachdem er noch einen Schluck aus der Flasche getan hatte, war er eingeschlafen.

Am nächsten Morgen hörte er - noch im Halbschlaf - etwas neben sich rumoren und dann eine flüsternde Frauenstimme: „Oh, Herr Pfarrer, i han a schwere Schuld uf mi glada ond möcht beichta."

„Hm", brummte es von nebenan durch das Gitter aus dem abgedunkelten Beichtstuhl. „Nun, was hast du denn auf dem Kerbholz?"

„Es tut mir jo leid, Herr Pfarrer, aber wie i drletscht mein Ma aus em Hirscha abhola wollt, hent die Manna vom Stammtisch mein Nama so veroglimpft. Bei deane ben i' bloß die Zwieblabeth. Ond mei Heiner, der Sempl, hots au no duldet. Des hot mi' so arg g'ärgert, deswega hab i mi' irgendwie rächa wolla. Uf dean richtiga Trichter ben i erscht komma, wie i a'gfanga hab, den Toig für dean Zwiebelkucha zu mei'm Ma sei'm Geburtstag zom richta. Dr Herrgott soll mir vergeba. Do hab i halt, damit se so recht dia Renneritis kriaget, dass se nemme vom Clo ronterkommet, nebe 'm normale Fett au Rhizinusöl dazuag'mischt. Ond dass mr des Öl net so arg rausschmeckt, hab i die Zwiebla stark mit Pfeffer g'würzt ond oba no reichlich Sahne drufdoa."

„Da hast du dir aber etwas geleistet", hörte Lukas, der mucksmäuschenstill alles mitangehört hatte, die Stimme des Pfarrers.

‚Jetzt wird's aber höchste Zeit, von hier zum verschwinda!', dachte er nun hellwach geworden. Während die Beichtgespräche nebenan weitergingen, erhob er sich ganz langsam von der gepolsterten Kniebank zur Hocke. Vorsichtig jedes Geräusch vermeidend, drückte er den Vorhang etwas zur Seite und verließ in gebückter Haltung den Beichtstuhl. Zurückschauend stieß er versehentlich an das Regal mit den kirchlichen Nachrichten. Im Beichtstuhl wurde es unruhig.

„Ist da jemand?", hallte die Stimme des Pfarrers in dem Kirchenraum. Doch da hatte sich Lukas bereits auf leisen Sohlen davongeschlichen.

„Da ist nichts!", stellte der Pfarrer fest.

„Aber i han äbbes vo dr andera Seit vom Beichtstuhl g'hört", beharrte die Liesbeth. Beherzt ging sie hinüber und schlug dort den Vorhang zur Seite. „Do sehet Se, gestern han i no älles putzt, ond jetzt stoht do a halbvolle Flasch vo ihrem Messwei'. S muss *doch* äbber do g'wesa sei ond hot mi bei meiner Beicht belauscht."

„Und wenn? Der Lauscher hat ja auf der Seite nichts hören können, du hast ja nichts laut hinausposaunt", versuchte er sie zu beruhigen.

„Aber i hock heut nemme en den Beichtstuhl nei!"

„Das brauchst du auch nicht mehr. Mit dem, was du mir erzählt hast, müsstest du für jedes Stück Zwiebelkuchen mindestens einen Rosenkranz beten. Wenn man bedenkt, was die Männer leiden mussten, wäre das auch noch zu wenig. Ich habe ja auch davon gegessen, aber nur ein kleines Stück, das der Wirt mit mir geteilt hat. Und jetzt begreife ich auch, warum ich öfter mal auf die Toilette musste. Ich bin sicher, deswegen konnten auch die Stammtischler nicht an der Prozession teilnehmen. Wie ich vermute, hat der Heiner auch etwas darunter gelitten, weil er sich manchmal, während die anderen beteten, in die Büsche schlug."

„Herr Pfarrer, des tut mir jo älles so leid. Jetzt wo i Ihna mei Missetat beichtet hab, hätt i gern, dass Sie mir Absolution erteilet."

„Was glaubst du? So einfach geht das nicht! Du hast dich durch die Beichte bloß etwas erleichtert. Vergeben können im Grunde allein die, denen man übel mitgespielt hat. Du kannst nur hoffen, wenn da wirklich jemand gelauscht haben sollte, dass er alles, was du gebeichtet hast, für sich behält und dein Streich somit für immer euer Geheimnis bleibt. Ein schlechtes Gewissen ist eigentlich die gerechtere Strafe für dich", gab ihr der Pfarrer mit auf den Weg.

## ... und kein Körnchen Flugrost

Dreißig Jahre war Robert Falkner in der Fremde gewesen, hatte geheiratet und ein gutgehendes Unternehmen zur Herstellung von Kunststoffteilen aufgebaut. Seine Frau schenkte ihm einen Sohn und eine Tochter. Die Kinder, kaum erwachsen, verloren ihre Mutter durch einen Verkehrsunfall.

Der nun fünfzigjährige Robert hatte nicht die Absicht, wieder zu heiraten. Er hatte seinem Sohn die Geschäftsführung des Betriebes übertragen, während seine Tochter, mit einem Arzt verheiratet, ihr erstes Kind erwartete. So wusste er den Betrieb in guten Händen. Er nahm eine längere Auszeit, um einige der seit langem versprochenen Besuche in seiner Heimat einzulösen. Als wohlhabender Geschäftsmann konnte er es sich leisten, für ein paar Monate ein Hotelzimmer zu mieten.

Es war an einem Tag nach seiner Ankunft an Allerheiligen, einem unwirtlich kalten Novembertag. Ein früherer Nachbar hatte Robert vor zwei Jahren in einem Brief vom Tode seines Freundes Hermann Nusser berichtet. Nun wanderte er durch die Grabreihen, aber auf keiner der Stelen war der Name seines Jugendfreundes zu finden. Nach längerem Suchen entdeckte er schließlich auf einer der Grabplatten, vom Herbstlaub teilweise verdeckt, den Namen. „Hier hast du also deine letzte Ruhe gefunden", murmelte er tief betroffen und wischte das nasse Blattwerk etwas zur Seite. Während er die vom Winde angewehten Blätter aus der niederen Buchsbaumumrandung entfernte, hörte er eine Frauenstimme hinter sich.

„Ich danke Ihnen für die Grabpflege meines Mannes."

Er richtete sich von seiner Tätigkeit auf und drehte sich in die Richtung der Stimme um. Ein sonderbares Gefühl des Erkennens machte sich in ihm breit, als die Frau auf ihn zukam.

„Robert! Du hier? Ich kann es nicht fassen!", rief sie, mit vor Freude feuchten Augen.

Überwältigt von diesem unerwarteten Wiedersehen nahm er sie in die Arme. „Lissi, wie ich mich freue, dich wiederzusehen", flüsterte er immer wieder.

Langsam lösten die ehemaligen Jugendfreunde die Umarmung und wandten sich dem Grabhügel zu. Sie legte ein kleines herbstliches Blumengebinde, das sie während der Begrüßung in der Hand behalten hatte, auf die Marmorplatte. „Hermann, du hast recht behalten, Robert ist zurückgekehrt, wie du auf deinem Sterbebett vorausgesagt hast", begann sie in Gedanken ein Zwiegespräch mit ihrem verstorbenen Ehemann. „Es fällt mir schwer zu glauben, dass du uns von irgendwo da oben siehst und an unserer Wiedersehensfreude teilnehmen kannst“, ging es ihr durch den Kopf. Sie sah zu dem wolkenverhangenen Himmel auf und wischte sich ein paar Tränen aus den Augenwinkeln. Nach einigen Augenblicken des stillen Gedenkens wandten sie sich ab und gingen schweigend, jeder mit seinen eigenen Gedanken beladen, auf den Ausgang des Friedhofes zu.

„Seit wann bist du hier und wie lange gedenkst du in Europa zu bleiben?“, überwand sie sich zu fragen, um die bedrückende Stille, die sie umgab, zu durchbrechen.

„Angekommen bin ich gestern, und ich bleibe ein paar Wochen, vielleicht auch etwas länger, je nachdem“, antwortete er.

„Wo hast du deine Zelte aufgeschlagen?“, fragte sie mit zu Boden gesenktem Blick.

„Zelte?“, kam es ihm in den Sinn. Das war schon lange her. Damals bei einem Zeltlager in den Schulferien hatte er sie zum ersten Mal geküsst. Mit einem Lächeln der Erinnerung wandte er sich ihr zu. „Ich habe ein Zimmer im Hotel an der Jagst gemietet“, antwortete er, wieder in die Wirklichkeit zurückgekehrt. „Wenn du nichts anderes vorhast, lade ich dich heute Abend zum Essen ein. Sag ja!“, bat er sie. „Du würdest mir eine große Freude bereiten.“

„Ich werde kommen, Robert, versprochen“, willigte sie ein.

„Also bis heute Abend“, sagten sie fast gleichzeitig und reichten sich die Hände. Genau so wie jetzt hatten sie sich vor vielen Jahren schon immer verabschiedet.

*

„Das Essen war vom Feinsten, einfach großartig“, bedankte sie sich bei Robert und reichte ihm die Hände. Er drückte einen Kuss auf ihre Handrücken und sah ihr ins Gesicht, das nur wenig von ihrer jugendlichen Frische eingebüßt hatte. Dabei bemerkte er, wie sich ihre Augen mit Tränen füllten.

„Lissi, was ist mit dir, was kann ich für dich tun?“, fragte er.

„Ach Robert, im Augenblick kannst du gar nichts tun, ich befürchte nur, dass sich alles wiederholen wird.“

„Was soll sich wiederholen?“, fragte er und sah sie besorgt an.

„Du bist damals fortgegangen und ich war allein. Da kam es, wie es kommen musste. Obwohl Hermann wusste, dass ich eigentlich nur dich liebte, hat er mich trotzdem zur Frau genommen. Er war mir ein guter Ehemann. Und jetzt, nach ein paar Wochen, wirst du wieder zu deiner Familie zurückkehren. Mir war kein Mutterglück beschieden und ich werde wieder allein sein“, schluchzte sie mit tränenerstickter Stimme.

„Lissi, auch ich bin allein, meine Frau wurde mir auf tragische Weise genommen und das Leben ist trotz allem weitergegangen. Wir drei hatten damals eine schöne Zeit zusammen. Von Hermann wusste ich, dass er dich über alles liebte. Ich wollte dem Glück meines besten Freundes nicht im Wege stehen, deshalb ging ich weit weg in die Fremde, um zu vergessen. Ich kann mich aber an keinen Tag erinnern, an dem ich nicht an dich gedacht hätte. Nun lass es gut sein, Lissi. Wir haben uns wiedergefunden und ich verspreche dir, ich werde dich nie mehr allein lassen."

## Auf der Ofenbank

Der Himmel war den ganzen Tag schon grau und wolkenverhangen. Ein kalter Ostwind wirbelte einzelne Schneeflocken vor sich her, die auf der nassen Erde zu Matsch wurden. Einige Fensterscheiben in den niedrigen Häusern leuchteten bereits im fahlen Licht der Petroleumlampen. Der alte Johann Vätterle war gerade dabei, noch ein paar Scheite Holz im Ofen nachzulegen, als Florian aufgeregt in die Stube kam.

„Es schneit!“, rief er mit glänzenden Augen.

„Ja, ja, der Winter hält dieses Jahr bald Einzug“, seufzte sein Großvater. „Es ist zwar erst Anfang Dezember, aber wenn der Schnee zum Schlittenfahren einlädt, bist du der Erste, der hinausstürmt, denke ich. Morgen holen wir deinen Schlitten vom Dachboden!“, sagte er zu seinem zehnjährigen Enkel, der vor lauter Vorfreude über Opas Vorschlag aufgesprungen war.

„Wenn der Teich zugefroren ist, bekomme ich zu Weihnachten ein Paar Schlittschuhe, hat mir Papa versprochen.“

„So, so, ein Paar Schlittschuhe“, nickte der Großvater. „Aber bis dahin ist noch ein paar Wochen Zeit und dann kommt es noch ganz darauf an, wie der Weihnachtsmann so einem Lausebengel wie dir gesonnen ist“, versuchte er ihn in seiner Euphorie zu dämpfen. „Komm, setz dich wieder zu mir!“, lud ihn der Opa ein und streckte seinem Enkel die Hände entgegen. Florian kletterte zu ihm auf die Ofenbank und kuschelte sich an seine Seite.

„Opa, konntest du auf dem zugefrorenen Teich auch Schlittschuhlaufen?“

„Oh Bub, das waren Träume für uns Kinder. Unsere Eltern waren arme Leute, die hatten kein Geld für solchen Luxus. Wir waren schon froh, wenn an Weihnachten ein Paar Wollsocken oder Handschuhe für uns unter dem Christbaum lagen. Heute ist das ganz anders. Da werden die Kinder mit Sachen beschenkt, die es damals noch gar nicht gab. Übrigens: Übermorgen ist Nikolaustag. Hast du auch etwas vorbereitet, um Knecht Ruprecht milde zu stimmen? Bei uns zu Hause war es meistens so: Wenn es an der Tür klopfte, Sankt Nikolaus und Knecht Ruprecht eintraten, waren wir Kinder plötzlich mäuschenstill. Knecht Ruprecht, der zur Mahnung immer eine Birkenrute dabeihatte, flößte uns Angst ein. Mein Vater stellte sich ihm aber mutig entgegen und hatte zur Begrüßung immer diesen kleinen Vers vorbereitet:

*Ihr seid uns beide sehr willkommen,*
*eine Rute braucht es nicht.*
*Hier sind nur brave Menschenkinder*
*und kein einziger Bösewicht.*

Damit war dann meistens der Bann gebrochen. Der Nikolaus nickte wohlwollend und wünschte sich von uns ebenfalls, ein kleines Gedicht zu hören. Danach schlug er ein großes Buch auf. Er lobte und tadelte, je nachdem. Für ein Lob gab es ein paar Süßigkeiten, für den Getadelten das Gleiche, aber nur dann, wenn er versprechen konnte, sich zu bessern. Zerknirscht versprach es dann auch der kleine Sünder."

„Hast du auch immer Süßigkeiten vom Nikolaus bekommen?", fragte Florian.

„Oh ja, nur einmal nicht", erinnerte sich sein Opa. „Der Grund dafür geschah genau einen Tag vor Nikolaus. Es hatte über Nacht einen halben Meter Schnee hingeworfen und wir konnten nicht zur Schule. Erst als der hölzerne Schneepflug, der von vier Pferden gezogen wurde, an unserem Haus vorbeischarrte, konnten wir hinaus. Wir hängten uns an die Verstrebungen und los ging's mit Peitschenknallen und Schellengeläut die Straße hinunter. Am Ortsende des Unterdorfes wendete der Kutscher sein Gespann. Wir durften uns auf ein Brett setzen, das am Schneepflug angebracht war. So wurden wir von den Pferden zurück ins Oberdorf gezogen. Oben an der steilsten Stelle der Straße sprangen wir ab und einer nach dem anderen versuchte, wieder hinunterzuschlittern. Es gelang aber nur wenigen, auf dem festen Schnee einige Meter bergab zu rutschen. Am weitesten schafften es nur die, die Gummisohlen auf den Schuhen hatten. Mein Vater hatte mir, wegen der längeren Lebensdauer meiner Schuhe, Metallzwecken in die ledernen Sohlen eingeschlagen. Keinen halben Meter konnte ich mit den anderen mithalten. Da kam mir eine Idee: Draußen war es bereits dunkel und der Schnee knirschte unter meinen Füßen, als ich mit zwei Gießkannen voll Wasser auf die Dorfstraße ging. Mit hin und her pendelnden Bewegungen besprühte ich ein langes, schneebedecktes Straßenstück auf der gegenüberliegenden Seite. Schon auf dem Rückweg bemerkte ich, dass das Wasser in der klirrenden Kälte zu Eis gefroren war.

Gleich am nächsten Tag schlitterten wir auf dem Weg zur Schule begeistert immer wieder die Straße herunter. Den ganzen Tag herrschte Hochbetrieb auf meiner Eisbahn. So hatte es sich bald im Dorf herumgesprochen, dass ich den Schnee zu Eis gemacht hatte. Als Lohn erhielt ich von meinem Vater einen mächtigen Anranzer, allein schon wegen der Unfallgefahr, die ich dadurch heraufbeschworen hatte.

Gegen Abend hatte es wieder angefangen, heftig zu schneien. ‚Im Oberdorf ist der Nikolaus unterwegs, er kämpft sich gerade durch die verschneiten Nebenwege', sagte mein Vater, als er von der Arbeit heimkam und den Schnee von sich abschüttelte. ‚Na ja, wenn er erst einmal auf der Straße ist, kann er sich ja auf den Schlitten setzen, dann kommt er schneller voran', meinte er. Doch schon wenig später hörten wir Schellengeläut, dann war es wieder still.

,Wie? Warum fährt der Nikolaus heute vorbei und kommt nicht herein?', sinnierte mein Vater kopfschüttelnd. ,Na gut, dann kommt er eben etwas später', hörte ich ihn sagen und ich übte noch einmal das Vortragen meines Gedichtes.

Eine halbe Stunde nach dem Abendessen polterte es an der Tür. Der Stallmeister des Gutsbesitzers, Herrn Baron von Lux, hatte noch die rote Nikolausmütze in der Hand, als er die Stube betrat.

,Ja Alois! Wie siehst du denn aus? Was ist passiert?', fragte ihn mein Vater, der wusste, dass er von seinem Dienstherrn beauftragt worden war, dieses Jahr die Nikolausrolle im Dorf zu übernehmen.

Klitschnass und vor Kälte zitternd begann er zu berichten: ,Ein Stück Straße war derart vereist, ich konnte den Schlitten nicht mehr lenken und sauste über die Kurve hinaus in den halb zugefrorenen Bach. Der Sack mit den Süßigkeiten ging dabei verloren. Der liegt jetzt irgendwo da unten im Schnee', bedauerte er.

,So gehst du aber heute Abend den weiten Weg nicht mehr nach Hause, du würdest dir den Tod holen. Zieh deine nassen Sachen aus, wir hängen sie an die hölzerne Stange über dem Herd. Morgen früh ist dann alles wieder trocken. Aber jetzt musst du erst einmal ins Bett, damit du nicht noch ernsthaft krank wirst!', bestimmte mein Vater. Alois, unser Nikolaus nickte nur und ging in die Schlafkammer. Meine Mutter machte ihm einen heißen Tee mit viel Zucker und einem Schuss Rum.

Der nächste Tag begann mit Sonnenschein. Wir Buben und Mädchen rodelten hinunter bis ins Unterdorf. Alois, der verunglückte Nikolaus von gestern Abend hatte mich entdeckt und schlitterte mir auf der Eisbahn hinterher. ,Du Lausebengel', sprach er mich an. ,Was glaubst du, was da hätte Schlimmes passieren können, so etwas darfst du nicht wieder machen!'

Der verhinderte Nikolaus fasste mich hart am Arm. ,So, und jetzt gehen wir beide die verlorengegangenen Säckchen mit den Geschenken suchen!', bestimmte er. Neben der noch gut sichtbaren Schlittenspur von gestern Abend fanden wir den größeren Sack mit den Süßigkeiten, die der Herr Baron für die Kinder armer Eltern gespendet hatte. ,Am besten ist, du bringst die mit dem Namen gekennzeichneten Säckchen den Kindern, die gestern Abend vergeblich auf mich gewartet haben, und sagst ihnen einen schönen Gruß vom Nikolaus. Schlittenfahren kannst du später immer noch.' Doch als ich zurückkam, hatte er bereits alle Leckereien an die Kinder verteilt.

‚Die Pferde müssen auch im Winter bewegt werden. Heute Nachmittag bringe ich ein langes Seil mit‘, hörte ich den Stallmeister zu den anwesenden Vätern sagen, die belustigt dem Treiben der Kinder zusahen. Ich jedoch schlich mich, wegen der entgangenen Geschenke, betrübt nach Hause.

Nach dem Mittagessen hörte ich großen Trubel auf der Straße. Der Stallmeister hatte seinem Pferd ein leichtes Kutschengeschirr aufgelegt und ritt hinunter ins Unterdorf. Das lange Seil, von dem er gesprochen hatte, legte er aus. Die Rodler hielten sich daran fest und wurden wie bei einer Seilbahn von seinem Pferd die Straße hinaufgezogen.

Ein Jahr später gab es keine Schlitterbahn mehr, auch der Pferdebetrieb war eingestellt worden. Dafür aber hatte der Herr Baron einen modernen Schlepplift bauen lassen“, lobte der Opa den spendablen Gutsherrn.

Florian hatte der Erzählung seines Großvaters aufmerksam zugehört. „Dann bist du doch eigentlich schuld daran, dass wir Kinder jetzt einen Schlepplift im Dorf haben“, sagte er und sah zu ihm auf.

„So kann man das auch sehen“, brummelte Opa Vätterle und drückte seinen Enkel noch fester an sich.

## Fußball ond Pfeifadonscht

Diese Geschichte handelt etwa um die Mitte des vergangenen Jahrhunderts. Es war Anfang Mai. Das schöne Wetter hatte gut die Hälfte der Einwohner von Mühlenberg, einem kleinen Dorf am Neckar, auf den Festplatz gelockt. Das alljährlich stattfindende Dorffest, das von dem örtlichen Sportverein veranstaltet wurde, bot eine willkommene Abwechslung vom Alltag der Menschen. Die Frauengymnastik als letzte Gruppe der sportlichen Vorführungen wurde vor allem von den männlichen Zuschauern mit frenetischem Beifall belohnt, was die anwesenden Ehefrauen zu eifersüchtigen Blicken auf ihre Angetrauten veranlasste.

„Etz guck amol do na, isch des net overschämt, wia dia alte Manna dene jonge Mädle nochglotzet?“, nuschelte die Knittlerin der Frau des Bürgermeisters zu. Die Knittlerin, mit ihrem Karle seit über zwanzig Jahren verheiratet, hatte während ihrer Ehe viel an Schlankheit und jugendlichem Aussehen eingebüßt. Sehr zum Missfallen der anderen Zuschauer polterte sie unaufhaltsam weiter.

„Oh, lass se doch gucka, wenn dia Mädle au zom A’beißa send, Veschpra deand dia Manna am End’ doch d’rhoim“, unterbrach die Gattin des Bürgermeisters den weiteren Wortschwall der Knittlerin, denn das Programm der Kinder mit dem Sackhüpfen hatte bereits begonnen. Alle teilnehmenden Kinder erhielten für das Mitmachen als Preis eine Bratwurst und ein Getränk. Felix, ein aufgewecktes Kerlchen von etwa neun Jahren aus dem Oberdorf, der die vorgegebene Strecke in der kürzesten Zeit zurückgelegt hatte, wurde zum Sieger erklärt. Vor Freude, Erster geworden zu sein, legte er einige sauber geturnte Flick-Flack hin und zeigte am Ende noch einen Salto rückwärts. Während die Zuschauer applaudierten, winkte der Bürgermeister den Buben zu sich.

„Was isch?“, fragte Felix keck und sah zu dem Bürgermeister auf.

„Des, wos du do grot g’macht hoscht, hot mir guat g’falla, kennscht des noamol macha?“

„Worom?“

„Ha, weil’s mer halt gfalla hot.“

„Ond wos gugt derbei raus? Omesonscht isch der Taud.“

„Also guet, do hoscht a Mark.“

Felix nahm das Geldstück entgegen, entfernte sich ein paar Schritte, wiederholte den Salto und hängte noch ein paar Flick-Flack dran.

„Heidenei! Guet hoscht des g’macht“, lobte ihn der Bürgermeister, vom Beifall des Publikums unterstützt.

„I ka no a poar macha, wenn Se gnueg Geld derbei hent“, forderte ihn Felix heraus.

„Noi, noi, jetz langt’s, du Zigeinerle, des tät dir so g’falla“, lehnte der Bürgermeister ab und verabschiedete ihn mit einem herzhaften Klaps auf den Hintern.

„En’rer halba Schtond’ fangt des Fußballspiel zwischa de zehn- bis zwölfjährige Buba vom Oberdorf gega des Onderdorf a!“, verkündete Bürgermeister Schimpf, der zugleich auch der Vorstand des Turnvereins war. Die anberaumte Pause benutzten die männlichen Besucher, um sich von der Feuerwehr, die für den Bierausschank zuständig war, ihre Maßkrüge füllen zu lassen.

Der zwanzigjährige Schreinergeselle Armin Doberstein, der im Allgemeinen nur „Dobbi“ genannt wurde und im Nachbarort in der Kreisliga das Tor hütete, wurde einstimmig zum Schiedsrichter bestellt. Der Bürgermeister, der die Jahrgänge der Spieler von zehn bis zwölf Jahren auf einem Zettel notiert hatte, nahm die Zusammenstellung der Mannschaften vor. Die drei Buben Gerd, Karl und Josef, eine verschworene Gemeinschaft aus dem Oberdorf bedrängten den Bürgermeister, in der Mannschaft gegen das Unterdorf mitspielen zu dürfen. Karl und Josef, drei Monate über dem Alterslimit, schieden aus.

Enttäuscht von der Entscheidung des Bürgermeisters stromerten sie zunächst ziellos in der Gegend herum. Angezogen von dem verführerischen Duft gegrillter Steaks in der Nase näherten sie sich dem Bratwurststand. Mit langen Hälsen und weit aufgerissenen Augen sahen sie dem Mann eine Weile zu, wie er einige rote Würste, die auf dem Grill vor sich hin schmorten, mit geschickten Bewegungen wendete. Der Grillmeister, der das leere Schlucken der Buben aus den Augenwinkeln beobachtet hatte, sah zu ihnen hin und fragte: „Na ihr zwoi, ihr hent doch sicher Honger? Des seh i eich a. Wia wärs mit ema Würschtle? I’ han do a poar, dia send m’r a bissle z braun wora, dia ka i nemme verkaufa. Tätet ihr dia möga?“

„Ha scho, wem’mer nex derfir zahla müssa!“, willigten die beiden ein.

„I’ leg’s eich en a uf’gschnitt’nes Weckle, damit ihr eich net d’ Fenger verbrennet.“

Mit strahlenden Augen nahmen sie die geschenkten Würste entgegen, bissen herzhaft hinein und verschwanden. „Danke!“, rief ihnen der Grillmeister nach. „So send se halt, dia Jonge heitz’tag“, murmelte er und wandte sich mit einem zufriedenen Lächeln, im Glauben etwas Gutes getan zu haben, wieder seinen Steaks auf dem Grill zu.

„Ha, des war etz gar net so schlecht“, waren sich die beiden Buben einig und wischten sich die verschmierten Mäuler an den Hemdsärmeln ab.

„Was moinscht? So en Schluck Bier hender'drei, des wär doch ebbes“, sinnierte Karl.

„Hoscht du a Geld?“, erkundigte sich Josef. „I han nämlich heit no kois krieagt.“

„Ha, so viel han i au net, dass es ons zom a Bier reicha tät“, meinte Karl. „Aber mir versuchets z'erscht a'mol anderscht, oiner stoht Schmiere, ond wenn neahmet guckt, schnappt sich der andere oin Krug ond macht a poar Schluck.“ Sie gingen durch die Reihen der Biertische und inspizierten mit verstohlenen Blicken die Krüge, von denen manche nur bis zur Hälfte ausgetrunken waren.

„Wemmer deam Ma vo der Feierwehr beim Abreima helfa, fällt für ons bestemmt au ebbes ab. Komm, mir neamet a poor Kriag ond brengets em nieber.“ Gesagt, getan.

„So, des isch recht, dass ihr mi a bissle onderstitzet. Dort drieba steant no mei, dia kennet'r au brenga. No ka i se en der Zwischazeit spüala. Wenn der Kick vorbei isch, han i koi Zeit meh, om se selber zom hola. I' schenk für jeden vo eich a bissle en oin Krug, no kennet'r ab ond zu oin Schluck d'raus macha, es derf's aber neamet seha!“, machte er zur Bedingung.

Inzwischen hatte Dobbi noch zwei Linienrichter ausgewählt und das Match angepfiffen. Das Spiel wogte lange Zeit unentschieden hin und her. Die meisten der männlichen Zuschauer hatten ihre Bierkrüge hinter sich auf die Tische an den Absperrungen abgesetzt, um während der Spielunterbrechungen daraus zu trinken oder sich nachschenken zu lassen. Der pensionierte Eisenbahner Opa Brändle hatte gerade einen Schluck aus seiner vollen Maß genommen, als Gerd, sein ältester Enkel, den Ball unhaltbar für den Torsteher des Niederdorfes ins Netz donnerte. Die Zuschauer zollten dem tollen Torschuss Beifall.

Der Opa, voller Gratt'l (= Stolz) über seinen Enkel, den vollen Maßkrug noch in einer Hand, wollte es den Zuschauern gleichtun und klatschte mit der anderen so heftig gegen den Krug, dass der Inhalt überschwappte und sich über seinen Anzug ergoss. „So en Scheiß!“, schalt er über sein Missgeschick. „Etzt müeset i grad hoimganga ond mie omziaga“, brummte er missmutig vor sich hin und setzte seine noch halbvolle Maß, wie die anderen Gäste auch, hinter sich auf die Tische der Festgarnituren.

„Etz wart halt no a poar Minuta, es ischt eh glei Halbzeit“, riet ihm sein Nachbar, der Knittler Karle, und nahm einen kräftigen Schluck aus seinem Krug.

„So en Scheiß!", wiederholte sich Opa Brändle untröstlich, stopfte wie zur Beruhigung seine halblange Pfeife und zündete den Tabak an. Die umstehenden Zuschauer schnupperten und hoben ihre Nasen: „Des isch Opa Brendles Pfeifadonscht. So a guat's Kraut raucht koiner vo ons", nickten sie ihm wohlwollend zu.

„Äääch", krächzte er nach einigen Zügen aus seinem Pfeifle und ein Schütteln durchlief seinen Körper. „Älles nass, Hemd ond Hosa bäbbet mir am Ranza. Do wird mei Alte a Freid han, wenn se mi so sieht. Ond dia Gosch! .... Aber i werd's iberläba", tröstete er sich und schrie, sein Missgeschick fast vergessend, seinem Enkel taktische Anweisungen zu.

Dobbi, der Schiedsrichter, griff zu seiner Trillerpfeife und unterbrach für zwanzig Minuten die Auseinandersetzung.

„Etz muss i aber hoim ond mi' omzieha, wenn i nore mach, müest mer's grad no langa, vor'em A'pfiff wieder z'rück zom sei", verabschiedete er sich von den umstehenden Zuschauern.

Als er wiederkam, war der Kick bereits schon über zehn Minuten in vollem Gange. Kurz vor dem Ende des Spiels stürmten die Jungs aus dem Unterdorf noch einmal vehement gegen das Ergebnis von eins zu null für das Oberdorf an. Der Opa war ganz aus dem Häuschen, als sein Enkel den Ball zum zwei-zu-null im gegnerischen Tor untergebracht hatte. In seiner Euphorie fast nicht zu bremsen, stieß ihn der Knittler Karle an.

„Mir solltet a bissle besser uff onsere Bierkriag uffpassa. Guck amol dort, die zwei Buaba", nickte er Opa Brändle zu. „Dia saufet beim Eisammla dia ganze Reschte aus dene Bierkriag."

„O lass se no, uff dia Weis han i au mein erschta Rausch zammabrocht. Allerdengs war i domols scho a bissle älter wiea dia zwoi", sagte er mit einem verschmitzten Lächeln. „Mei Vat'r isch net grad manierlich mit mir omganga, wia i beim Breckeleslacha dia Kloschiss'l verfehlt hau. Es isch halt älles z'schnell ganga. Zur Strof han i au no dia Sauerei selber uffwischa müeßa. Es hot aber fascht a halb's Johr dauert, bis i wied'r en Bierkrug en'd Hand g'nomma han. So, ond etz ganga mer zom g'müetlicha Toil iber. Goscht mit?", fragte er den Knittler Karle, der sich wieder dem Geschehen auf dem Platz zugewandt hatte. „Mir gehn am beschta glei ens Vereinsheim, weaga'm Platz, s wurd ziemlich voll werda!", warnte er.

„Etz wart halt no en Augablick bis zom Schlusspfiff!", monierte der Karle. Doch Opa Brändle hatte recht behalten, der Gastraum war proppenvoll.

„Komm no, Nochber, mir rucket no a bissle z'amma!", winkte ihm der Rompler Hans zu, der eine kleine Landwirtschaft betrieb. „Mei Weib on i gehn glei, mir müsset no onser Vieh füttra."

Der Opa nahm das Angebot seines Nachbarn an, setzte sich und stopfte seine Pfeife.

„Tätscht ons rauslassa, bevor du se a'zendscht?"

„Ha jo, kommet no, wenn's eich pressiert", sagte er, nahm wieder Patz und kurz darauf schwebten dünne Rauchwölkchen über die Tische. Während er so vor sich hin paffte, bemerkte er, wie eine Frau mittleren Alters mit einer Hand vor ihrem Gesicht herumfächelte. Der Opa überwand sich und fragte: „Ischt Eahna der Rauch läschtig? No mach i mei Pfeifle aus, s mueß net emmer g'raucht sei."

„Noi, noi, rauchet Se no, so'a Pfeifadonscht isch äbbes fei's", ermunterte sie ihn.

„Des ischt ab'r lieb vo Eahna", freute er sich und paffte munter weiter.

„Sie werdet mi net kenna, i be dia Frau vom Förschter Lehner aus em Nochberort. I' be nau uff B'suach do. Dia Wirtin vo der Wirtschaft isch mei Bäsle", stellte sie sich vor. „Derf i mi a bissle näba Sie setza?", fragte sie und erhob sich, ohne die Einladung von Opa Brändle abzuwarten.

„Derfet Se, derfet Se!", willigte er mit einem verschmitzten Lächeln ein. „I' beh zwor scho en alter Ma, aber anrer jonga Frau han i emmer no mei Freid."

„Ha, Sia send m'r aber oiner, do ka i jo direkt rot werra em G'sicht, Sia Schwereneter, Sia!", wies sie ihn mit einem versteckten Lächeln zurecht. „Wisset se, mei Ma, der raucht meischtens nao Zigärrle, aber wenn'r amol dr'hoim isch ond sei Pfeif a'zent, no derf i au manchmol a bissle dra zulla. I'muss Eahne ehrlich saga: Mi g'lischtets jetzt grad' noch Ihrem Pfeifle. Es wär schee vo Eahna, wenn i au a bissle an Ihrer Pfeif nuckla derft?"

„Ha, des isch koi Problem, i' stopf Eahna oine, no kennet S'es glei selber a'zenda."

„Noi, noi! Koi frisch g'schtopfte! So a Zug aus deam Röhrle schmeckt erscht am beschta, wenn d'r Saft em Pfeifakopf gluckert."

„Wenn se moinet?", schmunzelte er und reichte ihre sein bestes Stück.

Nachdem sie einige Male genussvoll und mit großen Augen an dem gebogenen Mundstück gesogen hatte, neigte sie sich zu Opa Brändle und flüsterte ihm ins Ohr: „Des war etz ebbes Schees, do derbei isch mers grad so g'wäsa, als wenn mir ons küssa tätet ..."

## Ein Lächeln im Vorübergehen

Nur wenige Tage nach dem Umzug seiner Eltern meldete sich Tom zum Unterricht auf dem altehrwürdigen Gymnasium in Grimmstadt an. Der Lehrer nahm ihn wohlwollend auf, stellte ihn der Klasse vor und wünschte eine gute Zusammenarbeit. Nachdem man Tom den Platz in der dritten Bankreihe hinter Julia zugewiesen hatte, erfüllte ein unwilliges Murmeln den Raum. Der kurze Weg bis dahin erschien ihm, von misstrauischen Blicken begleitet, eher wie Spießrutenlaufen. Nur Julia sah freundlich lächelnd zu ihm auf. Von diesem Augenblick an hatte Tom sie in sein Herz geschlossen.

In den nachfolgenden Wochen traf man sich nur in den kurzen Pausen im Schulhof. Tom vermied so gut wie möglich, seine Gefühle für Julia öffentlich zu zeigen, nutzte aber jede Gelegenheit, mit ihr ins Gespräch zu kommen. Dabei ergab es sich, dass sie sich, absichtlich oder unabsichtlich, gegenseitig berührten, um sich anschließend mit einem Lächeln zu entschuldigen.

Eines Tages: Die Schulglocke kündete das Ende der letzten Unterrichtsstunde an. Tom war einer der Letzten, die das Klassenzimmer verließen. Als er aus dem Schulgebäude auf den freien Platz hinaustrat, sah er Julia an dem großen offenstehenden Eingangstor stehen. Es schien ihm, als würde sie auf jemanden warten. Sie hielt sich mit beiden Händen an einer Verstrebung des Tores fest.

„Was ist mit dir?“, fragte Tom besorgt.

„Ich habe mir den Fuß übertreten und kann ohne Hilfe nicht gehen. Ich müsste da drüben in der Telefonzelle meinen Vater anrufen, damit er mich mit dem Auto abholt. Wenn du mir hilfst, dann schaffen wir es bis dahin.“

„Gut, dann hak‘ dich bei mir ein. Nein, so nicht, leg deinen Arm auf meine Schultern, damit ich dich umfassen kann.“

Julia machte große Augen. „Umfassen“ hatte er gesagt. Da war wieder dieses Kribbeln im Bauch, nur ungleich stärker als im Klassenzimmer, wenn sie seine Blicke in ihrem Nacken spürte. Sie genoss die Körpernähe, fühlte kaum noch Schmerz und wünschte insgeheim, die Telefonzelle läge noch einen Kilometer weiter. Bei diesem Gedanken begann ihr Herz wild zu pochen. Vollkommen durcheinander wählte sie mit zittrigen Fingern die Nummer, hob den Hörer ab und brachte ihr Anliegen vor.

„Mein Vater wird bald hier sein“, sagte sie und sah Tom mit ihrem schönsten Augenaufschlag an.

Mit nur belanglosen Worten verkürzten sie sich die Zeit des Wartens. Eine schwere Limousine hielt mit quietschenden Reifen an. Julias Vater stieg aus und rief: „Was ist geschehen, mein Kleines?"

„Ich habe mir in dem Gedränge den Fuß übertreten und konnte keinen Schritt weiter."

„Wie bist du dann hierhergekommen, wenn du doch nicht gehen konntest?"

„Tom hat mich gestützt, er war der einzige, der noch hier war, die anderen waren schon auf dem Nachhauseweg."

„Ach, der Sohn von der neu zugezogenen Familie. So, so", tat er erstaunt und betrachtete Tom geringschätzig von unten bis oben. „Der hat doch noch die Eierschalen hinter den Ohren, auf solche Bekanntschaften solltest du in Zukunft verzichten", hielt er Julia vor, half ihr beim Einsteigen und brauste davon.

Am nächsten Tag im Klassenzimmer: Obwohl der Unterricht bereits begonnen hatte, war Julias Platz in der Reihe vor Tom leer geblieben. In das allgemein fragende Gemurmel über das Fernbleiben von Julia erklärte der Klassenlehrer, dass sie wegen einer Fußgelenkverletzung im Krankenhaus sei.

Tom erzählte seinen Eltern von dem Vorfall und dass er sich entschlossen hatte, sie zu besuchen. „Das trifft sich gut, Tante Trude liegt im gleichen Krankenhaus, du könntest ihr mit deinem Besuch auch einmal eine Freude machen. Ich schneide eine von den Teerosen zurecht, die hat sie immer so mögen."

Auf dem Weg zur Klinik entschloss sich Tom erst einmal, seine Tante aufzusuchen, um ihr die Rose mit den besten Wünschen seiner Eltern zu überbringen. Tom erkundigte sich an der Rezeption, in welcher Abteilung Frau Kruse, seine Tante, lag.

„Ja ... die ist nicht mehr hier, die ist gestern in eine Reha-Klinik verlegt worden."

„Ist mir auch recht", dachte er. „Dann brauche ich mir nicht ihre guten Ratschläge und das ewige Geschwafel, wie es früher einmal war, anzuhören."

Auf der Suche nach Julia entdeckte er ihren Namen an der Tür eines Krankenzimmers, klopfte an und wartete einen Augenblick.

„Ja bitte!", hörte er Julias Stimme und trat ein.

„Oh! Das ist aber eine Überraschung. Ich habe nicht erwartet, dass du mich besuchen würdest. Woher weißt du überhaupt, dass ich heute Geburtstag habe?“, fragte sie mit einem Blick auf die Rose in seiner Hand. „Meine Eltern waren auch schon da. Sie haben mir einen großen Blumenstrauß mitgebracht und zwei Eintrittskarten für einen Kinobesuch geschenkt.“

„Geburtstag?“, dachte er verblüfft, ließ sich aber nicht anmerken, dass er davon keine Ahnung hatte. Tom war froh, dass sie ihm durch ihr Mitteilungsbedürfnis Zeit gelassen hatte, sich in seiner Verwirrtheit etwas zu sammeln. Er raffte sich schließlich auf und nahm ihre Hand: „Ich wünsche dir alles Gute zum Geburtstag und dass du bald wieder hier herauskommst!“, kam es ihm wie eine Floskel über seine Lippen. Wie von einer unsichtbaren Macht gezwungen, beugte er sich zu ihr und küsste sie auf beide Wangen.

„Danke für die guten Wünsche“, flüsterte sie mit feuchten Augen und nahm die Rose entgegen, die eigentlich für Tante Trude gedacht war.

## Die braune Perle Afrikas

An einem frühen Morgen im September. Die Brüder Pedro und Juan Carbo waren gerade damit beschäftigt, die Fischernetze mit der spärlichen Beute in ihr Boot zu hieven, als Pedro seinen jüngeren Bruder Juan anstieß und aufs Meer hinausdeutete. Nur undeutlich konnte Pedro die Umrisse einer Jolle wahrnehmen, die hinter den aufschäumenden Wellen schaukelte.

„Ein Boot", murmelte er, beugte sich etwas vor und beschattete wegen der aufgehenden Sonne seine Augen mit einer Hand.

Juan nestelte unter seinem Ölzeug ein altes Fernglas hervor. „Da ist keine Besatzung zu sehen. Wahrscheinlich ein verlassener Kahn von den Flüchtlingen, die zur Zeit unser Land überschwemmen. Wenn das Strandgut ist, reißen wir uns das Boot unter den Nagel."

„Wir sind zwar eine arme Fischerfamilie, aber gestohlen haben wir noch nie und werden es auch in Zukunft nicht tun", wies Pedro seinen Bruder zurecht.

Nachdem sie die restlichen Fische aus den Maschen entfernt hatten, legten sich die beiden kräftig in die Ruder, um das Boot zu erreichen, bevor es in das offene Meer hinausgetrieben wurde. Nur wenige Meter von der Jolle entfernt entdeckten sie auf der Ruderbank eine männliche Gestalt. Sie lag offensichtlich völlig erschöpft, die Riemen noch um die Handgelenke angebunden, auf dem abgedeckten Teil der Bugspitze. Trotz der starken Brise gelang es Pedro, so dicht an das fremde Boot heranzukommen, dass es Juan möglich war, über die Bordwand hineinzuklettern. Ein Außenbordmotor, dem vermutlich der Treibstoff ausgegangen war, hing notdürftig vertäut am hinteren Steven. Zu Füßen des Mannes, von einer Plane halb verdeckt, lag eine leblose Frau. Zutiefst erschrocken über diesen Anblick wandte Juan sich dem Heck zu.

„Das ist ja grauenhaft!", rief er entsetzt und schlug sich die Hände vor das Gesicht. Unter einem Bündel von Decken ragten zwei nackte Kinderfüße heraus. „Alle drei tot!", rief er aus.

Nachdem er sich von dem ersten Schreck etwas erholt hatte, rief er Pedro zu: „Reich mir das Seil herüber, damit wir den Kahn abschleppen können!" Mit der zusätzlichen Last am Haken ruderten die Brüder ans Ufer zurück.

„Da bewegt sich doch etwas unter den Decken", sagte Pedro erstaunt, als er sich dem abgeschleppten Kahn genähert hatte. Ganz langsam, um das Leben unter dem Bündel nicht zu erschrecken, hob er die Decken an. „Ein Mädchen, Gott sei Dank, es lebt!", freute er sich.

Juan, der herbeigeeilt war, um seinem Bruder beim Bergen des fremden Bootes zu helfen, kletterte kurz entschlossen über die Bordwand, nahm das schlaffe Bündel auf und reichte es Pedro. Während Juan einige Decken am Strand ausbreitete, um das Mädchen daraufzulegen, erwachte dieses aus seiner tiefen Ohnmacht. Es öffnete kurz die Augen, stammelte erschöpft ein paar fremde Worte und schloss sie wieder.

Die beiden Brüder, nur ihrer spanischen Muttersprache mächtig, sahen sich ratlos an. Sie entschieden sich als erstes, das fremde Boot weiter an Land zu ziehen. Pedro nahm das leichte, in Decken gehüllte Geschöpf auf und trug es über die hohen Dünen hinauf in das Dorf Quito, das eigentlich nur eine Ansammlung von Fischerhütten war. Juan öffnete die Tür zu ihrer Kate, die sie nur dann bewohnten, wenn sie vom Fischen draußen auf dem Meer zurückkehrten. Die kleine Holzhütte bestand nur aus einem Raum und einem Fenster mit der Aussicht auf das Meer.

Während Pedro das Mädchen auf das nackte Stahlgeflecht eines der beiden eisernen Bettgestelle ablegte, versuchte Juan, in dem kleinen Kanonenofen ein Feuer zu entfachen.

Nur wenige Minuten später gelang es Pedro, nachdem er einige Male die kupferfarbenen Wangen des Mädchens getätschelt hatte, ihr etwas warme Ziegenmilch einzuflößen. Doch nach kurzer Zeit des Wachseins schloss das Kind, von den Strapazen völlig erschöpft, die Augen. Seine gleichmäßigen Atemzüge verrieten den beiden Brüdern, dass es wieder eingeschlafen war.

„Wir müssen dem Commissario in Estepona die angelandeten zwei Toten melden, dass er sie abholen lässt, damit man sie beerdigen kann. Und die Kleine braucht auch ein Dach über dem Kopf. Am besten ist, ich gehe gleich los und du bleibst hier, damit sie nicht allein ist, wenn sie wach wird."

Juan nickte zustimmend und Pedro machte sich auf den Weg. Gegen Abend, als sich das Mädchen etwas erholt hatte, übergaben sie es dem Verwalter einer kirchlichen Pflegeeinrichtung, Senor Jose Perone. Am darauffolgenden Tag, kurz vor Mittag, kündete die kleine Glocke vom Turm des Domes von Estepona ein Armenbegräbnis an. Außer dem Pfarrer, einem Ministranten, den vier Leichenträgern und den beiden Brüdern Pedro und Juan war niemand dem Aufruf der Totenglocke gefolgt.

Nachdem der Priester ein paar segnende Worte gesprochen hatte, wurden der Vater und die Mutter des Mädchens, nur in Leichentücher eingewickelt, auf den schmucklosen Bahren aus der Kirche hinaus auf den Gottesacker getragen. Senor Jose Perone, der ein Kauderwelsch von Arabisch beherrschte, fand nach Befragen des dreizehnjährigen Mädchens Rameza Bhatti heraus, dass die Familie mit einem Boot aus Algerien geflohen war. Ihr Vater war Großgrundbesitzer und Sympathisant der Franzosen während der Kriegs- und Kolonialzeit. Zwei Monate nach dem Staatstreich, der Algerien 1965 zur Unabhängigkeit von Frankreich führte, wurde seine Familie immer wieder von einer Meute aufständischer Berber mit dem Tode bedroht.

Senor Jose Perone, Mitglied des Domkapitels und Leiter des Kirchenchores, immer auf der Suche nach Sängernachwuchs, hatte einige Semester Musik studiert. Rein zufällig hörte er bei einem Rundgang auf dem nahegelegenen Friedhof die glockenhelle Stimme von Rameza, die am Grabe ihrer Eltern ein gefühlvolles Gebet in arabischer Sprache sang. Erfreut, ein so großes Talent entdeckt zu haben, begann er sie auszubilden.

Bereits ein Jahr später beherrschte sie die spanische Sprache fast perfekt und nach einem weiteren Jahr Gesangsunterricht gab sie zusammen mit dem Chor unter der Leitung ihres Mentors Senor Perone die ersten Konzerte in der näheren Umgebung.

Nur wenig später füllten die Angebote der Musikagenturen den Terminkalender der inzwischen siebzehn Jahre alt gewordenen Sängerin. Auf großen Werbeplakaten und in den Zeitungen ganz Spaniens konnte man lesen: „Rameza Bhatti, die braune Perle aus Afrika gibt Konzert!"

Nachdem die Fünfjahresfrist für angelandetes Strandgut verstrichen war, durften die beiden Brüder Juan und Pedro das Boot ihr eigen nennen.

## Das schönste Echo der Welt

In Saureim, einem Dreihundertseelendorf in den bayrischen Bergen, schrieb man das Jahr1898. Es war ein langer Winter mit starkem Frost. Wochenlang von der Welt abgeschnitten träumten die Menschen in dem abgelegenen Bergdorf dem Frühling entgegen.

Endlich schien an einem Sonntagmorgen Ende März die Sonne warm vom wolkenlosen Himmel, als sich der Pfarrer Meisner aus dem Nachbarort Siebenstein unten im Tal aufmachte, um in der kleinen Holzkirche in Saureim die Frühmesse zu zelebrieren. Nachdem er den Gläubigen der Gemeinde den abschließenden Segen erteilt hatte, schickten sich die Männer und der Pfarrer an, in der Klause zur Klamm ihren Frühschoppen einzunehmen. Sie war die einzige Einkehr in dem Dorf und im Winter nur an den Wochenenden geöffnet. Der Wirt Johann Hinterreiter, zugleich Bürgermeister des Ortes, war im September vergangenen Jahres verstorben. Seitdem führte seine Witwe Rosa Hinterreiter die Klause. Der bescheidene Erlös aus der Bewirtung reichte gerade mal aus, um über den Winter zu kommen. Ihren dreißig Jahre alten Sohn Vitus, der nebenher die Aufgabe hatte, den Wasserstand des Stausees für das Elektrizitätswerk unten im Tal zu regulieren, hatten die Dorfbewohner zum Bürgermeisternachfolger gewählt.

Damals, zehn Jahre zuvor, als die Männer noch in Lohn und Brot standen und der Tourismus florierte, erfreute sich der kleine Ort noch eines gewissen Wohlstandes. Als dann der Staat nicht mehr in den Straßenbau investierte und der Holzeinschlag wegen des verheerenden Schneebruchs der vergangenen letzten Winter eingestellt wurde, waren einige der Männer arbeitslos geworden.

Heute saßen sie bei einem Maß Bier vor der Klause und genossen die warme Märzsonne. Nachdem sie ihren ersten Durst gelöscht hatten, beklagte sich der Bürgermeister zum wiederholten Mal über die schlechte Finanzlage des Ortes.

„Do muss wos g'schegn“, sagte er und nahm einen großen Schluck aus dem Maßkrug. „Wir müss'n uns wos überleg'n, wie mer den Fremdenverkehr wieder a bisserl onkurbeln kunnten. Ond noh wos, Mander: Passts besser af eire Bub'm auf. Gestern, wier'e am Stausee noch‘em Wosserstand g‘segn hab, hab i glaubt, mich laust e'n Aff‘. Kraxln doch die Bub'm auf der anderen Seiten vom See in der Wand umanand. Ond wie i nieber g'rufa hab: „Kummts sofort obbe!‘, hom's mi derbleckt ond hom a por Moi z'ruck g'rufa: ‚Kummts sofort obbe! … Kummts sofort obbe!‘ … Grot wia recht‘s

Echo hot's in meine Ohra klunga. Richtig ausg'schamt is so wos. Wann i oan von dene derwisch, dem zieg i die Hos'n stromm."

Als man nach dem zweiten Maß noch keine Lösung zum Ankurbeln des Fremdenverkehrs gefunden hatte, meldete sich der Haberer Lois, ein zu allen Späßen aufgelegter Forstgehilfe, süffisant zu Wort.

„Do kunnt mer doch au a künstlich's Echo mocha, des grad so tuet wia des am Königssee."

„Du Spinner, wie willst des o'stelln", fragte der alte Habermoser.

„Host net zu'ghört, wie der Bürgermoaster vom Echo verzählt hot", machte ihm der Haberer Lois zum Vorwurf. „Grad so kunnt mers mocha. Oaner versteckt sich drieb'n vor der Wand henter am Busch ond wenn der Bürgermoaster wos ibers Wosser nieber rieft, brauchet er bloß des selbige z'rück rufa, und ihr werd' seg'n, nochher is onser Echo so bekannt wia des vom Königssee."

„Aber, aber, meine lieben Saureimer, das könnt ihr nicht machen, das ist Betrug. Unser Herrgott im Himmel wird euch dafür einmal zur Rechenschaft ziehen, wenn es an der Zeit ist", warnte der Pfarrer die bierseligen Männer.

Der Bauer Saugruber erhob sich und prostete mit dem Maßkrug dem Pfarrer zu. „Betrug hin oder her, wann mir a'mol nemmer leb'n tat'n, merkt dia Strof vo' ons koaner mera. Deszweg'n bin i derfir, dass mir des so mochet, wie der Haberer Lois g'moint hot."

„Das ist unerhört!", ereiferte sich der Pfarrer, ließ sein noch bis zur Hälfte gefülltes Weinglas stehen und machte sich ohne Abschied auf den Heimweg.

„Hobt's des g'seng'n?", machte der Hinterwadler Max aufmerksam. „Mir soll'n Betrüger san, ond der verschwind ohne zom zohl'n. Zechprellerei is so wos."

„Wisset'r wos?", wandte sich der Bürgermeister an die Männer: „Mir leget z'amm ond zohl'n der Klausenwirtin deam sein Wei'. I' mecht seha, was der Pfarrer fir a' G'sicht mochet, wenn eahm die Klausenwirtin verzählt, dass wier eahm sei Zech zohlt hom. Wann i' aber recht überleg, is des mit dem Echo gar net so schlecht", sinnierte der Bürgermeister weiter. „Ond wer's Echo höra mecht, der zohlt. No hätt' mer au wied'r a' Geld en d'r G'moand'skass. Wemmer heit' scho' beianand' san, no kunnet' mer au glei oan Beschluss foss'n, moan i' halt. No brauchet m'r net no'amol a' G'moandsratssitzong mocha, tat i' so'gn. Wier i' feststell'n tat, san olle G'moandsrät do. Rosa, tat's du uffschreib'n, wos mir beschlias'n tat'n?", rief der Bürgermeister der Klausenwirtin zu, die in der Gaststube mit dem Nachfüllen der leeren Bierkrüge beschäftigt war.

„Ah joh! I' kimm glei", rief sie durch das offenstehende Fenster zurück.

„Ol'sdann!", begann der Bürgermeister: „Onwesend san diea G'moand'srät d'r Habermoser, d'r Saugruber, d'r Hinterwadler Max, d'r Haberer Lois, d'r Ulmr Flori, d'r Jager Sepp, ond i'. Ols'dann, wer is dr'fier, dass mers so mochet, wie d'r Haberer Lois g'moant hot?" Nach einem kurzen zustimmenden Gemurmel hoben alle Gemeinderäte bis auf den Jager Sepp die Hand.

„Wos is' mit dir?", fragte ihn der Bürgermeister erstaunt.

„I' be net d'fier! Weaga deam Turismus ha'mer bald koa oanzige Gams mehra en d'r Gegend, ond des'zweg'n au koan Nochwuchs. Mit deam G'schrei vo' deane Gäst' kommt m'r au' zua koam onz'ga g'scheita Schuss mehra."

„Oh, Jager Sepp, du brauchst di' doch net zom beklo'gn, host doch letscht's Johr beim Mosbauer seiner Hauserin oin g'scheita Schuss doa ond selb'r fir Nochwuchs g'sorgt", lästerte der Saugruber Bauer.

„Holt du dei blede Popp'n ond kümmer di' lieber om dein' verlotterta Hof ols mi' zom derblecka!", fuhr ihm der Jager Sepp über's Maul.

„Gnuag is' jetzt!", rief der Bürgermeister die Männer zur Ordnung. „Wie'r i' feststelln tat, is' der Vorschlag vom Haberer Lois mit sechs Stimma ond oiner Gegastimma a'gnomma. Schreibs uff', Rosa, ond gib's deane Gmoandsrät zom onderschrei'bn!", wandte er sich an die Klausenwirtin. „Des mit deam Verstecka hender oim Busch is' guat, do braucht mer koi Wort mehr driber verliera. Etzt brauchet mer no no oan, der's Echo mochet."

„Ha, des isch doch ganz oafach", meldete sich der alte Habermoser zu Wort. „Der Lois hot's ozettelt, ol'sdann muaß'r au's Echo mocha."

„Jo mei, wenn'r meunet i solls mocha, no mach i's halt", stimmte der Haberer Lois zu. „Ob'r an Schtellvertreter brauchet i scho' a', moin i halt."

„Recht hoscht, Lois, wer meld' sich freiwillig?", fragte der Bürgermeister die etwa zwanzig anwesenden Männer. Die meisten schüttelten ablehnend ihre Köpfe. Nur der Bauer Alfons Kneifel vom hinteren Grund sah kopfwiegend zum Bürgermeister hin.

„Alfons, mir scheint, du host wos?", fragte dieser.

„Ja schoo", antwortete der Kneifel Bauer gedehnt. „Mei Sauknecht, der Sieber Hias, der tät's b'stemmt mocha."

„Woos, dei Hias, der soll des mocha? Der isch doch viel zu bled fir so wos", bezweifelte der alte Habermoser.

„Ja no, er isch zwor a bissel bled, ab'r fier a Moß Bier, oder zwore, tuet der oll's."

Der Haberer Lois war aufgesprungen, stürzte sich auf den Kneifel Bauern und packte ihn robust am Kragen.

„Willst du domit sog'n, dass i no bleder bin wie dei Sauknecht, weil i des ehraamtlich moch'n tat, hä?"

„Naa ... naa, reg die net auf, i will bloß dermit sog'n, dass'r net so bled is, dass'r des net kunnt, bischt jetz z'frieda?"

„A jo ... i hob scho denkt ... ober wann's anders g'wes'n war, no hätt's wos geb'm."

„Etz't hom'mer an Schtellvertreter, no kunnt mer's glei' Mor'n ausspropier'n", schlug der Bürgermeister vor, brummelte aber zweifelnd vor sich hin: „I hoff jo, doss mir der Hias do koan Scheiß mochet."

„Jaaa ..... ober wos is'n, wenn so a damischer Urlauber doher kimmt und s'Echo ausprobiern mecht, ond's tuat net, wos is'n dann?", fragte der Hinterwadler Max.

Daraufhin herrschte für kurze Zeit betretenes Schweigen unter den Männern.

„Am besten war's, mir tat'n a Schild aufstell'n und drauf schreib'n, dass des Echo no onder der Führong vom Bürgermoaster stattfend'n ko", schlug der alte Habermoser vor.

„Jo, des is guet , so moch'mers", stimmten alle zu.

„Jaaa ... ober wos is'n, wenn oaner hingangert ond des Schild net les'n ko?", fragte der Ulmer Toni.

„I hobs, grod jetz is mers ei'gfolln", frohlockte der Haberer Lois. „Wenn der si' beschwer'n will, na ka' mer dem sog'n: Des ka nou der Burgermoaster, der häb' des bestimmte Timbre en d'r Stemm. Off diea Weis' ko mer vermeida, dass net jeder Hanswurscht s' Echo ausprobiern tat."

„So moch mers, Lois, des ist ausg'schamt guet", stimmten alle zu.

„Ol'sdann Mander, s' is' bald zwölfe, mir hom oll's beredt ond moar'n Nochmittag om zwore treff'n mer ons zom Prob'n vor der Klause."

Die Männer erhoben sich, zahlten ihre Zeche und traten den Heimweg an. Nur der Saugruber Bauer machte keine Anstalten, den anderen zu folgen und starrte mit glasigen Augen seine dritte Maß an. Rosa, die resolute Klausenwirtin, stemmte ihre geballten Fäuste in die Hüften:

„Willst net au hoamgangern, Saugruber?"

„Naaa, solang i no a Bier vor mir hob, gang i net!"

„Na trink halt aus, die Kirch'nglock'n leit'n scho zom Mittag", drängte sie. „Ond dass des woast: Vo dir stengert seit Maria Lichtmess no a og'schriebn's Bier", erinnerte ihn die Wirtin.

„Des is nemmer guet, des konnst wegschütt'n", meinte der Saugruber mit einer wegwerfenden Handbewegung.

„Naa, naa, du Hoderlump, so geht des net, des tät dir so g'folln. O'g'schrieb'n is, weils't koa Geld eam Sack g'habt host."

„A, so is des? No hab i di halt falsch verschtanda, Rosa. Ob'r a bisserl g'wondert hab i mi scho, i' lass doch koa Bier so lang rom stengern", lallte der Saugruber mit schwerer Zunge. Er erhob sich, rülpste und leerte den Krug auf einen Zug, zahlte seine Schulden und trat auf unsicheren Beinen den Heimweg an.

Am nächsten Tag kurz nach zwei Uhr machte sich der gesamte Gemeinderat auf den Weg zum Stausee. Allen voran der Bürgermeister und an seiner Seite die beiden Echos, der Haberer Lois und sein Stellvertreter, der Sieber Hias. An der Stelle, wo man glaubte, dass es die beste Position sei, beschied der Bürgermeister dem Lois und dem Hias, sich auf der anderen Seite vom See hinter einem Busch zu verstecken.

„Ihr wisset jo, wia mer des mochet. Wann i wos ibers Wosser nieberriaf, riaft's ihr des selbige z'ruck!"

Es dauerte nicht lange, bis der Lois rief: „Mir san so weit!"

„Olsdann, no kunnt mer ofanga", wandte sich der Bürgermeister an die Gemeinderäte.

„Seit's guet versteckt?", rief der Bürgermeister über den See.

„A jo, mir san gut versteckt, kunnert'n eich oba guat seh'gn", rief der Haberer Lois zurück.

„Naa, so geht des net, ihr sollt bloß des z'ruckruafa, wos i nieberriaf, hobst des verschtanda?"

„Verschtanda!", hallte es von der anderen Seite herüber.

„Hallo!", begann der Bürgermeister von Neuem das Rufen und die beiden antworteten wie besprochen. Am Ende waren alle von dem Echo überzeugt und traten den Heimweg an.

Der Bürgermeister beorderte seine beiden Echos einmal in der Woche zur Probe vor die Wand. Der April verabschiedete sich mit dem schönsten Frühlingswetter und gleich am ersten Mai meldete sich eine Wandergruppe aus Norddeutschland an.

Der Haberer Lois war ihnen ein halbe Stunde vorausgegangen und wartete gut versteckt hinter einem Busch. Das Schild mit dem Hinweis, dass nur der Bürgermeister das Echo beherrsche, war rechtzeitig am Anfang des Sees angebracht worden. Nur der Kreuzer, der pro Person zu bezahlen sei, entlockte den Touristen ein verständnisloses Kopfschütteln. Der Bürgermeister nahm seine Position ein, legte seine Hände einem Megaphon gleich um den Mund und rief:

„Hallo, worm ist's heit!"

„Hallo, worm ist's heit!", hallte es zurück.

„Magst a Krügerl Bier?" fragte der Bürgermeister hinüber.

„Magst a Krügerl Bier?", antwortete der Lois.

„Jetz is gnueg, bis zom nächst'n mol", beendete er das Rufen. Als auch das Echo zum letzten Mal geantwortet hatte, lobte ein Berliner die Vorführung:

„Det is det schönste Echo off der janzen Welt. So jenau ha ick det am Königssee nich jehört."

Die weiteren Führungen zu dem Echo wurden für die Saureimer ein voller Erfolg.

Als sich am letzten Sonntag im Mai wieder eine Wandergruppe angemeldet hatte, wollte es der Zufall, dass der Haberer Lois gerade an diesem Wochenende wegen eines Raufhändels im Nachbarort Teigenbronn für drei Tage eingelocht wurde. Obwohl die Sonne an diesem Tag erbarmungslos vom Himmel herunterbrannte, hatte sich sein Stellvertreter, der Sieber Hias, schon Stunden vor dem Eintreffen der Wanderer hinter einem Strauch vor der Echowand versteckt.

Die Vorfreude auf seinen ersten Einsatz und die ein oder zwei Maß Bier ließen ihn den quälenden Durst fasst vergessen. Der Hias beobachtete, wie der Bürgermeister seine Position auf dem überhängenden Felsvorsprung dicht am See einnahm und wie vereinbart über den See rief:

„Hallo, worm ist's heit!"

„Ja, worm ist's heit!", hallte es zurück.

„Magst a Krügerl Bier?", fragte der Bürgermeister hinüber.

„Ja freili, Burgermoaster!", antwortete der Hias und verließ in Erwartung auf die versprochenen zwei Maß Bier vorzeitig das Versteck.

„Das ist Betrug, das gibt eine Anzeige, wir woll'n unser Geld zurück!", bedrängten die geprellten Wanderer den Bürgermeister, der fürchten musste, von den empörten Touristen in den See geworfen zu werden.

„Jo mei, beruhigt's eich, es sollt' jo bloß en Spaß sei", versuchte er sie milde zu stimmen und zahlte zerknirscht jedem sein Scherflein zurück.

Während sich die Wandergruppe wenig begeistert über diesen Streich entfernte, war auch der Hias beim Bürgermeister eingetroffen. Der Ärmste musste eine nicht enden wollende Schimpfkanonade wegen der entgangenen Einnahmen über sich ergehen lassen.

Als der Bürgermeister von seinem Vokabular an Schimpfwörtern außer Atem geendet hatte, sagte der Hias mit der unschuldigsten Miene der Welt: „Ober an Durscht hob i immer no, ond desz'weg'n brauchet i jetzt a Moß Bier."

Vierzehn Tage später musste sich der Bürgermeister und der gesamte Gemeinderat vor dem Amtsgericht in Dubelbach verantworten. Der Richter bestimmte, das eingenommene Geld an eine gemeinnützige Einrichtung abzugeben. Mit einem Schmunzeln über die Schlitzohrigkeit der Saureimer sah er von einer Strafe ab, machte aber zur Bedingung, dass das schönste Echo der Welt nicht mehr aufgeführt wurde.

## Der alte Lehrer und die Joggerin

Ein ortskundiger Lehrer und Ornithologe, der jede Stimme einem bestimmten Vogel zuordnen konnte, hatte einst zu einer frühmorgendlichen Wanderung eingeladen. Eine Anzahl naturverbundener Menschen war ihm gefolgt und lauschte interessiert den Worten des Wissenschaftlers. Hoch oben in dem Wipfel eines dürren Baumes machte das emsige Klopfen eines Spechtes auf diesen aufmerksam und zum ersten Mal konnte die Gruppe in die Augen einer Eule sehen. Nach kurzem Verweilen der erstaunten Wanderer breitete sie ihre Flügel aus und schwebte, einem leichten Windhauch gleich, über ihren Köpfen hinweg weiter in den Wald hinein. Da war auch das laute Rufen eines Eichelhähers nicht zu überhören, der seine Artgenossen vor einer herannahenden Gefahr warnte.

Seit jenem Tag war der alte Lehrer an den Wochenenden zum Frühaufsteher geworden. In diesem Jahr war der erste Mai auf einen Freitag gefallen. Er verließ die Straße und wandte sich dem schmalen Pfad zu, der sich am Waldrand und an den angrenzenden Feldern dahinschlängelte. Das Konzert der Vögel in den Baumkronen schien ihm wie ein Willkommensgruß zu sein.

Inzwischen hatte er sich der Bank unter der alten Buche genähert, auf der er sich schon oft ausgeruht hatte. Ein Schwarm Spatzen und Amseln stob, durch sein plötzliches Erscheinen aufgeschreckt, davon. Einige junge Leute hatten wohl dem ersten Mai hier entgegengefeiert, denn Papierabfall und einige Brotreste lagen verstreut neben leeren Bierflaschen umher. Er wischte den feuchten Tau mit seinem Taschentuch von den Latten der Sitzfläche, nahm Platz und genoss die Ruhe. Verträumt lauschte er dem Gesang der Vögel und versank in Erinnerungen.

Nach einigen Minuten war ihm, als hörte er die gleichmäßigen Tritte eines Läufers. Eine junge Frau hastete den leicht aufsteigenden Pfad herauf und blieb einen Augenblick lang vor der Bank stehen.

„Herr Bischof! Sie hier?“, rief sie erstaunt aus. „Verzeihen Sie bitte, wenn ich Sie gestört haben sollte. Was treibt Sie als Pensionär so früh aus den Federn? Ich darf doch …?“, fragte sie, mit einer Handbewegung auf den freien Platz neben ihm deutend. Anstatt ihr zu antworten, nickte der alte Herr nur und rückte etwas zur Seite. Sie trat näher und ließ sich auf der Bank nieder.

„Woher kennen Sie mich, junge Frau?“, fragte er interessiert.

„Sie waren zwei Jahre lang mein Lehrer, bevor ich die Schule wechselte. Ich bin die wilde Hilde, wie Sie mich damals wegen der Raufereien mit den Buben neckten.“

„Ach ja, die wilde Hilde“, sagte er versonnen vor sich hinblickend. Sie war das unehelich geborene Mädchen eines jungen Paares, das sich in der damals wirren Zeit, ohne sich um das Neugeborene zu kümmern, nach Afrika abgesetzt hatte, erinnerte er sich. „Sie waren, soweit mir bekannt ist, fünf Jahre bis zu ihrer Einschulung in einem Waisenhaus untergebracht, das zwar keinen besonderen Ruf hatte, Sie aber dazu erzogen hat, sich durchzusetzen. Die wilde Hilde ist jetzt die Frau Klein, wenn ich nicht irre?“, sagte er und sah ihr forschend ins Gesicht.

„Sie irren sich nicht“, bestätigte sie seine Vermutung und strich sich eine Haarsträhne von der schweißnassen Stirn. Die Joggerin legte ihre Arme seitlich auf die Rückenlehne und schloss für ein paar Sekunden die Augen.

„Eine schöne junge Frau ist aus ihr geworden“, stellte er mit einem Seitenblick auf Ihr langes blondes Haar fest.

„Die Bank hier ist immer mein Wendepunkt“, nahm sie das Gespräch wieder auf und holte aus dem kleinen Täschchen, das an ihrem Hüftgürtel befestigt war, eine Schachtel Zigaretten heraus. „Ich hoffe es stört Sie nicht, wenn ich eine rauche“, sagte sie selbstbewusst, ohne seine Einwilligung abzuwarten. Dabei sah er ihr zu, wie sie die kleine Flamme ihres Feuerzeuges an die Zigarette hielt. Sie lehnte sich zurück und entließ genüsslich den blauen Dunst, den sie vorher tief durchatmend in ihre Lunge gepresst hatte.

„Ich schaffe es einfach nicht“, begann sie zu klagen. „Seit einem halben Jahr laufe ich dreimal in der Woche zwei Kilometer bis zu dieser Bank, rauche eine und mache mich wieder auf den Rückweg. Rauchen soll doch schlank machen, hört man allerorten. Obwohl ich meine Essensgewohnheiten umgestellt habe, zeigt meine Badezimmerwaage immer noch das gleiche Gewicht an. Um mein Idealgewicht zu erreichen, habe ich noch zehn Pfund zu viel auf den Rippen.“

„Warum um Gottes willen wollen sie sich das antun? Sie sind schlank, haben eine Figur, die jedes Männerherz höherschlagen lässt. Joggen mit Vernunft dient gewiss der Fitness, aber nur wegen zehn Pfund weniger seine Gesundheit zu riskieren, finde ich unvernünftig“, bemängelte der alte Lehrer. „Ich bin vor langer Zeit auch einmal Raucher gewesen, habe es aber Gott sei Dank rechtzeitig aufgegeben. Seither erfreue ich mich bester Gesundheit, mache lange Wanderungen, genieße die frische Luft und die Natur, so wie eben jetzt“, sagte er mehr vor sich hin und ließ seinen Blick über die Baumwipfel gleiten, die ein bizarres Bild in den Himmel zeichneten.

„Entschuldigen Sie bitte, wenn ich mich in Ihre Angelegenheiten eingemischt habe, es war nicht meine Absicht, Sie zu schulmeistern“, versuchte er seine Einwände zu entschuldigen.

„Aber nein! Es freut mich, dass Sie mir über mein Problem etwas die Augen geöffnet haben, das aus Ihrer Sicht eigentlich keines sein sollte. Ich werde mir Ihre Worte zu Herzen nehmen. Im Grunde genommen haben Sie recht. Was will ich mehr, ich bin noch jung, gesund und habe eine gute Anstellung bei einer Bank, alles Andere wird sich irgendwann ergeben“, meinte sie und sah ihren ehemaligen Lehrer mit einem verschmitzten Lächeln an.

Der alte Herr nickte ihr stumm zu und sah zu dem wolkenlosen Himmel hinauf. „Schön anzusehen“, hörte sie ihn sagen und folgte seinem Blick. Hoch oben, mit nur wenigen Flügelschlägen, vom leichten Wind getragen, zog ein Bussard seine Kreise. Mit seinen scharfen Augen verfolgte er eine Taube, die nichts ahnend von der drohenden Gefahr mit ausgebreiteten Flügeln zur Landung auf einen frisch eingesäten Acker ansetzte. Pfeilschnell stieß der Räuber herab, bohrte seine scharfen, fesselnden Krallen in das wehrlose Opfer und strich mit schnellen Flügelschlägen zurück in den nahen Wald.

„Das war ja furchtbar, mit welcher Grausamkeit er die Taube tötete, einfach entsetzlich!“, ereiferte sie sich.

„Es ist zwar nicht ergötzend, so etwas mitanzusehen, es ist aber das Gesetz des Stärkeren. Der Greifvogel tötet, was er imstande ist, zu schlagen, auch um seinen Nachwuchs mit Nahrung zu versorgen. Als der Mensch in grauer Vorzeit begann, die Erde zu bevölkern, tötete er Tiere, um sich zu ernähren, in manchen Fällen aus Hunger … da und dort tötete er wohl auch seinesgleichen. In jener Zeit gab es noch nicht den einen Gott wie heute, den sie wegen ihrer Untat um Gnade bitten konnten, um ihr Seelenheil wiederzuerlangen. Wir Menschen schlachten Tiere, aber nur um unsere Nahrung mit Fleisch zu bereichern. Wobei wir das gar nicht nötig hätten, denn die Natur hat so viele Pflanzen erschaffen, dass wir uns von ihnen ein Leben lang ernähren könnten. Ist es Ihnen unangenehm, wenn ich Sie mit meiner Betrachtung langweile? Eigentlich wollte ich dieses Thema nicht vertiefen“, entschuldigte er sich bei ihr.

„Sie langweilen mich nicht, oh nein, im Gegenteil. Beim Laufen setzt man nur stumm einen Fuß vor den anderen, da ist das hier schon etwas Wichtigeres. Die Ruhe so wie jetzt, und wie Sie mir die Natur nähergebracht haben, da kann von Langeweile keine Rede sein.“

„Das freut mich, wenn Sie das so sehen. Ja, wir sind wirklich von einer Welt der Wunder umgeben, nur merken es viele nicht. Wenn Sie möchten und es ihre Zeit erlaubt, können wir ein paar Schritte gehen, ich möchte Ihnen etwas zeigen“, schlug er vor.

„Gern, mein Dienst bei der Bank beginnt erst um zwei Uhr nachmittags“, willigte sie ein. Sie erhoben sich und gingen ein kurzes Stück am Waldrand entlang.

„Sehen Sie den kleinen kegelförmigen Hügel dort?“, fragte der Lehrer und deutete mit der Hand neben eine große Fichte. „Schwarze Waldameisen“, bemerkte er. „Wir dürfen nur nicht ihre Wege stören, dann können wir ganz nahe heran. Hier schauen Sie!“, machte er sie aufmerksam. Auf einer schmalen Straße schleppten Ameisen halb verwelkte Blätter zu ihrer Behausung. Eine quälte sich mit einer Kiefernnadel ab, kam aber die Anhöhe nicht hinauf und verhakte sich immer wieder an Hindernissen, die rechts und links ihren Weg säumten. Wie auf Kommando kamen ein halbes Dutzend Helfer herbei, packten mit ihren kräftigen Zangen zu und halfen, das wertvolle Baumaterial weiterzutransportieren.

„Das ist ja unglaublich!“, sagte sie erstaunt. „Gehört habe ich zwar schon davon, aber gesehen habe ich es jetzt zum ersten Mal. Da kann ich mir gut vorstellen, welche Vielfalt von Leben achtlos unter mancher Schuhsohle vernichtet wird“, bedauerte sie. Immer noch überwältigt von dem soeben Gesehenen folgte sie stumm ihrem alten Lehrer, der plötzlich eine andere Richtung einschlug. Vor einem alten abgestorbenen Baum, an dessen Stamm nur noch kleine Reste von der Rinde hingen, bedeutete er ihr, langsam näherzukommen.

„Huh, ein Wespennest!“, rief sie und verharrte kurz.

„Nein, keine Wespen, die würden uns wohl schwerlich erlauben, so nahe an ihr Schlupfloch zu kommen. Das hier sind Wildbienen, viel kleiner als ihre Schwestern, die Honigbienen. Gott gebe, dass die Menschheit eines Tages zur Vernunft kommt und auf die giftigen Spritzmittel verzichtet, wenn nicht, würde es für sie wie für viele andere bereits ausgestorbene Insekten den Tod bedeuten. Nur wenige Jahre später gäbe es wohl kaum noch Äpfel, Kirschen oder Beeren. Eine unvorstellbare Katastrophe wäre die Folge. Wir Menschen wären auf die wenigen Früchte der selbstbestäubenden Pflanzen wie das Brotgetreide auf den Feldern angewiesen. Ähnlich wie in manchen Ländern Afrikas, wo die Ernte ganzer Landstriche durch die Heuschreckenplage zunichte gemacht wird, so würde infolge eines Bienensterbens eine Hungersnot auch unser Land überziehen. Aber jetzt genug davon. Erfreuen wir uns noch eine Weile an einem Stück unberührter Natur“, beendete er seine Gedankengänge, die er mehr oder weniger ungewollt von sich gegeben hatte.

Schweigend, mit einem Glücksgefühl im Herzen über das Erlebte folgte die junge Frau dem alten Herrn, der bereits den Rückweg angetreten hatte.

Die wilde Hilde von damals und der Lehrer trafen sich nur noch selten, träumten aber jeder für sich von einer heilen Welt.

## Komödianten
## oder
## Ein Blumenstrauß zum Muttertag

„Feierabend!“, rief ich meinen drei Helfern einer Leihfirma zu, als wir in luftiger Höhe den letzten Firstträger eingesetzt hatten. Ich löste meinen Karabiner vom Sicherheitsseil und wir stiegen nach unten.

„Am Montag sehen wir uns wieder“, verabschiedete ich mich von ihnen. Ich packte meine wenigen Sachen zusammen und bestieg einen Linienbus. Als ich zu Hause eintraf, fiel mir ein: „Morgen ist doch Muttertag!“ Die Blumenläden hatten schon lange geschlossen. Aber in der Gärtnerei neben dem Friedhof würde ich am nächsten Tag mit Sicherheit noch einen schönen Strauß Rosen bekommen, tröstete ich mich und ging bald zu Bett.

„*Sonntags geschlossen*“, las ich tags darauf auf dem Schild, das neben dem Eingangstor der Gärtnerei angebracht war. „So ein Pech!“, sagte ich vor mich hin. Während ich gedankenverloren die von Bäumen gesäumte Straße entlangschlenderte, drang ferne Musik an mein Ohr. Auf dem freien Platz neben den Sportanlagen des örtlichen Tennisvereins stand ein kleines Zirkuszelt. Einige Frühaufsteher hatten sich vor dem Clubhaus zum Frühschoppen eingefunden. Das Zirkusorchester spielte ein paar flotte Weisen zur Unterhaltung der Gäste. Wenig interessiert an den lautstarken Unterhaltungen setzte ich mich an ein etwas abseits stehendes Tischchen und bestellte mir ein Glas Wein.

Es mochte wohl eine halbe Stunde vergangen sein, ich war gerade dabei, meine Zeche zu bezahlen, hörte ich eine weibliche Stimme rufen: „Ein paar Blumen für ihre Frau, bitte! Ein paar Blumen für ihre Frau, bitte!“, wiederholte sie immer wieder.

Nur unwilliges Murren war die Antwort und ich sah auf. Eine schwarzhaarige Schönheit, so um die sechzehn oder siebzehn Jahre alt, ging mit traurigen Augen durch die Reihen und bot kleine Sträußchen Wiesenblumen an. Ich machte sie durch ein Handzeichen auf mich aufmerksam.

„Komm her, meine Schöne!“, lud ich sie mit vom Wein gelöster Zunge ein. Sie hatte mich ins Auge gefasst und kam, ohne ihre Blumen den Gästen weiter anzubieten, auf mich zu.

„Fünfzig Pfennig, bitte!“, sagte sie und hielt mir einen kleinen bunten Strauß mit Klatschmohn, Margeriten und den selten gewordenen, blauen Kornblumen entgegen. Ich starrte diese zauberhafte junge Frau einen Augenblick lang an.

„Fünfzig Pfennig, bitte!“, wiederholte sie.

„Ja, ja, natürlich“, stammelte ich. So ein kleines Sträußchen zum Muttertag wäre doch ein bisschen dürftig, kam es mir in den Sinn. „Was kosten alle zusammen?“, fragte ich, mit dem Kopf auf die Blumen in ihrem Arm deutend. Sie schien mich nicht richtig verstanden zu haben, denn sie sah mich mit ihren dunklen Augen fragend an. „Du hast richtig gehört, alle zusammen, sagte ich.“

Sie überlegte kurz: „Drei Mark, bitte!“, brachte sie zögerlich heraus. Ich drückte ihr einen Fünfmarkschein in die Hand.

„Danke“, flüsterte sie, „aber ich kann dir nicht zurückgeben.“

„Das brauchst du auch nicht, du hast mir mit deinen Blumen aus der Patsche geholfen, heute ist doch Muttertag.“

„Ja, Muttertag ist“, hauchte sie, „aber meine Mama ist schon lange tot. Ich denke jeden Tag an sie und bete immer zu Gott, danach bin ich wieder froh“, und sie wischte sich dabei eine Träne aus den Augenwinkeln. „Wenn du willst, zeige ich dir meine kleine Welt.“

Anstatt ihr zu antworten, nickte ich zustimmend. Sie reichte mir ihre Hand und führte mich an den Musikern vorbei durch den Hintereingang in das Dämmerlicht des Zirkuszeltes.

„Da schau, auf dem Seil da oben ist für mich immer der erste Aufritt und wenn Papa als Clown verkleidet zu mir heraufkommt, machen wir Faxen.“ Sie hielt noch immer meine Hand und wandte mir ihr Gesicht zu. Unwiderstehlich in ihren Bann gezogen legte ich meine Arme um ihre Schultern. So standen wir ein paar Augenblicke lang schweigend beieinander. Als ich sie zu küssen versuchte, wandte sie ihren Kopf etwas zur Seite. „In unserer Sippe ist es üblich, dass sich ein Mann erst um einen Kuss verdient machen muss“, flüsterte sie.

„Was muss ich dann tun, meine Schöne?“, fragte ich zu allem bereit.

„Die Aufgabe ist nicht allzu schwer, nur etwas Mut musst du beweisen. Du brauchst mir nur über das Seil zu folgen. Wenn du das tust, darfst du mir einen Kuss geben.“

‚Nichts leichter als das, bei anderen Zirkusvorstellungen gingen doch auch Zuschauer hinter den Seiltänzern her‘, dachte ich und sah zu dem etwa zwei Meter vom Boden entfernten Seil hoch.

Helles Tageslicht drang plötzlich in die leichte Dämmerung des Zeltes und eine Männerstimme rief angstvoll: „Was tust du, Tochter, was muss ich seh’n?“

„Lass gut sein, Vater, er erbat sich einen Kuss von mir. Ich will ihm diesen Kuss gewähren, denn keiner war bisher so keck, mit mir das Seil zu queren“, versuchte sie ihn zu besänftigen.

„Wenn dem so ist, dann soll es sein", brummte er gut hörbar und schaltete die Scheinwerfer ein. Ihre theatralische Sprechweise rang mir trotz der grotesken Situation ein Lächeln ab.

„Komm nur, und frisch gewagt", ermutigte sie mich. Wir stiegen die kurze Leiter hinauf auf das Podest, an dem das Seil befestigt war.

„Wenn ich die Balancierstange nehme, legst du deine Hände auf meine Schultern und folgst mir mit kleinen Schritten." Ohne auch nur einmal zu straucheln, erreichten wir die andere Seite. „Woher nahmst du die Sicherheit, ich spürte deine Hände nicht?", fragte sie erstaunt.

„Ich bin es gewohnt, in luftiger Höhe über schmale Balken zu gehen", gab ich zu. In ihren Augen blitzte der Schalk auf. Sie nahm das kleine Schirmchen, das am Geländer hing, spannte es auf und tänzelte zurück.

„Was nun?", fragte ich verblüfft.

„Nimm die Stange, halte sie in Hüfthöhe und komm zu mir herüber."

Nun doch etwas verunsichert sah ich nach unten. „Na ja, wenn ich das Gleichgewicht verlieren würde … ein Sprung aus zwei Metern in die Tiefe wäre kein Problem." Ich nahm die Stange und tastete mich mit einem Fuß auf das etwa fünf Meter lange Seil vor. Als ich bemerkte, dass es schon eines stärkeren Schwankens bedurfte, um mich aus dem Gleichgewicht zu bringen, ging ich vorsichtig mit kurzen Schritten hinüber. Freudestrahlend nahm sie mir die Stange ab.

Der Clown klatschte in die Hände und rief: „Sei Gast, mein Sohn, zur letzten Vorstellung heute Abend!" Er zollte mir noch einmal Beifall und ließ uns allein.

„Und jetzt meine Schöne?", fragte ich voller Erwartung. Sie sah mich an, nahm blitzschnell meinen Kopf in beide Hände und gab mir einen herzhaften Schmatz. Das wollte ich, so auf die Schnelle, einfach nicht hinnehmen. Ich nahm sie in die Arme und sie erwiderte meine Küsse.

„Genug geküsst", hauchte sie dann. Wir verließen das Podest und kletterten nach unten. „Hier sind noch die Blumen für deine Mama", erinnerte sie mich. „Also bis kurz vor der Vorstellung heute Abend. Du brauchst nur an den Wagen Nummer drei zu klopfen, dann führe ich dich auf deinen Platz in der Loge", rief sie mir nach.

*

„Wo hast du diesen schönen Feldblumenstrauß her, die Läden sind doch sonntags geschlossen?", fragte mich meine Mutter, als ich ihr zum Muttertag alles Gute wünschte.

„Den hab ich einem Mädchen vom Zirkus abgekauft, deswegen bin ich auch heute Abend zur Abschiedsvorstellung eingeladen.“

„So, so“, nickte sie vielsagend.

Nur wenige Minuten früher als vereinbart klopfte ich an den Wagen Nummer drei und auf ihr „Herein“ betrat ich ein behaglich eingerichtetes Wohnabteil. Meine kleine Seiltänzerin hatte sich bereits für ihren Auftritt umgezogen. Sie flog mir entgegen und wir küssten uns leidenschaftlich. Doch plötzlich, als der erste Gong ertönte, entwand sie sich meinen Armen. „Genug geküsst, es ist höchste Zeit!“, raunte sie und sah mich mit feucht schimmernden Augen an. Sie fasste mich an der Hand und führte mich, wie schon einmal, durch den Hintereingang an einigen Komparsen und Tierpflegern vorbei auf einen Logenplatz.

Die Musik ertönte und Scheinwerfer tauchten die Arena in strahlendes Licht. Der Clown kam, von einer Schar laut kläffender kleiner Hunde gehetzt, hereingestolpert und rannte, sich ängstlich nach seinen Verfolgern umschauend, hin und her.

Inzwischen hatte mein heimliches Stelldichein die Manege betreten. Als der Clown sie entdeckte, blieb er überrascht stehen und scheuchte mit den Händen wedelnd die Meute hinaus. Er verbeugte sich mehrmals umständlich vor dem Publikum und tat so, als hätte er jetzt eine große Heldentat vollbracht. Nachdem der Applaus verklungen war, wandte er sich meiner Prinzessin zu.

Während sie die kurze Leiter auf das Podest hinaufstieg, rief er mit weit ausgebreiteten Armen in das Publikum: „Ist jemand hier in der Manege, der es wagt, für einen Kuss als Lohn meiner Tochter auf dem Seil zu folgen? Wie sieht es aus mit dir, mein Sohn?“, fragte er und kam auf mich zu.

„Nur frisch gewagt!“, hatte mir meine kleine Seiltänzerin vor einigen Stunden Mut zugesprochen und ich war dafür reich mit Küssen belohnt worden. Warum sollte ich es dann nicht noch einmal genießen? Rauschender Beifall begleitete mich, als ich neben dem Clown durch die Manege schritt. Hochpreisend lobte der Clown meinen Mut und ich kletterte die Leiter zum Podest hinauf. Meine Schöne empfing mich mit ihrem bezauberndsten Lächeln. Sie reichte mir die Hand, so als würde sie mich zum ersten Mal sehen.

Während ich galant ihren Handrücken küsste, sagte sie leise: „Du weißt ja, wie es geht.“ Mit einer ausladenden Handbewegung stellte sie mich dem Publikum vor und nahm die Balancierstange. Unaufgefordert, als hätte ich es schon hundertmal getan, legte ich meine Hände auf ihre Schultern. Ich fühlte geradezu die knisternde Spannung der Zuschauer, als wir die ersten zaghaften Schritte wagten. Genau so sicher wie heute Vormittag erreichten wir die andere Seite. Lauter Beifall umtoste uns.

„Bedanke dich beim Publikum!“, hörte ich sie sagen und ich verbeugte mich nach allen Seiten.

„Küssen! Küssen!“, forderte das Publikum. Meine schöne Seiltänzerin trat nahe an mich heran. Als sich unser Lippen berührten, brauste wieder Beifall auf.

„Nimm hin diesen Abschiedskuss! Wir werden uns nicht wiedersehen. Komödianten müssen weiterziehen, sind unstet wie der Wind …“, hörte ich sie flüstern.

Der Clown hatte sich inzwischen auf das Seil geschwungen und machte seine Späße. Auf dem Weg durch die Manege zu meinem Platz winkten mir zum letzten Mal der Vater und sein Kind.

## Ein Zwiegespräch

Ein Bildhauer kam auf seiner Wanderung an einer Linde vorbei und legte in ihrem Schatten eine Rast ein. Er hielt schon seit Wochen Ausschau nach geeignetem Holz für eine Skulptur.

„Du bist eigentlich das, was ich suche“, sagte er und sah an dem Stamm hoch. „Ich müsste dich aber fällen und in meine Werkstatt schaffen lassen.“

Im Blätterdach begann es mächtig zu rauschen. „Du Frevler, das wäre mein Tod und die Wanderer könnten sich nicht mehr in meinem Schatten ausruhen“, hörte er die ängstliche Stimme der Linde. „Bedenke auch, dass du den vielen befiederten Bewohnern unter meinem Dach die Heimat rauben würdest.“

„Du hast recht“, pflichtete er dem Raunen des Baumes bei. „Wenn ich dich nicht fällen soll, so möchte ich doch wenigstens mein Können an dir beweisen.“ Er nahm sein Werkzeug aus dem Rucksack und trieb mit mächtigen Schlägen den Meißel in das weiche Holz.

„Du tust mir weh“, klagte die Linde und ihre Äste neigten sich in ihrem Leiden fast bis auf den Boden. „Fühlst du nicht den Schmerz, den du mir zufügst? Siehst du nicht die Tränen, die aus meiner Rinde fließen? Bedenke, wie du dich aufbäumen und schreien würdest, wenn man versuchte, deinen Leib aufzuschneiden. Ich aber kann mich deines Frevels nicht erwehren und muss still meinen Schmerz ertragen.“

Der Bildhauer hatte ihre Worte vernommen. „Beruhige dich“, flüsterte er und sah zu dem grünen Blätterdach hinauf. „Ich möchte an deinem Stamm ein Kunstwerk schaffen, damit es der Wanderer, der bei dir verweilt, bewundern kann.“

Die Linde hatte vermutlich seine Gedanken verstanden, denn ihre Worte waren verstummt. Dagegen begann sie mit ihren Ästen im Winde zu ächzen, so als wollte sie die ihr zugefügten Schmerzen unterdrücken.

Der Schnitzer drang nun nicht mehr so tief mit seinem Messer in den Stamm ein, aber die Tränen aus der Rinde quollen immer wieder hervor. Als der Künstler seine Arbeit beendet hatte, trat er ein paar Schritte zurück, um sein Werk zu betrachten. Im gleichen Augenblick legte sich der Wind. Kein Blatt rührte sich und auch von dem Ächzen der Äste war nichts mehr zu hören.

„Irgendwann, so Gott will, sehen wir uns wieder“, sagte der Künstler, bevor er seinen Weg fortsetzte.

Der Bildhauer hatte recht behalten. Kein Wanderer ging vorbei, ohne einen Augenblick lang zu verweilen, um das dornengekrönte Gesicht des

Erlösers in der großen Wunde des Stammes zu bewundern. Ob sie wohl das immerwährende Flüstern der Blätter in der Baumkrone verstanden hatten? Niemand weiß es.

*

Nach vielen Jahren drängte es den Künstler, die Gegend noch einmal zu durchwandern. Dabei wandte er sich dem Pfad zu, auf dem er sich damals an der Linde versündigt hatte. Schon von weitem sah er die mächtige Krone in den Himmel ragen und war erstaunt: Der Gesang einer Amsel und das Vogelgezwitscher im Geäst schienen ihm ein Willkommensgruß zu sein. Kein Windhauch war zu spüren, aber das Rauschen der Blätter war noch das gleiche wie damals, erinnerte er sich. Da stand er nun, sah an dem Stamm hoch und dachte: „Wir sind alt geworden, du und ich."

„Ja", hörte er es in den Zweigen lispeln. „Vierzig Winterstürmen habe ich seit deiner Missetat getrotzt. Viele Wanderer haben sich seitdem in meinem Schatten ausgeruht und sind weitergezogen. Aber keiner hat mir einen Spiegel vorgehalten, damit ich dieses Kunstwerk selbst einmal sehen konnte. Doch ihre bewundernden Blicke ließen mich die einst empfundenen Schmerzen vergessen."

„Man sieht ja kaum noch etwas davon", bemängelte der Bildhauer. „Deine Rinde bedeckt schon mehr als das halbe Gesicht", brummelte er vorwurfsvoll.

„Sie wird weiter wachsen, und eines Tages wird nur noch eine Narbe daran erinnern, was damals geschah", hörte er es in der Krone rauschen.

## In Pleitners Stammkneipe

Es war an einem meiner letzten Urlaubstage. Ich hatte eine mehrstündige Wanderung hinter mir. Die gleißende Sonnenhitze hatte meine Kehle fast ausgetrocknet und ich lechzte nach etwas Trinkbarem. Endlich las ich in der Mitte eines Dorfes auf einem Schild *„Gasthaus zum langen Kropfer.*“ Verwundert über den merkwürdigen Namen sah ich mich kurz um. Im Schatten von zwei mächtigen Linden saßen einige Männer beim Feierabendbier. Aus ihrem Stimmengewirr konnte ich heraushören, dass es irgendwie um Gartenstühle ging. Während ich nähertrat, erhob sich ein hagerer, etwa zwei Meter großer Mann.

„Kommet Se no, i‘ mach Ehna Platz!“, lud er mich zum Sitzen ein. „Ond du, Pleitner, nimmst di‘ jetzt a‘ bissle z’ruck mit deim Gejammer! Der neie Gast isch bestemmt net an deiner G’schichte interessiert!“, ermahnte er einen besser gekleideten Gast.

Der Gerügte brummelte etwas von „Maul verbieten“ und nahm, als wolle er seinen Unmut hinunterspülen, einen Schluck aus seinem Krug.

Aller Augen waren auf mich gerichtet, war ich doch der Störenfried der lautstarken Unterhaltung.

„Was derf i‘ Ehna brenga?“, fragte der Wirt.

„Ein Bier bitte!“, sagte ich peinlich berührt in das allgemeine Schweigen. Der Wirt sammelte noch einige leere Gläser ein und wandte sich der Schenke zu. Mehr aus Verlegenheit und um die drückende Ruhe zu überbrücken, fragte ich in die Runde, wie es zu dem merkwürdigen Namen des Gasthauses gekommen war.

Nach kurzem Zögern räusperte sich ein älterer Mann, von dem ich vermutete, dass er der Bürgermeister des Dorfes sein könnte. „Des isch eigentlich a lange G’schicht. Om’s kurz zom macha“, begann er, „so om de achzehhondertfuffzig rom hot der Großvater von onserem Wirt, der Schneider Baur scho Bier aus’gschenkt. Zo deam Nama ischt des Gasthaus komma, weil der Schneider a Maa vo über zwoi Meter groß g’wea ischt ond en Kropf g’het hot, der dicker war wiea sei Kopf. Deswega ischt der Nama an der Wirtschaft hänga blieba. Vo seine Nochkomma hot niemand des Ungetüm am Hals ge‘rbt, aber end Länge g’waxa send älle. Brauchscht jo blos de‘ Schneider Alois a’gucka!“, dabei deutete er mit seinem Kopf auf den großgewachsenen Wirt, der gerade mit vollen Biergläsern aus der Gaststube trat.

Inzwischen hatten die Männer ihre lebhaften Gespräche wieder aufgenommen. Der Unternehmer Pleitner war nur schwer vom Klagen über die schlechte Geschäftslage wegen seiner Gartenstühle abzubringen und wetterte weiter. „Heut Nochmittag war i beim Patentamt en Müncha. Vor drei Johr han i meine zammaklappbara Gartastühl a'gmeld ond schützа lassa ond seit em a Johr baut die Firma Taif'l aus Halterdinga meine Stühl' noch. Bloß weil dem seine Stühl om oine Mark billiger send als meine, hot der a Nochfrog, vo dera i bloß träuma ka. Des gibt's doch net, han i mi bei deam Sachbearbeiter beschwert. Der Sempl vom a Beamta hot me am A'fang bloß bled a'glotzt, noch meim Firmanama und noch d'r Patentnommer g'frogt. Er hot fast a Viert'lschtond sucha müaßa, bis er mei Akte ond dia von der Firma Teif'l g'fonda hot. Noch em langa en de Akta romblätt'ra hot'r schießlich en g'schwollenem Hochdeitsch g'seit, do kennt mer nex macha, diea Stühl' seh'n zwor gleich aus, aber an deane G'lenkverbendunga sei en graußer Onderschied zom feststella. I tät Blindnieta aus Aluminium verwenda und d' Firma Teif'l nähm ‚durchgehende Stahlnieten'", äffte der Pleitner den Beamten nach. „Do derbei seh'n meine Blindnieta viel scheener aus, han i g'seit. Meine Produkte send em ganza Land bekannt ond was i herg'stellt han, isch emmer kauft worra."

„Jo, des stemmt. Aber was deine Gartastühl betrifft, bloß oimol. Des Glomp isch glei beim erschta Mol druffsitza verreckt", warf ihm der Schuster Karle vor, der sich gerade seine zweite Halbe mit dem obligatorischen Schnaps hinter die Binde gegossen hatte.

„Zahl du erscht amol deine Schulda für die Stühl, diea de bei mir kauft hoscht, bevor du dei Maul uffreischt", hielt ihm der Pleitner vor.

„Meine Schulda? Do kannscht du lang druff warta. Zwoi han i vo dir kauft, des stemmt, ond boide send verreckt. Die breng i dir wieder, domit send meine Schulda beglicha, des dürft doch wohl klar sei!"

„Eigentlich hoscht scho recht, Karle, was nex taugt, gibt mer oifach z'ruck, scho wega der Garantie", mischte sich einer der Gäste ein.

„Na guat, no breng se halt z'ruck, vielleicht kamer's wieder richta", brummelte der Pleitner. „Aber was des Schlemmste isch, jetzt bleib i uff meim Vorrat vo hondert Stühl hocka. Die Firma Taif'l soll der Teif'l hola. Bloß wega dene paar Nieta derf der meine Stühl nochmacha. Dodazu kommt no, dass onser Land jetz au no vo dene billige Plastikstühl aus em Ausland überschwemmt wurd", monierte er weiter.

„Etz hör doch endlich uff mit deim Gejammer ond sei z'frieda. Hoscht doch seither mit deine Beschläg ond deam Eisawarahandel a guat's Geld g'macht", erinnerte ihn der Kropfer Wirt.

"Ha jo, scho! Aber hälinga freit's mi doch irgendwia. Wie mir verzählt worra isch, hot diea Firma Taif'l über feifhondert Stuck fir die kommende Saison uff'em Lager. I be g'spannt, was der fir Auga macht, wenn der merkt, wie die Plastikstühl weg geand wiea die warme Semmla und der uff seine Stühl mit dene ‚durchgehende Stahlnieta' sitza bleibt. I gang mit'em Preis no a bissle ronder, no krieg i meine hondert au no verscherbelt. Kropfer Wirt, schenk ons älle no'a Halbe ei, damit i' mir de Fruscht nonderspüla ka!"

„So ischt's recht, Pleitner!", sagte dieser, ging in den Schankraum und füllte die Gläser. Als er bei mir vorbeikam, stellte er mir auch eine Halbe auf den Tisch. Ich lehnte erstaunt mit einer Handbewegung ab.

„Des is scho recht so, der Geizhals isch selta so spendabel, der hot soviel Geld, do kommts uff oine Halbe meh' oder weniger au net a!", raunte er mir zu.

Nachdem alle bedient waren, hob der baumlange Wirt sein Glas: „Ob Vollniet oder Hohlniet, a Niet bleibt a Niet, mag's jeder seha, wie er will!"

## Der Mäuse-Verein

Ich hatte den Auftrag, einige Reparaturarbeiten an der Wasseraufbereitungsanlage in dem kleinen Ort Krautern vorzunehmen, den ich von einer früheren Wanderung bereits flüchtig kannte. Nach meiner Ankunft nahm ich für einige Tage ein Zimmer im *Gasthaus zum langen Kropfer*, der einzigen Kneipe im Dorf.

Als ich am zweiten Tag mein angemietetes Zimmer aufsuchen wollte, las ich auf einem Zettel, der an der Eingangstür des Gasthauses befestigt war: *„Geschlossene Gesellschaft. Hausgäste bitte hinteren Eingang benutzen!"*

Nachdem ich die niedere, rauchgeschwängerte Gaststube betreten hatte, konnte ich nur undeutlich etwa fünfzehn Personen am Stammtisch sitzen sehen. Unwillig, als könnte ich den Mief, der mich empfing, vertreiben, entließ ich laut hörbar einen Stoß Luft aus meiner Lunge. Der baumlange Wirt, der mein Unbehagen über die dicke Luft beobachtet hatte, empfing mich mit hochgezogenen Schultern und weit aufgerissenen Augen. Es hatte den Anschein, als wollte er sich bei mir für seine rauchenden Gäste entschuldigen.

Ich bestellte mir ein Glas Bier, ein zünftiges schwäbisches Vesper und nahm an dem für mich reservierten Tisch Platz. Während ich die Stimmen am Stammtisch nur mit einem Ohr verfolgte, stellte der Wirt ein Tablett mit einigen hausgemachten Wurstsorten und einer Scheibe Schinken auf den Tisch und reichte mir ein Gläschen Schnaps.

„Als Entschädigung fir den Qualm do drieba", raunte er mir zu.

„Ist das ein Verein?", fragte ich mit gedämpfter Stimme.

„Ja, des isch en neier Verei, dia hent heit a Treffa, wega oiner Satzong", klärte er mich auf. „Die zichtet Rennmäus', so was verruckt's", meinte er kopfschüttelnd und sah zum Stammtisch hinüber, denn der Vorsitzende hatte bereits das Wort ergriffen.

„Liebe Freind ond Zichter! Em Nama des Verei's mecht ich eich recht herzlich begrüßa. Oin b'sond'ra Willkommensgruß gilt onserem Sponser ond Fabrikbesitzer, Walter Pleitner. Ond em Nochhinein au no en herzlicha Glückwunsch zom zwoita Rennmäus'-Weltmeuschter. Mir send heit zamma komma, weil mir der oinzige Vrei' weit ond broit send, der no koin Nama ond koi Satzung hot. I' tät vorschlaga, mir nennet ons *Rennmäuse-Zuchtverein Krautern e.V.*"

Nachdem alle Mitglieder der Namensgebung zugestimmt hatten und die Regularien durchgesprochen waren, wurde dem Vorstand Entlastung erteilt.

„Hot no oiner ebbes zu deam Thema zom saga?", fragte der Rennmäuse-Vorsitzende und überflog die Runde der Anwesenden.

„Neamerd, stell i fest. No gang i glei mor'n uffs Amtsg'richt ond lass onsern Verei' ei'traga. No kenne mer glei zom Ponkt Verschiedenes überganga. Wenn oiner no ebbes off'em Herza hot, der ka jetzt loslega!"

Nur der Unternehmer Pleitner, der mit der Herstellung und dem Vertrieb von landwirtschaftlichen Geräten ein Vermögen gemacht hatte, hob die Hand und meldete sich zu Wort: „Ez muaß i eich ebbes verzähla: Wie ihr wisset, han i vor zwoi Wocha an deane Rennmäus'-Weltmeisterschafta en Mexiko teilg'nomma. Dia schaffet dort mit älle Tricks, sag i eich. A poar vo deane hent sogar ihre Rennmäus' rasieret, wia's manche Schwemmer vor'em Wettkampf machet, isch mir zu Ohra komma. Ma' hot's ne ober net nochweisa kenna, oder vielmehr, net wella. Do dervo ben i fescht iberzeigt. Sonscht wär jo womeglich oiner aus'em deitscha Schwobaland Weltmeuschter worra. Des hätt doch deane ihr ganzes A'seha verdorba. Es hot se ober scho granatamäßig g'ärgert, wie i mit meine Mäus no zweuter Weltmeuschter worra be. Ihr kennt eich net vorstella, wie meine Konkurrenta glotzt hend, wie mir der oberschte vo' dene Preisrichter den Pokal ond d'riebernaus au no tauset Peso Preisgeld übergäba hot. Ha dene send jo vor lauter Neid fascht dia Glotzböbbl aus em G'sicht g'falla. Ond no ebbes will i verzälla, stellet eich vor! Oiner hot sogar bei seine Mäus dia Ohralappa weaga deam gerengera Luftwiderstand beim Renna kupiert. Des hot'r am End au zuagäba missa. Diea Verantwortliche hend'en glei naus'gschmissa ond'r hot driebernaus no a Strof weaga Tierquälerei ond Betrug zahla missa. I' will bloß hoffa, dass koiner vo ons uff so en Gedanka kommt, des wollt i bloß g'sagt haba. Bei dera Gelegaheit mecht i' doch no ebbes bekannt gäba: I' be jetzt em'a Alter, wo mer sich so langsam aus'em Gschäftsläba z'rick zieha sott. Deswega han i' mi' entschlossa, meim Soh' diea Firma mit ällem Drom ond Dra zom überschreiba. No kennt i au mei Gehege vergrößera ond mi nao no om diea Uffzucht vo' deane Tierle kümmera, ond a guet's Zubrot tät do derbei au no raussprenga. Fir eun Remmler vo deam letschta Wurf hot me'r mir scho mehr botta, wiea i an oim Rasamäher verdient hau. Ond a' poar Nochkomma vo meim Oberremmler hend off deane Ausstellunga au scho a poar erschte Preise zu'gschprocha krieagt. Deane Tierle kennt i schtondalang zuagucka, wiea die derbei send, sich zom Vermehra, a' wahre Freid isch des, sag ich eich."

Einen Augenblick später, nachdem der Pleitner geendet hatte, fragte der Rennmäuse-Vorsitzende: „Hot no ebber ebbes? Wenn net, no kenne mer Schluss macha ond send scho am End' vo' ons'rer Versammlong akomma. I' bedank mi bei älle fir eier Komme' ond wensch mir zom Schluss, dass onsere Mitglieder fir viel ond g'sonda Nochwuchs sorget, domit onser Verei oiner gesicherte Zukunft entgegagoht. Kropfer-Wirt, schenk älle no ebbes ei, des goht off Vereinskoschta, ond dem Maa dort drüba an dem Tisch au!“

Damit meinte er mich, denn ich war der einzige Gast in dem Lokal, der nicht dem Verein angehörte.

## Hexenwahn und Aberglaube

Eine Schlagzeile in meiner Tageszeitung aus dem Jahre 2010 lautete: „*Hexen und Wahrsagen in Rumänien als neuer Berufszweig anerkannt.*“ Um Näheres über das Hexenwesen zu erfahren, entschloss ich mich, diesen Artikel einer alten Frau vorzulesen. Von ihr wusste ich, dass sie als Heimatvertriebene ihr halbes Leben in der Walachei, dem Mutterland des Grafen Dracula zugebracht hatte. Als ich mit meinem Bericht zu Ende war, erzählte sie mir von einer angeblich wahren Tragödie, die ich im Folgenden nacherzählen will:

Es war ein trockener Sommer. Das Gras auf den sonst so saftigen Wiesen reichte kaum aus, um das Vieh der Bauern mit Grünfutter zu versorgen.

„Keine rosigen Aussichten auf eine gute Heuernte“, sagte Leonid Bedon vor sich hin, während er ‚Prieme‘, seine einzige Kuh, mit einem Seil an einem Pflock festband, um sie grasen zu lassen. „In einer Stunde, bevor die Sonne herunterbrennt, hol' ich dich wieder ab“, redete er mit ihr, kraulte mit rauer Hand die Stirn des Tieres und machte sich auf den Heimweg.

Unterwegs, etwa vierhundert Schritt vor seiner mit Riedstroh gedeckten Kate, begegnete er seiner Nachbarin.

„So, auch schon unterwegs?“, sprach er Katrin Tatowa an, die gerade dabei war, einige Löwenzahnblätter in einen Beutel zu stecken. Katrin Tatowa war Witwe. Sie wohnte mit ihren zwei minderjährigen Kindern in einer Hütte gegenüber von Leonids Anwesen in dem kleinen Dorf Klabis.

Erschrocken wandte sie sich um. „Ach du bist es, Leonid. Ich habe dich nicht kommen sehen“, sagte sie sichtlich erleichtert. „Und du? Hast deine Kuh schon auf die Weide geführt, denke ich.“

„Ja, ich habe sie angepflockt, damit sie nicht ausreißen kann. Es ist schon irgendwie verhext, die Wiesen trocknen aus und wenn es nicht bald regnet, gibt es in diesem Jahr überhaupt kein Heu für das Vieh. Wenn es so weitergeht, muss ich noch vor dem Winter meine Kuh verkaufen“, bedauerte er mit zu Boden gerichtetem Blick.

„Ja, ich sehe eine schlimme Zeit auf uns zukommen“, bestätigte Katrin Tatowa Leonids Zweifel. „Das Gras in meinem Garten ist auch abgeweidet und es wächst nichts nach. Seit ein paar Tagen muss ich das Futter für meine Ziege an den Wegrändern rupfen, um sie mit Grünzeug zu versorgen. Sie ist schon klapperdürr. Obwohl ich ihr die saftigsten Kräuter vorlege, gibt sie gerade noch einen halben Liter Milch am Tag. Aber manchmal klaue ich auch eine Handvoll frischen Klee von den Feldern der Kolchose. Wir haben bereits August und ich weiß nicht, wie es weitergehen soll. Zu allem Übel ist jetzt auch noch meine jüngste Tochter, die Tanja, krank geworden“, klagte sie.

„Hm“, brummte Leonid und rieb nachdenklich mit einer Hand seine Wange. „Vielleicht kann dir die alte Rona Bosse helfen. Wenn du willst, kann ich einmal mit ihr reden. Meiner Kuh, der Prieme, hat sie auch wieder auf die Beine geholfen, als sie nach dem Kalben Blähungen bekam.“

„Um Gottes willen, nein! Mit was soll ich die denn bezahlen? Von den paar Kröten, die ich für meine Arbeit von der Kolchose bekomme, kann ich meinen Kindern gerade einmal im Jahr ein Paar Schuhe für den Winter kaufen. Ich will mir von keiner dieser Hexen helfen lassen“, wehrte sie entrüstet ab.

„Aber einen Versuch wäre es doch zumindest wert, meine ich“, drängte Leonid.

„Nein, nein, wenn ich nur an die raffgierige Druste-Hexe denke, wird mir schon schlecht.“

„Ach Katrin, das war vor drei Jahren. Die Geschichte ist doch schon lange vorbei“, versuchte Leonid seine Nachbarin von dem Vorfall abzulenken.

„Vorbei ja, aber vergessen habe ich das nicht. Ich war damals bei der Gerichtsverhandlung dabei. Sie fühlte sich betrogen, weil ihr eine Henne, die sie für ihre Dienste von einer Frau erhalten hatte, angeblich abhanden gekommen war. Die Frau war aber nicht bereit, ihr noch einmal eine Henne zu überlassen. Daraufhin hatte die alte Druste beim Amtsgericht in Tirgu auf Schadenersatz geklagt. Der Richter vermutete Betrugsabsichten der Hexe und verlangte Beweise.

‚Beweise! Beweise!‘, hatte sie mit kreischender Stimme geschrien.

‚Wenn sie noch einmal so im Gerichtssaal herumschreien, verurteile ich Sie zu einer Geldbuße, die weit über dem Wert der besagten Henne liegt‘, drohte ihr der Richter.

‚Wie soll ich das beweisen? Ich war ja allein, wie ich sie in meinen Stall sperren wollte‘, gab sie nun etwas kleinlaut geworden zu Protokoll. ‚Ich habe aber genau gesehen, wie sie zurückgeflogen ist‘, verteidigte sie ihre Aussage.

‚Bringen Sie mir jemanden, der gesehen hat, dass die Henne wieder ihren heimischen Stall aufgesucht hat‘, forderte sie der Richter mit einem versteckten Lächeln auf. Die Druste wiegte mit hilflos hochgezogenen Schultern ihren Kopf hin und her, wusste aber keinen Zeugen zu benennen.

‚War es ein junges oder schon ein älteres Huhn?‘, fragte der Richter.

‚Oh nein, die Henne war ausgewachsen, groß und schwer, gerade richtig zum Schlachten‘, betonte sie wichtigtuend, um den Wert des Tieres zu erhöhen.

‚Eine so schwere Henne ist doch sicherlich auch schon älter‘, mutmaßte der Richter. ‚Es ist doch richtig, wie in ähnlichen Fällen schon bewiesen wurde, dass sich ein Tier, so wie Sie es beschrieben haben, sich flügelschlagend höchstens einen halben Meter vom Boden abheben kann. Wollen Sie trotzdem dabeibleiben, gesehen zu haben, dass das Huhn in das heimische Gehege zurückgeflogen ist?‘

‚Es ist so, wie ich es gesagt habe, das schwöre ich bei allen Heiligen und meiner Hexenehre!‘

‚Na gut, wenn Sie es nicht anders haben wollen, aber von einem Schwur wollen wir erst einmal absehen, dafür ist der Wert einer Henne doch zu klein‘, stellte der Richter fest. Und für einen Vergleich sah er keinen Grund, deshalb wurde die Klage der Druste mangels Beweisen abgewiesen. ‚Die Kosten in Höhe von 100 Leu hat die Klägerin innerhalb einer Woche an die Gerichtskasse zu zahlen‘, ordnete der Richter an.

‚Das ist ungerecht, eine Schweinerei! Euch soll alle der Teufel holen‘, hatte die Hexe mit sich überschlagender Stimme geschrien. Die Druste war auf den Richter zugestürzt und spuckte ihm ins Gesicht. ‚So!‘, geiferte sie befriedigt und setzte sich wieder auf den Platz vor dem Richtertisch.“

Katrin Tatowa unterbrach ihre Schilderung und wandte sich ihrem Nachbarn zu. „Von einer Hexe im Gesicht bespuckt zu werden, ist eine der schlimmsten Verwünschungen, das weißt du so gut wie ich. Sie können für den Beschimpften Krankheit oder sogar den Tod bedeuten, sagt man, und davor habe ich Angst.“

„Vor der Rona Bosse braucht niemand Angst zu haben. Bisher habe ich nur Gutes über sie zu hören bekommen“, entgegnete Leonid, um ihr etwas Mut zu machen. „Aber wie ging es damals weiter?“, fragte Leonid, nun doch etwas neugierig geworden.

„Ja, wie es weiterging?“, wiederholte sie seine Frage. „Nachdem sich der Richter von dem Schock erholt und den Schleim aus seinem Gesicht gewischt hatte, wandte er sich wieder der Übeltäterin zu.

‚Ich habe trotz Ihrer vielen Ungereimtheiten Milde walten lassen, aber Ihre Unverschämtheit, mich anzuspucken, kann ich Ihnen nicht durchgehen lassen.‘

Deshalb verurteilte er sie wegen Betrug, versuchten Meineids und ungebührlichem Verhalten vor Gericht zu drei Jahren Haft.

‚Ersticken soll die Brut an der Henne, wenn sie davon essen', schrie sie wutentbrannt und bedachte den Richter mit den übelsten Beschimpfungen."

„Aber das ist doch schon drei Jahre her", versuchte Leonid erneut seine Nachbarin zu überzeugen. „Und die Druste ist doch wenig später im Gefängnis gestorben."

„Es ist aber auch noch gar nicht so lange her, dass der Richter auf rätselhafte Weise ums Leben gekommen ist und dass dann noch kurz darauf eines der Kinder der von der Druste verwünschten Brut mit heftigen Leibschmerzen im Krankenhaus behandelt werden musste. Wer weiß denn schon, ob es nicht doch einen Zusammenhang mit dem Fluch der Hexe gibt?", versuchte sie Leonids Argumente zu entkräften.

„Nun ja, manchmal habe ich mir auch schon Gedanken darüber gemacht. Wir sollten es aber auf jeden Fall mit der Rona Bosse versuchen. Bei meiner Kuh hat sie geholfen, also wird sie auch deiner Ziege helfen. Und ein paar Gebete bei deiner kleinen Tochter können auch nicht schaden", redete er mit fast väterlicher Fürsorge auf seine Nachbarin ein. „Und wegen der Bezahlung brauchst du dir keine Sorgen zu machen, ich habe ihr auch die Hälfte von dem abgeschwatzt, was sie haben wollte. Sie ist nicht nachtragend und lässt mit sich reden."

„Na gut, dann soll es eben sein", willigte die Tatowa ein und sah, mit seltsamen Gedanken beladen, ihrem Nachbarn nach, der sich bereits seiner Kate zugewandt hatte.

*

Einige Wochen später: Die Hexe Rona Bosse war unterwegs, um ihren Lohn für ihre Dienste bei Katrin Tatowa einzufordern. Die beiden Frauen hatten sich zum Schutz vor der sengenden Sonne in den Schatten der kleinen Hütte zurückgezogen.

„Deine Ziege hat in den letzten Tagen schön zugelegt", begann die Hexe, um das Gespräch auf den Grund ihres Besuches zu bringen. „Und dein Töchterchen ist auch wieder gesund", bemerkte sie.

„Ja, habt Dank für Eure Hilfe", sagte die Tatowa und küsste der Hexe die Hand.

„Von deinem Dank kann ich nicht leben. Achtzig Bani für die drei Anwendungen bei der kranken Ziege sollte ich schon haben. Dazu kommen noch die Kräuter und das Rauchgewürz von fünf Leu. Das sollte dir die Gesundheit deiner Ziege doch wert sein", redete die Alte auf Katrin Tatowa ein.

„So viel Geld verdiene ich gerade mal in einem Monat. Ich habe nur diese eine Ziege und drei Hühner, die helfen uns knapp zum Überleben. Erbarmt Euch und denkt an meine zwei Kinder, die achtzig Bani kann ich vielleicht in den nächsten Tagen zusammenkratzen."

„Ja, ja, ich ahne schon, da war doch sicherlich Leonid, der alte Gauner wieder am Werk und hat dich beschwatzt, mit mir zu handeln. Also gut, die Hälfte für die Kräuter und das Rauchgewürz, du geiziges Weib!", fauchte sie. „Für das Gesundbeten verlange ich nichts, deine Tochter wäre auch ohne mein Zutun wieder gesund geworden", gab sie mit einem verschlagenen Lächeln zu und ging mit krummen Rücken auf ihren Stock gestützt nach Hause.

*

Ab 2010 wurde in Rumänien das Hexen, Wahrsagen und Gesundbeten als Beruf anerkannt und mit sofortiger Wirkung mit sechzehn Prozent Steuern belegt. Wie umfangreiche Recherchen ergaben, betrug allein in der Hauptstadt Bukarest das Jahreseinkommen einer Hexe runde dreizehntausend Euro. Das führte dazu, dass die nun anerkannte Berufsgruppe gegen diese steuerliche Maßnahme protestierte und die Gerichte bemühte. Doch einige Richter und Staatsanwälte fühlten sich, aus welchen Gründen auch immer, für befangen und lehnten es ab, in derartigen Fällen tätig zu werden.

Viele dem „Hexenwahn" entsprungene Deutungen haben sich vor allen in den ländlichen Gegenden bis in unsere Tage erhalten und schwirren noch in vielen Köpfen herum. Wem zum Beispiel am Freitag dem dreizehnten ein Unbill widerfährt, dann ist nichts anderes als dieser Tag daran schuld. Oder wem eine schwarze Katze über den Weg läuft, ist dem Hexenglauben nach im Straßenverkehr besonders gefährdet, ähnlich wie manches andere dem Aberglauben nahestehende Ritual.

## Weißt du noch?

Ein alter Herr, den ich wegen seiner Kunst als Bildhauer und Maskenschnitzer verehrte, war wegen eines Schlaganfalls in eine Klinik gebracht worden. Es war mir ein Bedürfnis, ihn zu besuchen, denn früher war ich oft zu Gast in seiner Werkstatt.

Als ich das Krankenzimmer betrat, waren sein Sohn und die Tochter anwesend. Sie saßen zu beiden Seiten des Krankenlagers und befragten ihn nach seinem Befinden.

Ich begrüßte die beiden und wandte mich dem Kranken zu. Mit einer leichten Handbewegung und leiser Stimme deutete er mir an, neben ihm Platz zu nehmen. Die Tochter rückte etwas zur Seite, denn der Raum zwischen den Krankenbetten war beschränkt. Seine trockenen Lippen bewegten sich beim Sprechen kaum sichtbar und ich musste aufmerksam zuhören, wenn er sich an mich wandte und Fragen stellte. Wir sprachen von längst vergangenen Zeiten.

„Weißt du noch?“ fragten Sohn und Tochter, bemüht seine Erinnerungen wach zu halten. „Weißt du noch, wie du uns eine Schaukel gebaut hast? Wir schaukelten noch, als es bereits zu dunkeln begann und wollten nicht damit aufhören. Schließlich waren wir auf ihr eingeschlafen und du musstest uns beide ins Bett tragen.“

Immer wieder hörte ich: „Weißt du noch?“

Nach jeder dieser Begebenheiten bemerkte ich, wie seine Augen einen verklärten Glanz bekamen und er mit einem leichten Kopfnicken zu verstehen gab, dass er sich noch daran erinnern konnte.

Seine Tochter saß neben mir und kämpfte in der Gewissheit, dass ihr Vater nicht mehr lange zu leben hatte, gegen ihre Tränen an. Der Kranke wandte sich mir mit einer leichten Kopfdrehung zu und begann mit leiser Stimme zu sprechen.

Um ihn besser verstehen zu können, beugte ich mich zu ihm vor. Ich stützte mich mit meinem Unterarm auf die Bettkante und strich ihm mit meinem Handrücken über seine unrasierte Wange.

Er räusperte sich und begann mit kraftloser Stimme auf gut schwäbisch: „I weiß no .... wia de zo ons … en de Verei komma bischt! A Konkurrenz schadet net, han i gseit. No han i mi uff meine alde Däg … no amol reacht a‘strenga müaßa, om mit dir mithalda z’kenna.“

„Es war eine schöne Zeit“, sagte ich.

Die junge Frau neben mir konnte ihre Tränen nicht mehr zurückhalten und versuchte sie vor den Blicken ihres Vaters zu verbergen. Sie lehnte ihren Kopf auf meinen aufgestützten Unterarm. Ich spürte die Erschütterungen ihres Schluchzens und die Feuchtigkeit ihrer Tränen auf meinem Ärmel. Nachdem sie sich wieder etwas beruhigt hatte, ging sie zu ihrem Bruder auf die andere Seite des Krankenlagers und führte mit ihm ein leises Gespräch.

Ich gab dem Kranken zu verstehen, dass es nun langsam für mich Zeit sei zu gehen, denn er würde jetzt etwas Ruhe brauchen. Als ich mich von ihm verabschieden wollte, legte er seine Hand auf meinen Arm. Er musste wohl die Feuchtigkeit auf meinem Ärmel gespürt haben, denn er fragte unvermittelt: „Regnet‘s?“

Verblüfft über die unerwartete Frage, denn er wusste ja nichts von den Tränen seiner Tochter, antwortete ich ganz spontan: „Jetzt nicht mehr.“

Ich verabschiedete mich von ihm und dem Geschwisterpaar und versprach, ihn bald wieder zu besuchen.

Drei Wochen später begleiteten wir ihn zu seiner letzten Ruhestätte. „Weißt du noch, wie das war ... damals?“

## Zwischen Wirklichkeit und Traum

Als er das Tor des Zoologischen Instituts hinter ihr schloss, fürchtete er, dass es ein Abschied für immer sein würde, ein Abschied von der Frau, die er vom ersten Augenblick an liebte. Der Direktor stellte sie ihm als die neue Tierärztin vor.

„Auf eine gute Zusammenarbeit“, hörte er wie aus weiter Ferne ihre wohlklingende Stimme. „Irina Vogt ist mein Name“, sagte sie zu ihm aufblickend.

„Erbe“, stellte er sich ebenfalls vor, den Kloß in seinem Hals hinunterwürgend. Ein eigenartig kribbelndes Gefühl überkam ihn, als sie ihm die Hand reichte.

„Haben Sie auch einen Vornamen?“, fragte sie ihn mit einem verschmitzten Lächeln. „Ich mag es nämlich, wenn ich meine engsten Mitarbeiter mit ihrem Vornamen ansprechen kann, das ist gut für das Betriebsklima, finde ich.“

„Andreas“, vervollständigte er seinen Namen und merkte dabei, dass er immer noch ihre Hand festhielt. Er löste seinen Griff und murmelte eine Entschuldigung.

Während ihrer Zusammenarbeit blieb es nicht aus, dass sie sich näherkamen und an den Wochenenden bei ihren gemeinsamen Wanderungen Zärtlichkeiten austauschten. Andreas als passionierter Wanderer und Naturfreund wusste einsame Wege, die nur selten von Einheimischen begangen wurden. So waren sie noch vor wenigen Wochen zu einer Halbtagswanderung aufgebrochen und hatten an der Berghütte, die er zusammen mit seinem Freund, dem Förster Martin Krug gebaut hatte, eine kleine Rast eingelegt.

„Hierher habe ich mich oft zurückgezogen, um mich vom Alltag abzulenken oder nur, um mit der Natur allein sein“, hatte er ihr anvertraut und heimlich Zukunftspläne geschmiedet.

Inzwischen waren zwei Jahre vergangen und nun dieser überraschende Abschied! Eine unaufschiebbare Veränderung des Instituts war der Grund zur Trennung. So schmerzhaft es auch war, er musste sich schließlich eingestehen, dass sich alle seine Träume in Luft aufgelöst hatten.

„Andreas, jetzt musst du erst einmal durchatmen“, sagte er zu sich, stieg in sein Auto und fuhr weg. Es war bereits später Nachmittag, als er vor dem Forsthaus seines Freundes anhielt. Trotz mehrfachen Läutens an der Tür öffnete ihm niemand. „Keiner zu Hause“, murmelte er, ging zurück zum

Fahrzeug, riss eine Seite aus seinem Notizblock und schrieb: „Bin oben in der Hütte. Andreas." Er faltete den Zettel zusammen und legte ihn, von einem Stein beschwert, vor die Eingangstür. So wusste sein Freund, wo er ihn finden konnte, wenn er Neuigkeiten austauschen wollte oder einfach nur, um mit ihm zu plaudern.

Andreas schulterte seinen kleinen Wanderrucksack, in dem er einige nützliche Dinge untergebracht hatte, verschloss das Fahrzeug und wandte sich dem Pfad zu, den er mit Irina noch vor einigen Wochen gegangen war. Nur das leise Plätschern des Wassers in dem schmalen Graben begleitete ihn. Nach etwa einer halben Stunde Fußmarsch lichtete sich der Wald. Bevor er jedoch die mit üppigem Grün und Blumen überwachsene Waldwiese mit dem von dichtem Schilf umgebenen kleinen Weiher betrat, verharrte er ein paar Augenblicke und wischte sich den Schweiß von der Stirn. Jetzt trennten ihn nur noch wenige Schritte bis zu der Jagdhütte. Die letzten Windungen des Steiges hatte er wohl etwas zu schnell genommen, denn er musste einige Male tief durchatmen.

Andreas hob den mittleren Dachziegel an, unter dem der Schlüssel immer lag. Nun bewegte er mit einem lauten Knacken den Riegel des alten, festen Schlosses. Ein leichter Druck genügte und die Tür ging nach innen auf. Der Fußboden knarrte unter seinen Füßen und eine leichte Dämmerung umfing ihn, als er eintrat. Andreas löste die Verriegelung am Fenster und stieß den Laden auf. Im Schein der letzten Sonnenstrahlen, die den kleinen Raum durchfluteten, legte er seinen Rucksack ab. Sein Freund Martin musste vor kurzer Zeit während eines Pirschganges hier oben gewesen sein, denn kein Körnchen Staub lag auf der Tischplatte. Andreas ließ sich auf der Bank nieder, packte ohne recht Hunger zu haben ein belegtes Brot aus und begann davon abzubeißen. Anstatt sich etwas frisches Wasser vom Einlauf des kleinen Teiches zu holen, rückte er den schweren Tisch zur Seite. Von der Fußplatte des Tisches verdeckt hatten die beiden Freunde unter dem Fußboden einige Flaschen Wein versteckt. Wenn sie sich hier oben trafen, war es schon zur festen Gewohnheit geworden, dass sie gemeinsam eine Flache leerten oder sich ein Gläschen von dem selbstgebrannten Kräuterschnaps genehmigten. Er kniete nieder, holte eine Flasche Wein aus dem Versteck und schob den Tisch wieder über die schmale dunkle Öffnung. Korkenzieher und Gläser befanden sich im Wandschrank. Gedankenverloren schenkte er sich ein, aß das Brot und leerte in großen Zügen das Glas. Als er sich von der Bank erhob, spiegelte sich bereits die Abendsonne auf der Wasseroberfläche des kleinen Teiches.

Andreas setzte sich auf die Türschwelle und füllte noch einmal das Glas. Ganz unbewusst hatte er Schuhe und Strümpfe ausgezogen. Das Gras wirkte erfrischend kühl an seinen Fußsohlen. So saß er lange reglos an den Türpfosten gelehnt. Dabei bemerkte er wie ein junger Fuchs auf den Teich zu strich. Vielleicht wiederholte sich jetzt das gleiche Schauspiel wie vor vier Jahren, als er mit seinem Freund, ebenso wie jetzt, auf der Türschwelle gesessen hatte, kam es ihm in den Sinn. Eine alte Fähe mit struppigem Fell hatte sich damals dem mit Jungfischen reich besetzten Teich genähert. Amüsiert hatten die Männer zugesehen, wie sie langsam ein Bein nach dem anderen in das flache Uferwasser tauchte. Erst dachten die beiden Freunde, dass sie nur ihren Durst löschen wollte. Nachdem sie aber beinahe bis zum Bauch in das tiefere Wasser vorgedrungen war, blieb sie regungslos stehen. „Vielleicht hat sie eine Verletzung und will nur ihre Wunden kühlen“, vermutete Martin. Sie starrten lange auf das reglose Bild vor ihren Augen. Plötzlich ein lautes Plätschern! Blitzschnell hatte die Fähe den Kopf zwischen ihre Pfoten in das aufgewühlte Wasser getaucht. Mit einem Fisch zwischen den Zähnen war sie zurück durch das schlammige Uferwasser gewatet, hatte sich das Wasser aus dem Fell geschüttelt und genüsslich schmatzend ihre Beute zerlegt. Fürs erste gesättigt trollte sie sich davon.

„Dass Füchse wie die Bären fischen können, habe ich zwar schon gehört, aber gesehen habe ich es heute zum ersten Mal“, hatte Martin als erfahrener Waidmann kopfwiegend zugegeben.

Heute jedoch schnürte das junge Tier langsam am Teich vorbei und verschwand im nahen Unterholz. Inzwischen hatten sich zwei junge Amseln der Hütte genähert und zankten sich um einen Regenwurm. In ihrem Streit bemerkten sie nicht, wie nahe sie an Andreas‘ Füße gekommen waren. Eine kleine unbewusste Bewegung seiner Zehen genügte und sie schwirrten davon. In der abendlichen Ruhe, die ihn jetzt umgab, vermisste Andreas urplötzlich den schönen Gesang der Amseln. Er wusste, sobald die junge Generation flügge war, verstummen die Lieder der Altvögel. Andreas liebte diese kleinen Geschöpfe und hätte einige Anekdoten über sie zu erzählen gewusst: Wie sie sich am Anfang immer wehrten und ihn mit ihren kleinen Schnäbelchen zwickten, wenn er sie aus den Netzen über den Beerensträuchern befreite oder sie in ihrem ölverschmierten Zustand vor dem Ertrinken gerettet hatte … wenn er sie dann wieder in die Freiheit entlassen musste ... Augenblicke des Empfindens, die man nicht so schnell vergisst.

Mit dem gleichen Gefühl, nur viel schmerzhafter, war es ihm vor einigen Stunden ergangen, als er sich mit einem letzten qualvollen Blick von Irina verabschieden musste. Von einer Frau, mit der er gern sein Leben geteilt hätte. Nach einem weiteren Schluck aus dem Glas überfiel ihn eine tiefe Traurigkeit. Mit Irinas Bild vor den Augen streckte er sich auf dem Feldbett aus und träumte.

Als Andreas erwachte, ordnete er erst einmal seine Gedanken, hoffte aber immer noch, dass es kein Abschied für immer gewesen sein könnte. So blieben ihm nur die Erinnerungen an eine kurze glückliche Zeit, die sie miteinander teilen durften.

*

Acht Jahre später, Harrisburg, Pennsylvania USA: Das Land litt schon seit Wochen unter einer sengenden Hitze. Die Luft flimmerte über den asphaltierten Straßen und den ausgedehnten Weideflächen. Mensch und Tier suchten jedes kühlende Fleckchen Schatten auf, während in den Wohnungen und Büros Ventilatoren für etwas Abkühlung sorgten.

Irina Vogt stellte ihr Fahrzeug auf den für sie reservierten Parkplatz ab, wischte sich ein paar Schweißtropfen von der Stirn und nahm die Prüfungsunterlagen vom letzten Semester an sich. Als sie den Hörsaal des Veterinärärztlichen Institutes betrat, empfing sie das übliche Getrampel als Willkommensgruß. Sie bedankte sich und nach einer beschwichtigenden Handbewegung trat Ruhe ein.

„Meine Damen und Herren, ich kann Ihnen eine erfreuliche Mitteilung machen“, wandte sie sich an die Absolventen. „Sie sind alle zu den abschließenden Examen zugelassen, dazu meinen herzlichen Glückwunsch. Nur, es tut mir überaus leid, dass ich mich nicht von jedem von Ihnen persönlich verabschieden kann, denn ein Unfall im Wildgehege verlangt meine sofortige Anwesenheit. Ihre Unterlagen bitte ich Sie nachher selbst an sich zu nehmen. So bleibt mir nur noch übrig, Ihnen einen erholsamen Urlaub zu wünschen“, sagte sie und verließ, begleitet von unwilligem Gemurmel, den Hörsaal.

Die Tierärztin nahm den kürzesten Weg. Am Rande der Vorstadt begegnete ihr ein Ambulanzwagen mit Rotlicht und eingeschalteter Sirene. Irina ahnte nichts Gutes. Am Großwildgehege angekommen, empfing sie der am ganzen Körper schlotternde für die Bisons zuständige Wärter.

„Was ist vorgefallen?“, fragte sie an dem Pfleger vorbei und zeigte auf das mit weißem Schaum ums Maul wütende Tier.

„MacLannen, der neue Doktor, hat mich angewiesen, den am Huf blutenden Bullen ins vordere Gehege zu lotsen, damit er ihn verarzten könne“, begann er zu berichten. „Er wollte den Bullen betäuben, doch der Schrank, in dem das Betäubungsgewehr aufbewahrt ist, war verschlossen. ‚Wollen wir nicht warten, bis die Frau Doktor wieder zurück ist?‘, fragte ich. ‚Ach, wozu noch lange warten, jetzt ist der Bulle im Gehege, wir versuchen es mit dem Blasrohr', sagte er und setzte ihm den Betäubungspfeil in die Lenden."

„So ein Schwachsinn! Ein Tier dieser Größe braucht die dreifache Dosis und dann noch nur mit einem Blasrohr, das die dicke Haut wohl kaum durchdringen kann. Und wie ging es weiter?"

„Der Bulle hat sich erschrocken aufgebäumt, ist in die Knie gegangen und hat sich dann hingelegt. ‚Jetzt muss es schnell gehen!', hat der Doktor gesagt und ist vor mir in das Gatter gegangen. Plötzlich ist das Tier aufgesprungen, hat ihn zu Boden gestoßen und ihm ein Horn in dem Bauch gerammt. Es gelang mir gerade noch, ihn aus dem Käfig zu ziehen, bevor der Bulle sich noch einmal auf ihn stürzen konnte. Ich hab sofort den Rettungsdienst angerufen, die haben ihn dann abgeholt."

Tief betroffen von diesem Unfall nahm Irina eine längere Auszeit, um mit sich selbst ins Reine zu kommen. Damals vor acht Jahren war sie zum Austausch zwischen den zoologischen Universitäten in Deutschland und der in Harrisburg verpflichtet worden. Mit dem deutschen Know-how und ihrer Erfahrung wurde sie bald zu einer begehrten Fachärztin. Da blieb es nicht aus, dass sie von Großgrundbesitzern, die Pferdefarmen unterhielten, lukrative Angebote erhielt. Das blieb dem Dekan der Universität nicht verborgen. Deshalb schlug er dem Gremium vor, ihr den Lehrstuhl für Veterinärmedizinische Wissenschaft zu übertragen. Um sie aber für die Zukunft noch mehr an die Universität zu binden, bot man ihr an, das kleine Landhaus zu kaufen, das ein verstorbener Professor dem Institut vererbt hatte. Das Angebot und der Preis waren verlockend. Doch sie schwankte. Zu sehr hingen ihre Gedanken an Deutschland, ihrer Heimat, an ihren Eltern, und da war noch Andreas, mit dem sie zwei wunderschöne Jahre verbringen durfte. Obwohl sie regelmäßigen Schriftverkehr über den Ozean mit ihren Eltern pflegte, überkam sie, wie schon so oft, die Sehnsucht, ihre Heimat zu besuchen. Die Zeit war günstig, denn die nächsten Studiengänge waren auf Anfang Oktober terminiert. Zudem endeten im Spätherbst des gleichen Jahres auch die Verträge zwischen den Universitäten.

Angesichts dieser Tatsachen fühlte sie sich so frei wie selten und buchte einfach einen Flug nach München. Sie telefonierte mit ihren Eltern und gab ihnen die genaue Ankunftszeit durch. Irinas Mutter wusste von ihrer früheren Beziehung mit Andreas, der wie sie in der gleichen Stadt lebte. Dabei kam es oft vor, dass man sich begegnete und einen kurzen Schwatz hielt. Die Eltern überlegten eine Überraschung für ihre Tochter und luden Andreas zum Empfang auf dem Flugplatz ein.

Am nächsten Tag: Mit nur wenig Verspätung setzte das Flugzeug zur Landung an. Es drehte bei und hielt vor dem Terminal an. Die Besucher und auch Irinas Eltern drängten zur Passkontrolle. Um ihre Begrüßung nicht zu stören, zog es Andreas vor, an der Gepäckausgabe zu warten. Damals, beim Abschied vor acht Jahren, hatte er die Hoffnung aufgegeben, Irina jemals wiederzusehen. Nun stand er da und wartete auf den erlösenden Augenblick.

Nur wenige Minuten später: Andreas stockte der Atem. Unter den vielen Gepäckstücken, die das Förderband ausspuckte, entdeckte er einen kleinen prall gefüllten Wanderrucksack. „Irina", kam es über seine Lippen. Er nahm ihn an sich, trat zurück und betrachtete ihren eingestickten Namen. Sein Herz schlug bis zum Hals, als Irina an das Band trat, ihren Reisekoffer vom Band nahm und neben sich abstellte. „Wo ist mein Rucksack?", fragte sie und überflog das abgestellte Gepäck der Mitreisenden. Jetzt hielt es ihn nicht mehr. Er trat aus der Menge der Wartenden und sagte: „Hier ist er."

„Andreas!", rief sie überrascht. Es klang wie ein Jubelschrei in seinen Ohren. Sie hielten sich ein paar Augenblicke lang in den Armen. „Dass du zurückgekommen bist", sagte er leise und sah ihr tief in die Augen.

„Ich hatte so Sehnsucht nach meiner Heimat und auch nach dir", flüsterte sie und lehnte ihren Kopf an seine Brust.

„Kommt, das Taxi wartet!", rief ihre Mutter.

Irina drückte einen flüchtigen Kuss auf Andreas' Wange und hakte sich bei ihm ein. Auf dem Weg zum Taxi sagte sie: „Ich wäre letztes Jahr schon gekommen, aber ich war derart in meinen Beruf eingebunden, da ging es nicht anders, doch jetzt ergab sich endlich die Gelegenheit."

In Andreas' Ohren klangen ihre Worte fast wie eine Entschuldigung. Irinas Eltern hatten zu Kaffee und Kuchen eingeladen. Während der Unterhaltung stellte sich heraus, dass das Institut, bei dem Andreas beschäftigt war, nicht mehr dem neuen Standard entsprach und aufgegeben wurde. Für die Zusage zur neuen Stelle, die ihm vom Amt für Umwelt angeboten wurde, erbat sich Andreas eine Woche Bedenkzeit.

Während des weiteren Geplauders schlug Irina vor, doch morgen die alten Pfade noch einmal zu gehen. Andreas stimmte begeistert zu. „Ich hole dich ab, dann machen wir als erstes einen Besuch bei meinem Freund, dem Förster!" Es dunkelte bereits, als er sich verabschiedete. Irina begleitete ihn noch ein Stück des Weges, um noch ein paar vertrauliche Worte mit ihm auszutauschen.

*

Am nächsten Morgen: Oberförster Martin Krug war gerade dabei, für seinen neuen Mitarbeiter ein Wohnungsangebot in der Tageszeitung zu markieren, da läutete es an der Haustür. „Andreas“, empfing er seinen Freund freudestrahlend. „ Du bist in Begleitung, sehe ich. Ach, Irina, was für eine Freude!“, rief er aus. „Sie sind zurückgekommen!“, staunte er. „Bleiben Sie jetzt für immer in Deutschland?“

„Nein, nur für ein paar Wochen, dann muss ich wieder zurück.“

„Schade“, bedauerte er. „Wollt ihr nicht auf ein Schwätzchen hereinkommen?“

„Ach nein, ein anderes Mal. Wir möchten doch die alten Pfade noch einmal gehen.“

„Also gut, aber den Besuch seid ihr mir schuldig“, gab er ihnen mit auf den Weg.

Andras wählte den Steig, der zur Hütte hinaufführte. Hier oben war alles wie früher, auch der grobe Schlüssel hatte immer noch seinen Platz unter dem alten Dachziegel. Neu war nur die Bank aus Birkenholz, die vorbeikommende Wanderer zum Ausruhen einlud. Irina nahm Platz und bot Andreas aus dem kleinen Rucksack ein paar belegte Brote an. Während sie aßen, fragte Irina nur so nebenbei: „Wie ist es dir all die Jahre ergangen? Hast du dir noch keine Frau oder Freundin zugelegt?“, fragte sie mit einem listigen Augenaufschlag.

„Nein, ich hatte auch nie die Absicht. Der Briefwechsel mit deinen Eltern ließ mich immer noch hoffen, dass du zurückkehrst.“

„Nun, jetzt wo ich hier bin, sollten wir lieber über die Zukunft reden als in Grübeleien zu verfallen. Freust du dich auf dein neues Angebot?“, fragte Irina.

„Nein, nicht so recht, aber man darf in der heutigen Zeit nicht wählerisch sein.“

„Ja, das stimmt, so wie ich die Situation hier einschätze.“ Irina erhob sich und reckte ihre Glieder. Während sie die Essensreste in ihrem Rucksack verstaute, sagte sie: „Da weiß ich dir ein anderes Angebot.“

„Wie das?“, fragte Andreas erstaunt. „Du bist doch erst einen Tag hier.“

Irina trat auf ihn zu und nahm seine Hände. „Ich könnte noch einen tüchtigen Mitarbeiter gebrauchen. Es würde mich freuen, wenn du mit mir kommst.“

In Andreas‘ Gesicht spiegelte sich Erstaunen und Freude. „So ist mein Traum doch noch Wirklichkeit geworden“, sagte er zum Himmel aufblickend. Er nahm sie in die Arme und küsste sie zärtlich. „Ich komme mit dir, lieber heute noch als morgen“, flüsterte er.

Auf dem Rückweg besuchten sie den Förster, um ihm ihre Entscheidung mitzuteilen. Andreas bot ihm an, die Wohnung könne doch sein neuer Mitarbeiter als Nachmieter übernehmen.

„Ein guter Gedanke“, willigte sein Freund ein. Als alles besprochen war, verabschiedeten sie sich. „Und viel Glück euch beiden!“ rief er ihnen noch nach.

Drei Wochen später: Andreas hatte sein Auto einem Händler gegen Bares überlassen. Die Koffer waren schnell gepackt und nach zwei Tagen begleiteten Irinas Eltern die beiden zum Flugplatz. Der Abschied gestaltete sich sehr tränenreich. Schließlich hob die Maschine ab und steuerte das Paar ihrem neuen Lebensabschnitt entgegen.

## Der Köhler Franz Knecht

Richter Holbein war mit seinem Schreiber vom Landgericht zur Klärung des Falles wegen Jagdwilderei, Holzdiebstahls und angeblich versuchter Brandstiftung in das kleine Dorf Joggern beordert worden. Fast alle Einwohner des Ortes hatten sich in der Gemeindehalle versammelt, die nun als Gerichtssaal diente. Als der Vorsitzende und der Bürgermeister als Beisitzer Platz genommen hatten, bat der Richter um Ruhe. Nachdem das Gemurmel verebbt war, begann er mit erhobener Stimme: „Verhandelt wird der erste Fall gegen den anwesenden Köhler Franz Knecht wegen angeblicher Jagdwilderei, Körperverletzung und Holzdiebstahl. Ankläger ist der ebenfalls anwesende Jungförster Stefan Wollbert."

Nach einer kleinen Atempause wandte sich der Vorsitzende an den Angeklagten, der wie es schien gelangweilt zugehört hatte.

„Herr Knecht, Sie haben gehört, welche Vergehen ihnen zur Last gelegt werden."

„Ha, net so recht, aber i' ka mers scho' denka," antwortete der Köhler Franz plötzlich hellwach.

„Was können Sie sich so denken?", fragte ihn der Richter mit einem amüsierten Lächeln. „Dann erzählen Sie mir mal, was Sie sich so denken."

„Ja, des war so", begann der Franz den verknautschten Hut in seinen Händen hin und her drehend. „Em letschta Herbst vor em a' Johr war's saumäßig kalt an deam Tag. I' han mir scho' a' paar Schluck zom Uffwärma aus der Flasch ei'verleibt ond war grad dabei, des Fell vo' oim Has' abzomzieh'n. Do kommt doch g'rad der Schnösel vom a' Jongförster angschlicha und beschuldigt mi, g'wildert zum haba. No hab' i' mi' halt g'wehrt und ehm den Hergang verdeitscht. Der hat mir aber net glaubt und wollt mir des abzogene Vieh aus de' Händ reißa. No bin i' narret worra ond hab ehm den nassa Balg om d' Ohra g'haua. Wie er no g'merkt hot, dass er gega mi' net uffkommt, hot er sich omdreht, ischt weiter ganga ond hot g'schriea, mir tätet ons vor G,richt wieder seha, ond a Buchaholz für mein Meiler tät i' au' nemme aus sei'm Revier kriega. Des macht nex, han i' g'sagt. Zom Glück hot mir dei Chef, der Oberförster scho des Johr zuvor a'zeichnet, welches Holz i' omhaua ond uffmetern derf. Wenn i' aber vo dir koi Holz meh' krieg, no tu i' dir au a'mol en Duck."

„Was meinten Sie damit?", fragte der Vorsitzende.

„Ha, des han i' halt en meiner Wut so g'sagt."

„Aber was ist mit dem Hasen, wie kommen Sie an den, wenn Sie ihn nicht gewildert haben?"

Der Köhler Franz sah sich plötzlich in einer Notlage und druckste herum. „Eigentlich derft‘ i net do drüber reda“, begann er mit gedämpfter Stimme und gesenktem Kopf. „I‘ hab’s doch dem Herrn Oberförster versprocha.“

„So, so, was haben Sie denn dem Herrn Oberförster versprochen?“, fragte der Richter. „Sie wissen doch, dass man vor dem Gericht auch in solchen Fällen die Aussage nicht verweigern kann.“

Trotz wiederholter Aufforderungen, sich zu erklären, schüttelte der Köhler Franz beharrlich seinen Kopf.

„Also, so kommen wir nicht weiter“, resignierte der Vorsitzende und überflog die Reihen der Zuhörer. Dabei bemerkte er einen Mann in Forstkleidung, der sich anschickte, zur Klärung des Falles etwas sagen zu wollen.

„Es tut mir leid, aber ich muss Sie bitten, nach vorne zu kommen und hier Platz zu nehmen.“ Nachdem der Schreiber die Personalien aufgenommen hatte, begann der Richter: „Die beiden Kontrahenten dürften Ihnen ja sicherlich bekannt sein, so dass es keiner weiteren Vorstellung bedarf. Der Beklagte Franz Knecht weigert sich, wie Sie gehört haben, ein angeblich Ihnen gegebenes Versprechen preiszugeben. Um was handelt es sich dabei, erlaube ich mir, Sie zu fragen.“

„Das ist eigentlich eine Lappalie und fast nicht der Rede wert. Es spricht aber für den Franz, obwohl er öfter einen über den Durst trinkt, ein einmal gegebenes Wort auch zu halten. Der Anfang der Geschichte liegt schon ein paar Jahre zurück. Die Knechts waren schon seit Generationen Köhler. Deshalb sprach nichts dagegen, dem jungen Franz Knecht am Rande des Laubwaldes einen Platz für zwei Kohlenmeiler zu überlassen. Auf einem meiner Pirschgänge ertappte ich ihn beim Abledern eines Wildkaninchens. Auf meine Frage, wie er zu dem Tier gekommen sei, antwortete er, der Hase sei tot in einer Schlinge gehangen, da hätte er ihn einfach mitgenommen. Das erschien mir zunächst glaubwürdig, denn Fallenstellen war bei den armen Leuten die einzige Möglichkeit, an Wild zu kommen. Obwohl der Köhler Franz, wie man ihn hier allgemein nennt, mir als ein unbescholtener Bürger bekannt ist, kam in mir der Verdacht auf, er könnte doch eines Tages der Jagdwilderei verfallen. Nach einem intensiven Gespräch mit ihm überließ er mir seinen alten Stutzen, aus dem er, wie er mir versicherte, noch nie einen Schuss auf ein Stück Wild abgegeben hatte. Dafür versprach ich, ihm ab und zu ein Kaninchen oder einen Fasan zu überlassen, wenn er für mich beim Abmeilern ein Säckchen Holzkohle zurückstellen würde. Beiläufig riet ich ihm noch, wegen der Neider unsere Abmachung nicht hinauszuposaunen. Das ist eigentlich alles, was ich zur Wahrheitsfindung beitragen kann“, beendete er seine Aussage.

„Die Anklage wegen nicht erwiesener Jagdwilderei wird fallen gelassen", wies der Richter den Schreiber an. „Der nächste Anklagepunkt lautet auf Brandstiftung, bei dem das Haus des Jungförsters Wollbert fast den Flammen zum Opfer gefallen wäre. Sie werden als Täter vermutet. Wie stehen Sie dazu, Herr Knecht?"

„Ja wie i' do derzu stand? I' han doch nie sei Haus a'zenda wella, obwohl i' emmer no' a' Mordswut gega ehn em Ranza hab. Do kennt jo mei Verdacht au' auf ehn falla, dass er noch dem Streit, den i' mit ehm hatte, mein Meiler en d'Luft jaga wollt, weil i' beim Abmeilern a' Patronahülse en der Holzkohle g'fonda hab, bei der henda koin Abdruck vom a' Schlagbolza zom seha war. Des ka' i' aber net beweisa. Wie i' ihn deswega zur Rede g'stellt hab, hat er g'moint, es könnt scho' sei', dass er die Patronehülse bei onserem Streit verlora hätt. Aber wahrscheinlich häb sich das Holzgas entzonda, sei verpufft, ond hätt den Schada verursacht. I' han ehm aber net g'laubt ond jetzt moint er, i' hätt aus Rache a' Stuck vo seim Feuerholz a'bohrt ond a' Patron en's Bohrloch g'steckt, damit's sein Ofa verreißt."

„Herr Jungförster Wollbert", wandte sich der Richter an den Kläger, „halten Sie den Verdacht für gerechtfertigt?"

„Die Patronenhülse, die ich nach dem Löschen in der Asche gefunden hab, ist doch Beweis genug!", gab er mit einem verächtlichen Blick auf seinen Widersacher zu Protokoll.

„Beweis! Hör mir auf mit dei'm Beweis!", fauchte der der Köhler Franz den Jungförster empört an. „Vielleicht hoscht wie bei mei'm Meiler die Patrone au' wieder verlora, ond sie mit dei'm Anfeuerholz en de Ofa g'steckt. I han doch koin oinziga Schuss dahoim."

„So, so, keinen einzigen Schuss mehr daheim, dann ist ja alles klar", resümierte der Richter mit einem verschmitzten Lächeln. „Nur Verdächtigungen und keine Beweise, deshalb kann es auch kein Urteil geben. Die Gerichtskosten trägt die Staatskasse. Nehmen Sie das zu Protokoll!", wies er den Gerichtsschreiber an und schloss die Verhandlung. „Einen Wunsch hätte ich aber noch", wandte sich der Richter an den Oberförster. „Nehmen Sie sich die beiden Kontrahenten wegen ihrer gegenseitigen Verdächtigungen einmal richtig zur Brust."

„Herr Richter, das hatte ich sowieso vor, nachher bei einer Maß Bier im *Goldenen Engel*."

## Wintersenners Weihnacht

Es war im Winter 1946. Pius Sutter war an der Schneegrenze angekommen. Er verlangsamte seine ausladenden Schritte, denn der Pfad wurde steiler. Zwei Stunden Weges hatte er bereits auf den schneefreien Almen zurückgelegt. Sein mit persönlichen Sachen gefüllter Rucksack hatte ihm während des Aufstiegs den Schweiß aus den Poren getrieben. Doch bevor er den beschwerlichen Pfad durch Eis und Schnee begann, legte er sich den breiten Schal um den Hals und um sein verstümmeltes Gesicht. Ein Granatsplitter hatte ihm in den letzten Kriegstagen die linke Gesichtsseite verunstaltet.

Schwer verwundet hatte man ihn notdürftig zusammengeflickt und völlig mittellos aus der Gefangenschaft in sein Heimatdorf entlassen. Seitdem bewohnte er einen Raum im Gesindehaus des Bergbauern Hinterleiter. So entstellt und von den Menschen mitleidig angegafft, war er zum Einsiedler geworden. Doch dann bot ihm eines Tages der Hinterleiter Bauer wohl mehr aus Barmherzigkeit die Stelle für den vor vier Wochen verstorbenen vierundneunzig Jahre alt gewordenen Wintersenner gegen ‚Essen und Gewand und ein Taschengeld' an. Sichtlich erleichtert hatte er sich mit seinen wenigen Habseligkeiten auf den Weg gemacht.

Der Aufstieg bis zur Alm war ihm nicht unbekannt, denn oft hatte er sich in seiner Jugendzeit an den Almabtrieben beteiligt. Endlich mit sich und der Natur eins, atmete er noch einmal tief durch, bevor er seinen Weg über das Schneefeld antrat. Obwohl ihm der Wind die ersten Schneeflocken ins Gesicht peitschte, wandte sich Pius Sutter noch einmal um. Tiefer Friede schien über dem Bergdorf zu liegen, wo er doch Not und Zwietracht kennengelernt hatte. Völlig durchschwitzt kämpfte er sich weiter durch den knietiefen Schnee. Ein kalter Windstoß ließ ihn frösteln und zwang ihn, eine Atempause einzulegen.

Am Steilhang unterhalb der Almhütte sah er eine Gruppe Schneewanderer auf ihren Skiern vorbeiziehen. Damals vor zehn Jahren, hatte er, wenn die Alm tief eingeschneit war, ab und zu auch seine Bretter angeschnallt, war aufgestiegen und hatte den alten Senner mit frischem Brot und Tabak versorgt, erinnerte er sich.

Nach etwa hundert Metern mühsamen Stapfens hatte er die Hütte erreicht. Pius Sutter klopfte sich den Schnee von den Schuhen ab und schob den Verschlussbalken vor der Tür zur Seite. Eine leichte Dämmerung empfing ihn, als er den Raum betrat. Der Duft verschiedener Heilkräuter, die auf einer Schnur aufgereiht von der Decke hingen, tat seiner Lunge gut. Pius Sutter stieß die Läden auf und sah sich kurz um. Die Hütte wirkte aufgeräumt, als wäre sie erst gestern verlassen worden. Neben der offenen Feuerstelle auf einem Regal reihten sich einige unverderbliche Lebensmittel aneinander und neben der Eingangstür stand ein Bett mit einem Strohsack und einigen Decken. Fröstelnd legte er etwas Holz auf, entzündete ein Streichholz und nach kurzer Zeit loderten die ersten wärmenden Flammen auf.

Nachdem er seine Kleider gewechselt hatte, wandte er sich dem angrenzenden Raum zu. Zu seinem Erstaunen lagen da friedlich nebeneinander schlafend zwei Ziegen und ein Schaf. Erwacht durch die seltene Störung rappelten sie sich hoch, schnupperten an seiner Hose und leckten ihn an den Händen. Die an den Wänden aufgestapelten Heuballen waren wohl als Futter für die Tiere vorgesehen. Das von der Decke herabtropfende Schmelzwasser wurde sinnigerweise in einer Rinne aufgefangen und in einen Steintrog gelenkt, der ihnen als Tränke diente. Eine Kiste voll mit Futterrüben vervollständigte die Einrichtung des Stalles.

Er öffnete eine weitere Tür. An der Bergseite lehnten auf einem Tisch dicht aneinandergereiht Milchkannen und Melkgeschirr. Weiter hinten im Halbdunkel entdeckte er zwei Pritschen mit Decken, wohl für den Fall, dass sich ein Wanderer verirrte oder von einem Unwetter überrascht wurde.

Pius hatte sich nach seinen Bedürfnissen eingerichtet, backte sich Stockbrot über dem offenen Feuer, Speck und Schmalz befanden sich in der Räucherkammer. So fühlte er sich notdürftig versorgt. Er räumte den Schnee vor der Hütte, sprach mit seinen Tieren und ging seiner täglichen Arbeit nach.

Inzwischen waren drei Wochen vergangen: Es war der Tag vor Heiligabend. Pius, der Wintersenner, war gerade dabei, den frischen Schnee vor der Hütte zu beseitigen, als sich ihm zwei junge Männer auf Skiern näherten. Mit einem „Berg heil!“ begrüßten sie sich gegenseitig. „Der Bauer Hinterleiter schickt uns, um dich mit frischen Lebensmitteln zu versorgen“, sagte der ältere, der einen Rucksack auf dem Rücken trug. Ohne weitere Worte folgten sie dem Senner in die Hütte und legten ein großes frisches Brot, eine Dauerwurst nebst einem duftenden Stück Käse auf den Tisch und stellten noch eine Flasche Enzian dazu. Nach einigen guten Wünschen zur Weihnacht und zum neuen Jahr verabschiedeten sie sich.

Tief in Gedanken versunken sah ihnen der Senner noch lange nach. Pius Sutter dachte weit zurück an seine Jugendzeit, an die Jahre vor dem grausamen Krieg und an die vielen Widerwärtigkeiten, die er danach erleben musste. Dabei hatte er fast den Glauben an Gott verloren. Doch heute in der Einsamkeit der Berge, vor dem heiligen Fest, fühlte er sich ihm näher als jemals zuvor.

So in Gedanken drängte es ihn, nach seinen Tieren zu sehen. Pius setzte sich auf ein Bündel Heu und begann ihnen von der Geburt Jesu zu erzählen. Obwohl es ihnen nicht gegeben war, seine Worte zu verstehen, drängten sie sich heran, um ihm ihre Zuneigung zu bezeugen. „Oh, ihr Geschöpfe Gottes, heute ist Weihnacht!“, sagte er über ihr Fell streichelnd und erhob sich.

Er ging in den Schuppen, um für ein Weihnachtsfeuer ein paar Scheite Holz vor der Hütte aufzuschichten. Es war schon dunkel, als er das Feuer entfachte. Drunten im Tal leuchteten bereits tausende Lichter. Selbst der Schall der Kirchenglocken drang in der klaren Luft der Winternacht bis hier herauf. Dabei war ihm, als höre er auch den Gesang der Chöre. „Stille Nacht, heilige Nacht“, brummte er beseligt mit seiner Bassstimme vor sich hin, bis er sich dann, zum ersten Mal seit Jahren, mit einem kleinen Nachtgebet auf den Lippen zur Ruhe begab.

**Eine alte List**

Olga Bäuerle, eine hochbetagte Lehrerin aus dem Oberschwäbischen, sah mit gemischten Gefühlen dem vorletzten Unterrichtstag vor ihrem Ruhestand entgegen. Sie hatte sich ein Leben lang bemüht, den Schülern der ersten Klasse die Schriftsprache, so wie sie im Duden steht, nahezubringen. Es fiel ihr aber nicht immer leicht, den heimatlichen Jargon im Unterricht ganz zu vermeiden. Obwohl die erste Unterrichtsstunde im Lehrplan festgeschrieben war, begann sie an diesem Morgen mit einem anderen Thema: „Kinder, ich weiß, dass ihr euch auf euren letzten Schultag freut. Für mich ist es auch ein besonderer Tag. Ich werde vom Schulrat in den Ruhestand verabschiedet, wobei er euch auch die neue Lehrerin vorstellen wird. Danach erhaltet ihr die Zeugnisse. Zu der Abschlussfeier nach der großen Pause hab ich alle Eltern schriftlich eingeladen. Es gibt en selber bachena Kucha ond Kaffee aus der Kaffeemaschine in der Mensa. Für eure Väter hält der Hausmeischter a paar Fläschle Bier bereit. So etwa hab i‘ mir die Verabschiedung vorgestellt. Aber jetzt zu etwas anderem: In letzter Zeit hat es oft an eurer Mitarbeit g’fehlt. Damit der Schulrat und eure Eltern, die den Unterricht eine Stunde lang verfolgen werden, von der Klasse en guta Eindruck bekommet, hab‘ ich mir was eifalla lassa. Es ist eigentlich nur ein Schabernack aus meiner Studienzeit. Und das geht so: Wenn ich euch Fragen stelle, sollten sich alle melden. Wer die richtige Antwort weiß, meldet sich mit der rechten Hand, wer sie nicht weiß, mit der linken, so kann ich sicher aufrufen. Das freut dann eure Eltern und der Schulrat isch au‘ z‘frieda. Ihr dürft aber mit niemand d‘rüber reden, versprochen?“ Die ganze Klasse stimmte begeistert zu.

„Dann wollen wir das gleich ausprobieren“, entschied sie und begann Fragen zu stellen. Wie besprochen streckte die ganze Klasse. Die Wissenden mit der rechten Hand, die anderen mit der linken. „Von so einem Anblick habe ich mein ganzes Lehrerinnendasein geträumt“, flüsterte sie mit leuchtenden Augen.

Am nächsten Tag zu Beginn der ersten Unterrichtstunde: Die Schüler, angetan von der List ihrer Lehrerin, schlugen vor, es gleich noch einmal zu üben. Sie ließ sich nur zögernd überreden, bestimmte aber anschließend mit dem Unterricht weiterzumachen. Gut eineinhalb Stunden später schrillte das Läutwerk und kündigte den Beginn der großen Pause an. Die Kinder stürmten hinaus auf den Flur und vermischten sich im Gedränge mit den zum Teil schon anwesenden Eltern.

Inzwischen war auch der Schulrat mit der neuen Lehrerin eingetroffen. Nach einer kurzen Begrüßung lud die Lehrerin die Eltern in das Klassenzimmer ein. Die etwa zehn Mütter und halb so viele Väter ließen sich in den letzten Bankreihen nieder. Der Schulrat und die Junglehrerin nahmen auf den für sie vorgesehenen Stühlen Platz.

Als etwas Ruhe eingekehrt war, wandte sich der Schulrat an die Lehrerin: „Können Sie uns ein Beispiel über den Wissenstand Ihrer Klasse in Deutsch oder Mathe geben?"

„Oh ja, gern", willigte sie ein. „Wir beginnen mit Deutsch!", verkündete sie und überflog die Reihen der Schüler. Doch bevor sie einige Fragen stellen konnte, meldete sich zu ihrer Überraschung ein Schüler aus der vierten Reihe. „Was gibt's?", fragte sie Unheil ahnend.

„Frau Lehrerin, ich habe vergessen, soll ich jetzt rechts oder …?" Ihr stockte der Atem, sie fasste sich aber schnell und antwortete: „Mach, wie du willst, aber setz dich bitte wieder und störe nicht weiter." Gott sei Dank, das ist noch einmal gutgegangen, dachte sie erleichtert. Der Schulrat dagegen quittierte mit einem wissenden Lächeln die Szene. Es folgten noch einige Fragen und Antworten, die von den Eltern mit Beifall belohnt wurden.

„Eigentlich wären Sie jetzt an der Reihe, sich der ersten Klasse vorzustellen", schlug der Schulrat der jungen Lehrerin vor.

Selbstbewusst und ohne Zögern erhob sie sich und trat vor die Klasse. „Mein Name ist Birgit Seidel und ich bin eure neue Lehrerin. Wenn ihr gut mitarbeitet, können wir Freunde werden, das versprech ich euch. Als erstes wollen wir gemeinsam eine kleine Rechenaufgabe lösen", schlug sie vor. Sie schrieb ein paar Zahlen zur Addition auf die Tafel, wobei die Lösung schon nach kurzer Zeit von den Mädchen und Jungs fast im Chor erfolgte.

Unter dem Beifall der Eltern begann sie, einen Satz auf die Tafel zu schreiben. „Wer von euch kann das bereits lesen?", fragte die Junglehrerin. Betretenes Schweigen. Die neue, ungewohnte Schreibweise der Buchstaben sorgte bei den Schülern zunächst für etwas Verwirrung. Doch dann, nach einigen Sekunden, schoss die rechte Hand des Fritz Maler, der im Vorlesen noch nie ein Licht gewesen war, in die Höhe. Erfreut über die Spontanität des Schülers ermunterte sie ihn nun zum Vorlesen. Der Maler Fritz holte noch einmal tief Luft und begann: „D i e - L e h r e r i n - h a t - e i n e n – k n a c k i g e n - H i n t e r n." Ein empörtes Raunen ging durch den Raum.

„Was liest du denn da? Das steht doch da gar nicht, du dummer Bub!", wies sie ihn zurecht.

Eingeschüchtert und mit Tränen in den Augen schluchzte der Junge immer wieder auf. Doch dann brach es schließlich aus ihm heraus: „Da hat mir aber der Vater vom Knispel Sepp falsch eingesagt“, versuchte er sich zu rechtfertigen und löste damit ein verhaltenes Gelächter aus.

Nicht so bei Knispels Ehefrau. Empört giftete sie über die Köpfe der Schülerinnen hinweg ihren Mann an: „Das sieht dir wieder gleich, sobald ein Weiberrock in deine Nähe kommt, benimmst du dich wie ein Wendehals in der Balzzeit. Dass du dir dabei den Hals noch net verrenkt hast, hat mich scho‘ oft g’wondert!“, bemerkte sie noch und endete schmollend mit ihrer Schmährede.

Nach dieser pikanten Szene verteilte der Schulrat die Zeugnisse. Anschließend lud die scheidende Lehrerin die Eltern und den Schulrat zum gemütlichen Abschluss in die Aula ein. Um weiteren Spötteleien aus dem Wege zu gehen, zog es jedoch das Ehepaar Knispel vor, den Heimweg anzutreten. Es wurde noch eine gemütliche Stunde bei Kaffee und Kuchen. Man unterhielt sich angeregt und mancher Dorfklatsch machte die Runde. Zwei Frauen, die sich scheinbar nicht recht ‚grün‘ waren, erweckte die Aufmerksamkeit des Schulrats.

„Frau Bieberich, ist Ihr Sohn jetzt endlich versetzt worden?“, fragte die jüngere der beiden angriffslustig.

„Noi, Frau Gräulich, aber wie mir die Lehrerin vorhin g’sagt hot, ist er mit Abstand der beste vo‘ älle, die sitza blieba send.“

„Na ja, der hellste war er no’ nie. Derlezt sollte er, wie er mir sagte, für Sie etwas bei Ihrer Schwägere abhola. Er hat immer wieder den Klingelknopf an der Tür traktiert. Es hat ehm aber niemand uffmacha kenna, weil die Wohnung scho a‘g anze Woch leer stoht. Wie i‘ ihm g’sagt hab, dass sei Tante auszoga sei, hat er g’moint: ‚No wart i‘ halt, bis sie wieder a’zoga isch‘ ond hot weiter an der Haustür trommelt.“

Um einen weiteren Konflikt der beiden zu unterbinden, wandte sich der Schulrat den beiden zänkischen Frauen zu. „Ein oder zwei Mal ein Jahr zu wiederholen, ist doch keine Schande. Ich wäre aus heutiger Sicht in meiner Jugend auch lieber einmal sitzengeblieben. Aber nein, Studium und Streben war für mich wichtiger. Das hat dazu geführt, dass ich nun als Altlediger ein ewig Sitzenbleibender geworden bin.“ Nach diesem erheiternden Eingeständnis verabschiedete sich der Schulrat von den Eltern der Kinder und den Lehrerkolleginnen.

Während ihn die alte Lehrerin aus dem Schulgebäude begleitete, raunte er ihr zu: „Ich musste still in mich hineinlächeln. Der Trick mit rechts und links ist zwar schon alt, aber die Eltern sind immer wieder beeindruckt.

## Auf dem Volksfest

Wir saßen wie jeden Donnerstagabend in „*Opa Pillipamps Kneipe*“ beim Skat. Zu vorgerückter Stunde und nach einigen Gläsern Bier schlug mein Bruder Karl vor, doch am Wochenende mit unseren Frauen das Cannstatter Volksfest zu besuchen. Irgendwie hatte meine Freundin etwas von unserem Vorhaben mitbekommen und fragte: „Ist das wieder eine reine Männersache?“

„Nein mein Schatz, ich wollte dich eigentlich morgen an deinem Geburtstag mit der Einladung überraschen.“

„Entschuldige bitte, jetzt habe ich dir deine Überraschung verdorben.“

„Nicht schlimm“, entgegnete ich leicht gekränkt und bekam zur Versöhnung einen Kuss.

Zwei Tage später: Die Anzeichen für einen schönen Tag ließen uns in aller Frühe aufbrechen. Schließlich, nach einer Viertelstunde Fußmarsch von einem der bewachten Parkplätze, hatten wir den Eingang erreicht. Wir drängten uns in die Schlange der Wartenden. Doch bevor wir uns dem Biergenuss hingeben konnten, mussten wir Entscheidungen wegen der Rückkehr treffen. „Das ist ganz einfach“, meldete sich mein Bruder Karl. „Ich habe den Vorschlag gemacht, auf den Wasen zu gehen, also fahre ich auch. Auf ein Bier oder ein Schnäpschen kann ich leicht verzichten.“

Barbara, die in unserer Gesellschaft nur selten an einem Bier nippte, hatte sich auf Anhieb bereit erklärt, mit dem Auto ihres Freundes die Heimfahrt zu übernehmen. Danach vereinbarten wir, als Gruppe zusammenzubleiben. Vor der Kasse am Riesenrad mussten wir eine Weile anstehen, um Eintrittskarten zu ergattern. Dabei entdeckte ich neben dem Eingang einen Mann in orientalisch anmutender Kleidung. Mir fiel auf, dass fast alle seine Finger und auch die lange, kunstvoll gedrechselte Schalmei mit Silber beringt waren. Neugierig näherte ich mich ihm und betrachtete eingehend dieses seltene Blasinstrument. „Ein schönes Stück“, sprach ich ihn an.

„Ja, ist schönes Stuck, schon über hundert Jahre alt. Hat Großvater gemacht aus Holz von Amberbaum“, gab er zu meiner Überraschung in gebrochenem Deutsch Auskunft.

„Ach was?“, sagte ich erstaunt, denn ich hatte einmal gelesen, dass das Harz dieses Baumes auch in der Medizin verwendet wurde.

„Komm!“, rief mir meine Freundin zu. „Wir wollen alle erst einmal eine Runde mit dem Riesenrad drehen.“ Als wir den höchsten Punkt erreicht hatten, bot sich uns eine tolle Sicht über das Festgelände. Am Ende der Fahrt verließen wir die Gondel und stürzten uns ins Gedränge. Ein baumlanger

Schlägertyp, umringt von einem Pulk Halbwüchsiger, war bemüht, den Zeiger einer Kraftuhr auf einhundertsechzig Kilo zu wuchten. Am Ende blieb der Zeiger auf einhundertfünfzig Kilo stehen. In Ermangelung von Kleingeld verließ er den Stand und wandte sich an einen Schausteller, um Geld zu wechseln.

„Karl, was der kann, dürfte für dich doch kein Problem sein!“, stichelten wir. Mein Bruder in Bestform drückte den Zeiger der Messuhr bis zum Anschlag und blieb auf zweihundert Kilo stehen. Als der Zweimeterriese, gefolgt von dem Schwarm Halbwüchsiger, wieder zurückkam, fragte er die Umstehenden: „Wer hat das gedrückt?“

„Er“, rief einer der Zuschauer und deutete auf meinen Bruder. Der ungeschlachte Kerl sah ihn geringschätzig von oben bis unten an und schubste ihn an das Gerät.

Der Typ steckte ein Geldstück in den Schlitz. „Drücken!“ befahl er.

Karl hatte wohl etwas Muffensausen bekommen, denn er sah sich verunsichert nach uns um. „Nur zu! Wir stehen hinter dir!“, machten wir ihm Mut. Er drückte den Zeiger wieder bis zum Anschlag. Blamiert, unter Buhrufen und dem Gejohle der Jugendlichen schlich sich der Dicke davon.

Wir schlenderten weiter, hörten mancher hochtrabenden Preisung neuer Sensationen zu, die doch nichts anderes als Kopien vorausgegangener Vorstellungen waren. Als wir uns einer Schießbude näherten, erwachte mein Sportschützenherz. Am Ende konnte ich jeder unserer vier Damen, und das nur mit einen Fehlschuss, drei Rosen überreichen. „Jetzt ist aber Schluss mit Rosenschießen!“, sagte die Aufsicht.

„Und auf Scheiben?“, fragte ich.

„Das geht, fünf Zehner in der Serie, dann haben Sie freie Auswahl.“

Ich hatte mich bei den Rosen gut eingeschossen. So erreichte ich in der ersten Serie neunundvierzig Ringe und die zweite beendete ich mit fünfzig.

„Freie Auswahl!“, verkündete die Standaufsicht mit mürrischer Miene.

Meine Freundin wählte für sich einen großen weißen Bären aus.

„Jetzt ist aber Schluss! Ich lasse mich von Ihnen nicht ruinieren. Verlassen Sie den Stand, oder ich lasse Sie wegbringen!“, drohte mir der Standbetreiber.

Zufrieden über die kleinen Abenteuer schlenderten wir weiter und steuerten eines der Bierzelte an. In froher Runde bei einem Hähnchen und ein paar Bier ließen wir den ereignisreichen Tag ausklingen.

Auf dem Heimweg begannen wir immer wieder die Geschichte von dem Schlägertypen und Karls Kraftakt zu erzählen.

## Eine skurrile, aber wahre Geschichte über den Schrotthändler „Awa"

Es war im Spätherbst des Jahres 1960. Ich wohnte bereits über ein Jahr in dieser Stadt, hatte mich gut eingelebt und war Mitglied ein einem Sportverein geworden. Der Winter mit viel Schnee stand vor der Tür. So jedenfalls lautete der Halbjahreswetterbericht. Deshalb trug ich mich mit dem Gedanken, noch vor dem Winter ein neues Fahrzeug anzuschaffen, nicht nur, weil mein alter VW-Käfer nach Winterreifen schrie. Als ich mein Vorhaben im Kreise meiner Sportkollegen bekannt machte, riet mir ein Automechaniker, noch bis zum Frühjahr auf die neue Serie zu warten. Er würde mir gegen einen geringen Geldbetrag gebrauchte Räder mit Winterreifen beschaffen und mir auch bei der Montage helfen. Als wir unser Vorhaben beginnen wollten, stellte er fest, dass an einem der Räder die Schrauben derart verschlissen rund waren, dass man sie nur noch mit einer Rohrzange lösen konnte.

„Am besten ist, du gehst zum *Awa*, dem Schrottkönig. Der hat bestimmt welche. Achte aber darauf, dass die Gewinde und die Kanten nicht zu stark abgenutzt sind!" Ich tat, wie er mir geraten hatte und hielt vor dem besagten Schrottplatz an. Ein Ungetüm von einem alten Schloss hing vermutlich ausgedient und verrostet lose an einer Kette am Eingangstor des Autofriedhofes. „Hier beißt du dir die Zähne aus!", sollte es wohl vor langer Zeit eventuellen Einbrechern signalisieren. Berge von ausgeschlachteten Autowracks lagen übereinandergeschichtet rechts und links der von Regen und Ölschlieren schleimig glänzenden Pfützen auf der Zufahrtsstraße. Ganz hinten am Ende stand ein mit grellen Farben angestrichener alter Autobus und davor ein Schild mit der Aufschrift *Büro*. Der Schrottplatz schien mir irgendwie verwaist zu sein.

Als ich neben einem Stapel Stahlflaschen, die gefüllt mit Sauerstoff und Gas zum Zerlegen großer Teile benötigt wurden, angekommen war, rief ich: „Ist da jemand?" Keine Antwort. Doch ein paar Meter weiter trottete mir ein großer Hund entgegen, der eine lange Leine hinter sich her schleppte. Respektvoll blieb ich stehen. Er schien nicht bösartig zu sein, denn er beschnüffelte mich nur bei jedem weiteren Schritt. Mit einem kurzen Blick durch die offen stehende Tür des Busses stellte ich fest, dass das Steuerrad ausgebaut war. Ein Mann saß laut schnarchend zurückgelehnt auf dem Fahrersitz. Ich wollte mich gerade durch ein Räuspern bemerkbar machen, da löste sich der Hund mit einem drohenden Knurren von meiner Seite und spurtete auf den Eingang zu.

Eine Horde lärmender Jugendlicher war von der Straße auf den Platz eingebogen. Ich sah gerade noch, wie sich die Leine, die seither lose am Boden gelegen hatte, ruckartig spannte und den Schläfer fast von seinem Sitz riss. „Wa‘ isch los, Prinz?“, rief er erschrocken und sah mit weit aufgerissenen Augen seinem Wachhund zu, wie er die Eindringlinge vertrieb.

„Awa! Ond Sia kennet au‘ net lesa?“, wandte er sich an mich. „Vo zwelfe bis zweu isch g’schlossa. Net amol iber dr Mittag hot mer sei Ruh“, brummte er verdrießlich. „Mer muss scho uffpassa, deswega han i‘ mein Hond emmer an der Leine, wenn i‘ iber dr Mittag mei Schläfle mach“, sagte er und zog seine Hand aus der Schlaufe. „Awa! Ond was hent Sia eigentlich wella?“, fragte er.

„Ich suche ein paar Radmuttern für meinen VW-Käfer. Ich möchte die Räder wechseln, aber die Köpfe der alten Muttern sind schon fast rund. Die lassen sich, wie mir gesagt wurde, nur noch mit einer Rohrzange bewegen.“

„Awa! Do hemmer b‘stemmt ebbes. Aber z’erscht trenka mer a Bier z’amma, no erscht kommt des G’schäft!“

Erstaunt über seinen Vorschlag entgegnete ich: „Eigentlich trinke ich kein Bier, wenn ich mit dem Auto unterwegs bin.“

„Awa! Oi Bier macht doch nex. So kommet mir net z’amma. I‘ be uf d’r Such noch eum, der mir bei meim G’schäft a bissle G’sellschaft leistet. Der muss aber scho a‘ bissle trenkfescht sei ond em Tag a Käschtle Bier vertraga kenna. Awa! Ond Sia machet sich scho wega oim Fläschle a G’wissa.“ Mein Gastgeber köpfte entschlossen zwei Flaschen und stieß mit mir heftig an. Ohne abzusetzen schüttete er den Inhalt der Flasche in sich hinein. Einen lauten Rülpser ausstoßend nuschelte er: „Mol säha.“ Er rappelte sich umständlich hoch und wankte in den hinteren Teil des Busses, an dessen Seiten ein Regal mit vielen kleinen Schubladen befestigt war. Er schien sich kurz zu besinnen. „Awa! Do hemmer scho, was mer brauchet“, hörte ich ihn sagen.

Er kam zurück und reichte mir eine Schublade. „Do, suchet Se sich aus, was Se brauchet!“, sagte er mit schwerer Zunge und ließ sich auf den Fahrersitz fallen. Ich fand vier gut erhaltene Schrauben, legte sie vor ihm auf die Ablage und reichte ihm die kleine Lade.

„Awa! Brenget Se‘s selber z’ruck ond schiebet Se‘s en des freie Loch nei!“

Ich tat wie mir geheißen und war erstaunt, welche Ordnung hier herrschte. Neugierig linste ich in einige der Schubladen und stellte fest, dass sich in jeder ein kleines Ersatzteil von Autozubehör befand. Als es ans Zahlen ging, lehnte er ab. „B‘haltet Se Ihr Geld, des koschtet nex!“ Ich legte trotzdem ein Zweimarkstück auf die Ablage. „Na guat, no steck i's halt wia älle Trenkgelder in dia Sparbüchs vom Rota Kreiz, dene tuat's au guat. Sia send net vo do, des hör i' an der Sproch. Wenn Se amol wieder was brauchet, kommet Se halt vorbei. Dia Öffnongszeita steand jo am Tor."

Ich verabschiedete mich und fuhr mit meinen alten klapprigen VW nach Hause. Das Wechseln der Räder ging mit Hilfe des Automechanikers problemlos vonstatten. Am Abend des gleichen Tages saß ich nach dem Training mit meinen Kollegen im Sportheim noch eine Weile zusammen. Ich erzählte ihnen von meinem Besuch auf dem Autofriedhof und dem seltsamen Gebaren des Schrotthändlers beim Suchen der vier Schrauben.

„Das kennen wir, das ist eben seine Art", waren sich alle einig.

„Eigentlich ist er ein armes Schwein", bedauerte ihn ein etwa vierzigjähriger Mann, der, wie sich im Laufe des Gesprächs herausstellte, mit seiner Frau als Hausmeister in einem städtischen Wohnblock Dienst tat. Wie er weiter berichtete, wurde dem Schrotthändler vor etwa fünfzehn Jahren eine Wohnung im Parterre neben seiner Dienstwohnung zugewiesen. Wegen seiner beschränkten Fähigkeit, sich vollständig selbst zu versorgen, übernahm die Frau des Hausmeisters im Auftrag eines Vormundes die teilweise Führung des Nachbarhaushaltes. So entstand nach seiner Darstellung ein fast freundschaftliches Verhältnis zwischen dem Schrotthändler und seiner Familie. Zurückblickend erzählte er: „Obwohl die Nationalsozialisten sein außergewöhnliches Erinnerungstalent nutzten, haben sie ihm gegen Ende des Krieges noch übel mitgespielt. Seinem Bruder Simon war es während der Judenverfolgung gerade noch rechtzeitig gelungen, sich nach Amerika abzusetzen. Durch gute Beziehungen ist er Besitzer einer großen Hotelkette geworden. Dem Schrotthändler jedoch, einst ein ansehnlicher und intelligenter Mensch, haben die Strapazen im Vernichtungslager Dachau seine Würde genommen. Nach seiner Befreiung als vollkommen gebrochener Mann wurde er zum Trinker. Sein Erscheinungsbild passte nicht in das des Hotelimperiums. Deshalb bestellte sein Bruder Simon für ihn einen Rechtsanwalt als Vormund und kaufte ihm auf seinen Wunsch das große Gelände mit dem Schottplatz am Rande der Stadt. So zumindest erzählen sich die Einheimischen. Seitdem führt er, versorgt mit einer üppigen Rente aus dem Hotelimperium seines Bruders, ein scheinbar sorgenfreies Leben. Als sogenannter ‚Eigenbrödler' war er mancher Spöttelei ausgesetzt, suchte aber trotzdem Unterhaltung an den Stammtischen und bezahlte, auch oft gegen den Willen mancher Gäste, mit seinem ‚Awa' deren Zechen."

Das alles zu hören rang mir ein verständnisloses Kopfschütteln ab und ich fragte den Hausmeister, wie jener Mensch wohl mit seinem System auch privat zurechtkomme.

„Das zu erfahren ist recht einfach. Joshua, unser Schrotthändler, macht erstaunlicherweise immer pünktlich Feierabend. Kommen Sie morgen um fünf Uhr in die Poststraße gegenüber der Sparkasse."

Am nächsten Tag warteten wir wie vereinbart fast eine halbe Stunde länger als vorgesehen. „Das versteh ich nicht, sonst ist er doch immer pünktlich, schon wegen der Aufwartung meiner Frau." Kaum dass er seine Bedenken ausgesprochen hatte, rollte fast lautlos ein amerikanischer Luxusschlitten auf uns zu. Ringsum chromglänzend und auf der Motorhaube in Fahrtrichtung schauend so etwas wie eine Meerjungfrau.

„Toll!", sagte ich von dem Anblick überrascht. Während ich noch schaute, hatte Joshua, der Schrotthändler, die Autotür geöffnet und war ins Freie getreten.

„Heute etwas später dran?", empfing ihn der Hausmeister.

„Ha jo, i' han heit vooltanka müaßa, wenn i' ibers Wochaend oin B'such macha will."

„Das ist bestimmt ein mächtiger Benzinschlucker", sagte ich vor mich hin.

„Awa! Der Schlitta frisst z'wor vierondzwanz'g Liter, aber i' krieg mit meim Ausweis des Benzin an jeder Tankstell omesonscht, i' muss bloß onderschreiba."

„Deinen Kunden von gestern interessiert es, wie das geht, wenn du ohne langes Suchen auf Anhieb alles wieder findest", brachte der Hausmeister mein Anliegen vor.

„Des isch doch ganz eufach. Kommet Se, mir geant in mei Wohnung, no zeig i's Eahne!", wandte er sich an mich und wir folgten ihm. Wir betraten einen spartanisch eingerichteten Raum, in dem eine Wand mannshoch mit aufgestapelten Schuhkartons vollkommen zugestellt war. „Was wellet Se, soll i' sucha?", fragte er mich.

„Einen Dosenöffner zum Beispiel."

Scheinbar unbewusst ließ er seinen ausgestreckten Zeigefinger über die Reihen der Kartons wandern. „Do hemmer's scho", sagte er, bückte sich, fasste eine der unteren Schachteln an den Seiten und zog sie blitzschnell heraus. Die darüber liegenden rutschten mit einem dumpfen Geräusch nach. Er hob den Deckel an und das gesuchte Stück kam zum Vorschein. „I' brauch'en jo etz net", brummelte er, legte den Deckel auf und setzte die Schachtel auf die oberste, die nach unten nachgerutscht war.

„Toll!“, sagte ich tief beeindruckt. „Und wie finden Sie ein Essbesteck oder einen Korkenzieher, wo doch nach diesem System alles durcheinander geraten ist?“

„Koi Problem, des hemmer glei‘. Was hättet Se denn gern?“

„Ein Essbesteck“, antwortete ich.

Der Vorgang wiederholte sich mit dem gleichen Ritual und dem gleichem Resultat. Fassungslos starrte ich ihn an. Für mich ist dieser Mensch mit seinem diffizilen Erinnerungsvermögen bis heute ein Rätsel geblieben.

Anmerkung:
Im schwäbischen Dialekt steht der Ausdruck „Awa“ (beide ‚a‘ werden etwa gleich stark betont) für das schriftdeutsche „Ach was“.
Mit seinem „Awa“ signalisiert der Schrotthändler je nach Situation entweder eine Frage, einen Ausruf des Erstaunens, eine wegwerfende Ablehnung der anderen Meinung oder einen Ausdruck der Bestätigung und Entschlossenheit.

## Lukas‘ Geburtstag

Eduard Prosen war Teilhaber eines mittelständischen Betriebes. Er hatte sich freigenommen, um heute Nachmittag bei der Geburtstagfeier von Lukas dabei zu sein. Während sich sein Bruder Richard, leitender Angestellter in der gleichen Firma, mit seiner Frau auf einer Geschäftsreise befand, hatte er ihre beiden Kinder, Lukas und Nanni, für ein paar Tage in sein Landhaus eingeladen. Die beiden, nur das Stadtleben gewohnt, genossen ihre Freiheit, trieben manchen Unsinn und brachten Leben in das große Haus.

„Die haben mir gerade noch gefehlt“, zischelte Tante Olga, Prosens Ehefrau missmutig, als sie die Geschwister zum Mittagessen rief. Das Gretchen, der dienstbare Geist des Hauses, eine entfernte Verwandte von Tante Olga, war gerade dabei, das Essen aufzutragen, als die Kinder auf den gedeckten Tisch zustürmten.

„Halt, halt! Erst werden die Hände gewaschen, dann dürft ihr Platz nehmen“, fauchte Tante Olga die beiden an.

„Na, na, nicht so streng“, ermahnte Herr Prosen seine Frau, ließ sich auf seinen angestammten Platz nieder und wünschte allen einen guten Appetit.

Nach dem Essen schlug er, an seine beiden Schützlinge gewandt, vor: „So, ihr beiden, und jetzt gehen wir ein Geburtstagsgeschenk für Lukas einkaufen!“

Die Geschwister, Feuer und Flamme über diesen Vorschlag, stürmten aus dem Haus. Auf dem großen Platz vor dem Kaufhaus angekommen, nahm er Nanni und Lukas an den Händen. „So, dann wollen wir mal“, sagte er und sie mischten sich unter das Gedränge der Kauflustigen. „Ich weiß noch gar nicht, was für ein Geburtstagsgeschenk du dir wünschst?“, fragte der Onkel.

„Am liebsten wäre mir ein Buch“, schlug Lukas vor.

„Dann such dir einfach eines aus!“

Weniger an Heimatgeschichten interessiert wie der „Bergbauernbub“ oder das „Heimweh“, was Onkel Eduard vorschlug, entschied er sich für die „Waldgeister“. Eine spannende Gruselgeschichte, hatte ihm sein Schulfreund Peter erzählt.

Onkel Eduard ging an die Kasse und bezahlte das Buch. „So, und jetzt habe ich noch eine Überraschung für euch“, versprach er den beiden Kindern. Doch in der Vorhalle der Apotheke schien kaum ein Durchkommen möglich. Etwa zwanzig Feuerwehrmänner, vielleicht waren es auch mehr, nahmen an einer Übung zur Rettung bewusstloser oder verunglückter Menschen teil. Neugierig, die versprochene Überraschung fast vergessend, schlüpfte Lukas durch das Gedränge der Männer.

„Bringen Sie die ohnmächtige oder bewusstlose Person erst in die Rückenlage, bevor Sie mit der Mund-zu-Mund-Beatmung beginnen!“, verkündete der Kursleiter.

Interessiert und mit weit aufgerissenen Augen beobachtete Lukas, wie einer der Feuerwehrmänner immer wieder tief Luft holte und eine große liegende Gummipuppe auf den Mund küsste. Verständnislos und mit vielen ungelösten Fragen behaftet wandte er sich wieder Onkel Eduard und Nanni zu.

Schließlich waren die drei in der Spielwarenabteilung gelandet: „Wie wär’s mit einer kleinen Puppe, Nanni? Du hast zwar erst in drei Wochen deinen sechsten Geburtstag, aber such dir trotzdem eine aus.“

„Ich möchte aber keine Puppen mehr! An jedem Geburtstag bekomme ich nur kleine Puppen geschenkt. Wenn ich einmal groß bin, dann heirate ich Peter, den Freund von Lukas. Von dem kriege ich dann ganz bestimmt große Puppen, soviel ich will“, wehrte sie altklug ab.

„Na gut, dann heute eben nicht“, bedauerte der Onkel.

„Wann kommt die Überraschung?“, fragten die beiden fast gleichzeitig.

„Nur langsam, wir müssen nur noch um die Ecke gehen, dann sind wir schon da“, bremste Onkel Eduard ihre Eile.

„So, Herr Prosen, heute mit Anhang unterwegs?“, empfing ihn der Marktleiter der Drogerieabteilung.

„Ja, es sind die Kinder meines Bruders Richard, sie verbringen ihre Ferien bei uns. Ich hätte gern eine Kleinigkeit für die beiden.“

„Das trifft sich gut, wir haben Luftballons im Angebot. Ein Päckchen zu zehn Stück.“

„Davon nehmen wir eins“, entschied Onkel Eduard. „Können Sie die auch gleich aufblasen lassen?“

„Aber selbstverständlich, Herr Prosen“, gab der Verkäufer zur Antwort.

„Und dann noch ein kleines Päckchen für mich.“

„Die gleichen Farben?“

„Ach, doch keine Farben, nein. Na, sie wissen schon, für Männer, wie immer“, klärte er den Marktleiter mit gedämpfter Stimme und einem vielsagenden Seitenblick zu den Kindern auf.

Eine junge Angestellte, die unbeabsichtigt das Gespräch mitgehört hatte, füllte mit verschmitztem Lächeln je fünf Ballons und knotete sie zusammen. Die Kinder machten große Augen, als sich ein aufgeblasener Luftballon selbständig machte und zur Decke des Verkaufsraumes hochstieg.

„Onkel Eduard, du kannst doch jetzt auch deine Luftballons aufblasen lassen!“, schlug Nanni vor.

„Das geht jetzt nicht, später vielleicht, irgendwann“, versuchte ihr Onkel, die beiden von weiteren Fragen abzulenken.

„Hier, nimm den Faden und zieh ihn herunter, damit wir ihn mit den anderen zusammenbinden können“, forderte die Verkäuferin Nanni mit vor Verlegenheit geröteten Wangen auf. „Und draußen müsst ihr sie gut festhalten. Wenn ihr sie loslasst, fliegen sie fort und niemand kann sie zurückholen“, warnte sie die Kinder.

„Na, wie hat euch der kleine Ausflug in das Kaufhaus gefallen?“, fragte ihr Onkel auf dem Heimweg.

„Eigentlich ganz gut“, antwortete Lukas. „Bei der Übung der Feuerwehrmänner war es fast genauso, wie du gestern bei dem Gretchen die Mund-zu-Mund-Beatmung gemacht hast, als sie auf dem Sofa lag. Das konnte ich durch das Fenster des Gästezimmers sehen. Aber da war sie schon nicht mehr so stark ohnmächtig, weil sie sich beim Aufstehen bereits an deinem Hals festhalten konnte.“

„So, so, das willst du gesehen haben, täuschst du dich auch nicht?“, fragte sein Onkel mit einem Würgen im Hals.

„Ganz gewiss habe ich es gesehen, aber nur ein bisschen undeutlich, weil das Glas im Fenster so gespiegelt hat“, wehrte sich Lukas.

„Wenn du so etwas gesehen hast, dann ist das ein Geheimnis, und wenn man ein Geheimnis weitererzählt, sagen die Leute, du bist ein Lügner. Sie glauben dir dann nicht mehr, was du sagst, auch wenn es die Wahrheit ist“, redete er mit einem flauen Gefühl in der Magengegend auf Lukas ein. „Wollen wir es so halten und nicht mehr darüber sprechen, was du glaubst gesehen zu haben?“, fragte Prosen und streckte ihm seine Hand entgegen. „Willst du mir das versprechen?“ fragte er eindringlich seinen Neffen.

Lukas sah zu seinem Onkel auf und nickte stumm mit dem Kopf.

Das Gretchen hatte während der Abwesenheit des Hausherrn für Lukas und Nanni den Geburtstagstisch festlich gedeckt. Prosens Frau Olga, eine emanzipierte, umfangreiche Dame, war mehrmals mit grämlichen Gesicht um die Geburtstagstafel gewatschelt. „Jetzt hab‘ ich aber bald genug von den Geburtstagen“, zischte sie missmutig durch die Zähne. „Im April mein Mann, und vor drei Wochen deinen Dreißigsten. Der musste natürlich ganz groß gefeiert werden“, wandte sie sich mit einem neidischen Unterton an Gretchen. „Und heute Lukas‘ Achter“, nuschelte sie überdrüssig. „Aber jetzt muss ich ins Bad, um mich noch schnell zu richten.“

„Als ob es da noch etwas zu richten gäbe“, dachte das Gretchen hinter ihr her.

Inzwischen war der Hausherr mit den beiden Kindern von dem Einkaufsbummel zurück. Tante Olga hatte ihr sonst so ungepflegtes Haar kunstvoll zu einem Knoten aufgesteckt. Das war Lukas sofort aufgefallen, wie schon so manches andere, das er in den letzten drei Tagen beobachtet und gehört hatte.

Nachdem Lukas und Nanni die Luftballons im ganzen Zimmer verteilt hatten, nahm die kleine Gesellschaft an dem reich mit Kuchen und Leckereien gedeckten Tisch Platz. Lukas durfte seinen Geburtstagskuchen selbst anschneiden. Das Gretchen schenkte Kaffee oder Tee ein und legte jedem ein Stück Kuchen auf seinen Teller. Plötzlich surrte und furzte es durch den Raum. Irgendwie hatte sich an dem großen Luftballon die Verknotung gelöst und er war klein und schrumpelig zu Boden gefallen.

„Schade, jetzt ist er kaputt“, bedauerte Gretchen das Malheur.

„Das ist nicht schlimm. Onkel Eduard hat auch ein Päckchen Luftballons gekauft, die können wir nachher aufblasen“, beharrte Nanni.

„Können wir nicht“, wies Lukas seine Schwester zurecht. „Für Männer, hat Onkel Eduard zu dem Verkäufer gesagt, weil die viel mehr Puste haben als wir Kinder:“

„Ach ja, das hätte ich beinahe vergessen“, sagte Prosen, und um die Peinlichkeit zu überbrücken, suchte und wühlte er in seinen Taschen. „Muss ich wohl irgendwo verloren haben“, redete er sich aus der Affäre und sein Blick streifte Gretchen, die mit ängstlich geweiteten Augen sein emsiges Suchen verfolgt hatte.

Die Situation war bereinigt, Tee und Kaffee wurde nachgeschenkt und für jeden gab es ein Stück köstlichen Bienenstich. Plötzlich lachte Lukas mit vollen Backen los und hätte sich beinahe verschluckt.

„Nun hör aber auf und iss deinen Bienenstich!“, ermahnte ihn Onkel Eduard. „Ich kann mir nicht vorstellen, was es da so Lustiges gibt?“

„Ich weiß es auch nicht so recht, es war nur komisch, was mir gerade in den Sinn kam“, entschuldigte sich Lukas. Er konnte nicht an sich halten und lachte lauthals weiter. Sogar Tante Olga, von seinem Lachen angesteckt, war dadurch in Atemnot geraten. Sie war aufgestanden und hatte nach einem Halt suchend eine kleine Vase mit Trockenblumen auf der Anrichte umgestoßen.

Nachdem Nanni mit ihren Bruder allein war, fragte sie: „Warum musstest du plötzlich so lachen?“

„Das war so, wie ich gesehen hab’, dass sich Tante Olga ein großes Stück Bienenstich in den Mund schob, musste ich an unseren letzten Zoobesuch denken. Ich verglich sie in dem Augenblick mit dem Flusspferd, das sein

Maul so weit aufriss, dass ihm der Wärter einen ganzen Korb voll Möhren hineinschütten konnte“, sagte Lukas und die beiden kicherten noch, als sie bereits beim Abendessen saßen.

Als es für die Kinder Zeit wurde, ins Bett zu gehen, verabschiedeten sie sich mit einem Küsschen von Onkel und Tante. Danach begleitete das Gretchen die beiden auf ihr Zimmer. Als sie sich bückte, um die Betten etwas aufzuschütteln, verabreichte ihr Lukas aus purem Übermut einen herzhaften Klaps auf ihr Hinterteil.

„Au, was soll das, du frecher Bengel? So etwas machst du nicht wieder!“, fauchte sie ihn an, während sie sich mit einer Hand ihre Hinterbacken rieb.

„Ich habe doch nur Spaß gemacht“, entschuldigte sich Lukas mit beleidigter Miene. „Aber komisch ist das schon, jedes Mal, wenn das Onkel Eduard bei dir macht, dann lachst du und bist freundlich zu ihm, aber mit mir schimpfst du.“

„Das ist ja auch etwas ganz anderes, der ist nicht so grob wie du. Aber jetzt ist Schluss!“, beendete das Gretchen die Debatte und scheuchte mit hochrotem Kopf die Geschwister ins Bett.

## Der geläuterte Patient

Alois Hinderer hatte sein Brot ein halbes Leben lang als Waldarbeiter im Staatsforst verdient, hatte so manche gefährliche Situation beim Bäumefällen ohne größere Blessuren überstanden. Nun, seit einigen Jahren in Rente, lebte er wie einige andere unverheiratete Männer als Altlediger im Dorf bei Verwandten. Vor einigen Wochen hatte er sich beim Holzspalten eine Beule am Kopf zugezogen. Als dann die Schmerzen immer stärker wurden, halfen auch die Tabletten nicht mehr, die ihm der Dorfdoktor verschrieben hatte. Es schmeckte ihm kein Essen und er fühlte sich elend.

„So ka‘ des net weiterganga, des halt i bald nemme aus“, sagte er zu sich und suchte den Doktor auf.

Der Mediziner besah kopfschüttelnd Alois und seine Beule. „Ja Alois, das sieht nicht gut aus, da schick ich dich lieber in die Klinik. Die haben dort einen erfahrenen Professor, der sich mit so was gut auskennt, der soll sich das mal ansehen.“

Die Fahrt in die Klinik schien dem Alois eine weite Reise zu sein, denn er hatte mit seinen siebzig Jahren nur selten die Grenzen zu den Nachbardörfern überschritten.

„Stell dir vor, i’soll ens Krankahaus, hot d’r Dokter g’sait“, beklagte er sich bei Lina, einer nahen Verwandten, in deren Haus er ein Dachzimmer bewohnte. „Wie soll i‘ dort na‘komma?“, lamentierte er.

„Ha des wurd doch koi Problem sei, zieh dir ebbes anders a‘, no fahr i‘ di‘ hin ond wart, bis fertig bischt!“

In der Klinik angekommen wurde er als erstes zu verschiedenen Untersuchungen von einer Station in die andere geschoben. Und am Ende musste der arme Alois zu seinem Unwillen auch noch eine Blutabnahme über sich ergehen lassen.

Als sie ihn wieder in sein Zimmer zurückbrachten, war er in hellster Aufregung: „Stell dir amol vor! Do draußa uff deam Gang lauft a‘ Schwarzer emma weißa Kittel rom. Sag bloß, en deam Krankahaus werdet dia Kranke vo‘ Afrikaner g‘pflegt. Do druff lass i‘ mi‘ net ei‘, des kennet se mit mir net macha. Wer woiß, was dia oim in dean Tee nei deant!“

„Aber Alois, so derfscht du net denka!“, versuchte ihn Lina zu beruhigen. „Wenn der do wirklich schaffa tät, dann muaß des wohl sei Richtigkeit haba, anderscht goht des net.“

„Wenn i‘ bloß dra‘ denk, wurd‘s mir scho‘ schlecht“, jammerte er. „Diea Schwarze heilet doch mit Kröte‘scheiß ond Mäusedreck. Des han i‘

scho‘ g‘hört ond d‘rletscht erscht en oiner Zeitong g‘lesa. Noi, do d‘rmit will i‘ nex zom doa han!“

„Aber Alois, des is doch G‘schichte ond scho a‘ paar hondert Johr her, wo die des no g’macht hend. Ond vielleicht hot‘r überhaupt nex mit dir zom toa“, versuchte ihn Lina von seinen Vorstellungen abzubringen.

Nur wenige Minuten später suchte der Stationsarzt den Alois auf, um mit ihm den Ablauf des morgigen Tages zu besprechen. „Ja, Herr Hinderer, das sieht nicht gut aus. Wir müssen Sie operieren. Das heißt, dass Sie für ein paar Tage in der Klinik bleiben müssen, sonst wird das mit Ihrer Beule immer schimmer. Aber keine Bange, wir haben ja Professor Butu, der wird Sie schon wieder herstellen und in zwei Wochen ist alles vergessen“, versprach er dem vor Angst blass gewordenen Alois. Der Arzt reichte ihm zur Beruhigung noch einige Tabletten und verabschiedete sich.

„Ja, so wiea der Dokter g‘sait hot, wirscht du wohl doch no a paar Täg em Krankahaus bleiba müaßa. I‘ fahr etz hoim ond gega Obend breng i‘ dir dei Sach für d‘ Nacht.“

Nachdem Lina gegangen war, kam eine Schwester zum Fiebermessen. „Drehen Sie sich bitte etwas zu mir, ich brauche Ihr Ohr!“

„Für was soll des wieder guat sei? Fiebermesssa tuat mr doch ganz woanderscht ond net en de Ohra“, brummelte Alois.

„Jetzt ist Visite, da können Sie mit dem Professor sprechen und Fragen stellen.“

Während sie das Ergebnis in seine Krankenakte eintrug, trat der Schwarzafrikaner, dem er auf dem Gang begegnet war, zu Alois ans Bett. „Ich bin Professor Butu“, stellte er sich vor. „Ich werde Sie morgen früh operieren, aber keine Bange, das kriegen wir alles wieder hin.“

Dem Alois blieb vor Schreck der Mund offen stehen, er wollte etwas sagen, fand aber keine Worte. Der Professor gab noch einige Anweisungen an die Schwestern, reichte seinem Patienten freundlich lächelnd die Hand und entfernte sich. Doch als der Stationsarzt dem Alois einige Medikamente übergeben wollte, brach es aus diesem heraus: „Hent ihr denn koine weiße Dokt‘r, die des au‘ macha kennet?“

„Das haben wir wohl“, meinte der Angesprochene. „Aber unsere Ärzte sind in Ihrem Fall nicht so erfahren, da könnte unter Umständen doch noch etwa schief gehen. Professor Butu hat solche Operationen schon zigmal gemacht.“

„Aber vo‘ so oim Schwarze‘ aus Afrika lass i‘ net an mir romschnipfla. Wenn i‘ en d’r Narkose lieg, woiß mr nie, was die mit oim machet“, bezweifelte der Alois.

„Eines müssen Sie sich merken: Der Herr Professor operiert auf Grund seines Könnens, dabei spielt die Hautfarbe keine Rolle“, redete der Arzt seinem Patienten ins Gewissen. Er machte sich noch einige Notizen und verließ das Zimmer.

Der arme Alois kam sich in seinem Bett vor wie in einer Mausefalle. „Was diea mit mir a'stella wellet, do drüber derf i‘ net nochdenka, aber sterba will i au‘ net!“, jammerte er immer wieder vor sich hin.

Seinem Bettnachbarn, einem Berliner, ging das ganze Gezeter auf die Nerven: „Nu Männeken, hör endlich uff mit det Jesäusel, det jeht mer so langsam uff ‘n Keks!“, versuchte er sich lautstark Ruhe zu verschaffen.

„Emmer diea Ausländer, kaum send se em Ländle, werdet se uffmüpfich“, dachte Alois verärgert über den ihm unbekannten Dialekt seines Bettnachbarn. „Lern du erscht a'mol richtig deitsch!“, wies er den Nörgler zurecht. „I‘ derf mr doch wohl no‘ Gedanka d‘rüber macha, was mir älles passiera ka‘. Was isch ‘n, wenn der mir diea ganz Kopfhaut om mei Beule uffschneid‘t und diea als Skalp mit hoimnemmt? Diea Schwarze sammlet doch so ebbes.“

„Na nee“, grinste der Bettnachbar. „Da biste aber uff dem falschen Dampfer. Skalpe sammeln nur die Indianer. Die Schwarzen schneiden dir gleich den janzen Kopp ab, den tragen se dann als Schrumpfkopp am Gürtel herum.“

„Ha du kannscht oim scho wirklich Angscht macha“, bibberte der Lois und zog sich die Bettdecke hinauf bis ans Kinn.

Gegen Abend brachte ihm Lina sein Nachthemd und noch einige Toilettensachen, dabei erzählte er ihr von seinen Ängsten.

„Aber Alois, du bischt mir vielleicht so a‘ Hamballe. Du loscht die vo‘ so oim, wo mr net woiß, wo der herkommt, verruckt macha“, flüsterte sie mit einem versteckten Seitenblick auf den Bettnachbarn. „Du bischt doch net em Urwald ond der Professor isch au koi Medizinma‘. Der hot doch bei ons en Deitschland studiert und verschtoht sei‘ Handwerk.“

So ganz war Lois von der Sache nicht überzeugt, schickte aber im Stillen ein Gebet gen Himmel: „Lieber Herrgott, wenn der mi‘ wieder g‘sond macht, dann will i‘ zom Dank für diea Kender en deam schwarza Afrika a‘greßere Spende macha“, nahm er sich vor.

Da klopfte es leicht an der Tür. Der Stationsarzt kam noch einmal vorbei und reichte dem Patienten noch einige Tabletten. „Die nehmen Sie gleich ein, damit Sie gut über die Nacht kommen“, empfahl er ihm.

Lina und der Mediziner verabschiedeten sich und verließen gemeinsam den Krankenraum, um noch einiges zu besprechen. Alois indessen schluckte nur widerwillig die Medizin, streckte sich danach auf seinem Bett aus und war bald darauf eingeschlafen.

Am nächsten Tag, kurz nachdem Alois das ungewöhnlich karge Frühstück zu sich genommen hatte, kam ein Pfleger und schob den Alois in den Operationssaal. Der schwarze Professor sah ihn freundlich an und sagte: „Keine Bange, Herr Hinderer, wenn Sie aufwachen, haben Sie alles überstanden."

„Ja, wenn i' überhaupt wieder uffwach!", dachte Alois und schloss die Augen. Ihm war nun alles egal.

Als Alois aus der Narkose aufwachte, plagten ihn keine Kopfschmerzen mehr. Wie unter Zwang wanderten seine Hände über den Kopf. Dabei stellte er fest, dass unter dem dicken Verband, den ihm der Professor um die Wunde gelegt hatte, ein dicker Schopf Haare hervorlugte. Er hatte also seinen Skalp nicht verloren, stellte er beruhigt fest. Befreit von seinen Leiden, nachdem alles gut gegangen war, dachte er: „Vielleicht hot d'r Herrgott jo gar net zug'hört, was i' eahm versprocha han." *(Alois war zeitlebens schon immer ein Geizhals gewesen.)* Doch da meldete sich eine Stimme in seiner Brust: „Du willscht doch net etwa onseren Herrgott b'scheißa wella? Denk lieber do' dra', dass vielleicht so kloine Buaba en Afrika mit deim Geld studiera könntet. Vielleicht werdet die dann au amol so en schwarzer Doktor oder Professor, damit se en a' paar Johr dene Kranke helfa kennet. Wenn diea dann au' so tüchtig werdet wie der Professor Butu, no isch mei Spende a guat a'g'legt's Geld", dachte Alois tiefsinnig.

Er atmete nach dieser Erkenntnis noch einmal tief durch. „No muss i' mi' halt damit abfenda, dass es en Zukonft emmer meh' Schwarze en de' Krankahäuser geba wurd", sagte er resigniert vor sich hin, und nach acht Tagen konnte er das Krankenhaus gesund verlassen.

## Baum meiner Kindheit

Diese Geschichte erzählt eine Jugenderinnerung meiner Tochter Birgit: Lange bevor ich geboren wurde, hatten fremde Leute ein Bäumchen in einem Eck ihres Hausgartens gepflanzt. Bei unserem Einzug in die neue Wohnung schätzte mein Vater den Baum auf ein Alter von etwa fünfzig Jahren. Der altersschwache Stamm mit seiner grobrissigen Rinde, zum Teil schon hohl, war vor Jahren durch einen Hagelsturm kurz unter der Krone abgebrochen. Der verbliebene Rest ragte bis auf einen drei Meter hohen spitzen, rindenlosen Baumstumpf wie ein Torso in den Himmel. Nur ein einzelner Ast in drei Metern Höhe hatte den Sturm überstanden, war nachgewachsen und stand nun in voller Blüte.

Unser Sandkasten darunter, in dem wir unsere Kuchen backten, war im Frühjahr oft so dick mit weißen Blütenblättern übersät, als wäre über Nacht Schnee gefallen. Wann immer es das Wetter erlaubte, waren wir Kinder draußen im Garten zu finden, tollten herum oder spielten Verstecken.

Inzwischen war es Herbst geworden. Als ich einige Tage nach meiner Einschulung nach Hause kam, war mein Vater dabei, den langen Ast, der unter der Last der reifen Früchte abzubrechen drohte, mit einer Holzstange abzustützen. Während ich einige vom Wind abgeworfene Äpfel aufsammelte, hörte ich meinen Vater vor sich hin brummeln: „Na ja, die Stütze könnte ich ja eigentlich so belassen, dann muss ich mir keine Sorgen machen, dass er beim Schaukeln abbricht.“

„Wie, habe ich richtig gehört, du willst mir eine Schaukel machen?“, fragte ich voller Vorfreude.

„Ja, morgen hänge ich sie auf, dann kannst du mit deinen Freundinnen oder Nachbarskindern schaukeln, solange ihr wollt.“

Als wir am nächsten Tag von der Schule heimkamen, ließen wir unsere Schulranzen achtlos ins Gras fallen und schaukelten nacheinander wild drauflos. Die wiederholten Ermahnungen meiner Mutter, das Mittagessen sei fertig, überhörten wir einfach. Als ich dann energisch von ihr daran erinnert wurde, bis zum Abendbrot hungern zu müssen, besann ich mich und folgte ihr murrend ins Haus. Meine Spielgefährten packten ihre Sachen zusammen und begaben sich ebenfalls auf den Heimweg.

Drei Monate später: Der Sommer neigte sich schon dem Ende entgegen und der Herbst schmückte sich bereits mit seinen schönsten Farben. Als dann die Nächte kälter wurden, fegte der Wind das restliche Laub von den Zweigen. Die abgestorbenen Blätter boten im Winter den am Boden lebenden Tieren neuen Lebensraum, Schutz und Unterschlupf.

Über Nacht, nur wenige Tage vor Weihnachten, bedeckte zu unserer Freude ein weißer Teppich die Landschaft. Wir rollten Schnee zu großen Kugeln und stapelten sie zu einem Schneemann auf. Am nächsten Tag bauten wir einen großen Iglu, mit einem niederen Eingang als Durchschlupf und so etwas wie Fensteröffnungen an beiden Seiten. Er überstand vierzehn Tage unser wildes Treiben, bis er durch einen plötzlich einsetzenden Föhn langsam zu schmelzen anfing und in sich zusammenbrach.

Der Frühling kam und mit ihm wurden auch die Tage länger. Die wärmende Sonne weckte die Natur aus ihrem Winterschlaf und neues Leben begann sich auf Baum und Strauch zu regen. Zwischen den Resten der geschmolzenen Schneedecke streckten die ersten Schneeglöckchen neugierig ihre weißen Köpfchen hervor. Blütenknospen, die sich durch zartes Grün an den neuen Trieben drängten, sprengten ihr schützende Hülle und verbreiteten verschwenderisch ihren betörenden Duft an den Frühling.

Mein Vater hatte die Schaukel, die den Winter über im Trockenen verbracht hatte, wieder an der alten Stelle angebracht. Wir schaukelten und spielten oft im Sandkasten, bis es dunkel wurde. Der Vertiefung in der Grasnarbe, die durch das Abbremsen mit den Füßen entstanden war, gaben wir die Schuld daran, dass so manche Sohle von den Sandalen abgerissen wurde. Das besserte sich auch nicht, obwohl mein Vater den Boden mehrmals mit neuen Rasenstücken eingeebnet hatte.

Es war an einem Samstag, das Thermometer zeigte über dreißig Grad Wärme an. Ich hatte mich in den Schatten meines Baumes zurückgezogen und sah verträumt einer Hummel zu, die sich mit ihren Hinterbeinchen strampelnd vergeblich bemühte, an den Nektar im Blütenkelch eines Löwenmäulchens zu kommen. Dieser Anblick erweckte in mir ebenfalls die Lust nach etwas Süßem. Meine Mutter hatte noch einige Kleinigkeiten einzukaufen, wusste ich. Sie nickte nur halbherzig zustimmend wegen meines Wunsches auf ein leckeres Eis. Ich durfte sie aber dennoch begleiten. Am Ende der Einkäufe fanden wir einen Bäckerladen, der mit großen Lettern frisches Erdbeereis anbot. Eine Kugel Eis kostete damals 20 Pfennig, drei Kugeln zusammen 50 Pfennig. „Dann nehmen wir drei!“, entschied meine Mutter. „So bekommen wir die dritte Kugel um den halben Preis“, erläuterte sie mir. Ich war natürlich sofort damit einverstanden.

„Iss langsam, damit du dir nicht den Magen verdirbst!“, ermahnte sie mich, als ich gierig von der Köstlichkeit naschte.

„Das war aber ein langer Einkauf“, empfing uns mein Vater. „Deine Freundinnen und die Nachbarskinder warten schon auf dich“, sagte er und scheuchte mich mit einem Lächeln hinaus.

Müde vom Herumtollen ging ich an diesen Abend bald zu Bett. Am frühen Morgen weckte mich ein leichtes Kneifen im Bauch. Nach dem Frühstück wurde mir übel und ich musste mich mehrmals übergeben.

„Wir sollten den Notdienst im Krankenhaus aufsuchen!“, drängte meine Mutter, und eine halbe Stunde später empfing uns der diensthabende Arzt.

„Diarrhö und leichtes Fieber“, diagnostizierte er.

Nach zwei Wochen Krankenhausaufenthalt, drei Tage vor meinem elften Geburtstag wurde ich nach Hause entlassen. So konnte ich doch noch unter dem Blätterdach des mächtigen Astes mit meinen Freundinnen Geburtstag feiern.

Meine schulischen Leistungen in der vierten Klasse der Grundschule erlaubten mir, das Gymnasium zu besuchen. Neue Freundschaften bahnten sich an und führten zu gemeinsamen Treffen, Ausflügen oder sonstigen Unternehmungen. Obwohl meine pubertären Vorstellungen nicht immer die Zustimmung meiner Eltern fanden, genoss ich doch manche Freiheiten. So durfte ich ab und zu mit meinem Freundeskreis aus der Tanzschule auch mal eine Disco besuchen. Voraussetzung war, dass mich nur mein Vater wegen der vielen Unfälle Jugendlicher nach Discobesuchen zu einer fest vereinbarten Zeit mit seinem Auto abholen durfte.

Eines Tages, kurz vor meinem sechzehnten Geburtstag, hatten meine Klassenkameraden beschlossen, in den ersten Mai hineinzufeiern. Die ganze Clique bedrängte mich, doch auch zu kommen. In meinem jugendlichen Unabhängigkeitsdrang, aber auch wegen meiner begrenzten abendlichen Ausgehzeit, hatte ich mir vorgenommen, meine Eltern einmal zu überlisten. Nur mein Baum, dem ich schaukelnd meine Gedanken anvertraut hatte, wusste von meinem nächtlichen Vorhaben.

An diesem Abend täuschte ich ein leichtes Unwohlsein vor und zog mich in mein Zimmer zurück. Anstatt zu schlafen, öffnete ich so geräuschlos wie möglich den Fensterladen, ließ mich ins Freie gleiten und drückte ihn von außen wieder zu. Nur wenig später empfingen mich zwei Querstraßen weiter meine Freunde mit lautem „Hallo!“. Wir begossen mit ein paar Gläschen Sekt unser Treffen und feierten bis in den frühen Morgen. Vater und Mutter schliefen noch, als ich mit schlechtem Gewissen, aber zufrieden über das gelungene Abenteuer in mein Bett schlüpfte und mir die Bettdecke bis über meine Ohren zog.

Im Allgemeinen war es mir außer bei den Schulaufgaben freigestellt, meinen Tagesablauf so zu gestalten, wie es mir gerade in den Sinn kam. Wenn es das Wetter erlaubte und ich allein sein wollte, suchte ich mein Lieblingsplätzchen unter meinem Baum auf, lernte etwas für die Schule oder genoss den betörend süßen Duft der Blumen. So träumte ich vor mich hin, hörte dem Summen der Bienen zu und manchmal war mir, als würde mich das Zwitschern der Vögel einladen, in ihr Frühlingslied mit einzustimmen. Ich sah ihnen zu, wie sie ihre kunstvollen Nester bauten, wie sie sich um einen Regenwurm stritten und unser Kater vergeblich versuchte, ihnen nachzustellen.

So genoss ich noch einige Jahre unbeschwerte Jugend, bis ich dann in den Strudel von Schule und Beruf hineingerissen nur noch wenig Zeit fand, um meinen Kindheitserinnerungen nachzuhängen. Als es mich dann nach Abschluss meines Berufes in die Ferne zog, um zu heiraten und eine Familie zu gründen, nahm ich endgültig Abschied von meinem Baum und schenkte ihm ein letztes verträumtes Lächeln.

# Gedichte

---

## Amors Pfeile

Verzeih mir, wenn ich dich bedrängte
und von dir den Kuss erbat,
wenn ich deinen Charme bedenke,
ist es keine schlimme Tat.

Was du auch tust, wo du auch weilst,
ist Glück und Lachen dein Begleiter,
und der Schalk in deinen Augen
ist der Liebe Wegbereiter.

Zerbrechlich Ding ist eine Liebe,
wenn kein Funke aus dem Herzen sprüht,
unzerbrechlich ist dagegen, was ich schmiede,
was in meiner Brust so glüht.

Du bist die Quelle froher Rede,
verwandt dem Lachen und dem Scherz,
und Amors Pfeile trafen mich
mitten in mein Herz.

## Hände

Des Schöpfers Hände waren wohl geführt,
er schuf den Menschen mit Verstand,
besah sein Werk mit Wohlgefallen,
das Wasser und das Land.

Er gab uns Augen, um zu sehn,
als schönstes Werkzeug uns're Hand
und auch die Worte,
geboren vom Verstand.

Hände können sprechen, können fühlen,
können geben und empfangen,
können wärmen, Schicksal spielen,
können trösten und verlangen.

Kraft und Sanftheit sind den Händen eigen
bei Amboss, Glut und Feuerschein,
und auch zur Kunst sind sie erschaffen,
in Schrift und Bild, in Holz und Stein.

Hände können Sturm entfachen, Frieden stiften,
können lieben und vernichten,
die gute Tat geht Hand in Hand,
von Freund zu Freund, von Land zu Land.

## Wenn es Nacht wird

Der Vögel Zwitschern will verstummen
beim abendlichen Gang durchs Feld.
Sie füttern schnell noch ihre Jungen,
bevor die Nacht den Einzug hält.

Es wird schon dunkel, denkst du bei dir
und beschleunigst deinen Schritt,
schnell wie der Flug der Wolken
ziehen die Gedanken mit.

Es raschelt leise in den Zweigen,
bewegt vom leichten Windeshauch,
gespenstisch springen dunkle Schatten
im letzten Licht von Baum und Strauch.

Es stockt dein Fuß - was war das,
das in großer Eile deinen Weg gequert?
Ein Reh nur ist's, das sich in der Dämmerung
von deinem Dasein fühlt gestört.

Die Sonne sinkt, sie färbt sich noch,
es schwindet ihrer Wärme Kraft.
Vergänglich sind der Mensch und seine Worte
und ringsumher ist dunkle Nacht.

## Abschied

Wer zum Gruß aus Freude
einmal eine Hand gereicht,
dem wird beim Auseinandergeh`n
der Abschied und die Hand nicht leicht.

Sie möcht` den Freund behalten,
nicht ziehen lassen in die Welt.
'Bleib!', will die Hand dir sagen,
die dich fest umschlossen hält.

Schmerzhaft ist manch` Abschiednehmen,
weil es die Welt und Zeit so will.
Man reicht sich noch einmal die Hände,
du bleibst allein und es wird still.

Still wird es in deinem Herzen,
eine Hand gab nur die and`re frei,
nur die Augen können noch begleiten.
Was bleibt zurück? Was ist vorbei?

Zurück bleibst du mit deinem Bangen,
vorbei ist nur der Augenblick.
Behalte, was dir in die Hand gegeben.
Die Stunde kehrt nicht mehr zurück.

## Der Meister und sein Werk

Verzeiht, wenn ich euch bedränge,
macht mir ein Bild aus diesem Stein!
Es eilt, und schwingt den Hammer,
es soll nicht euer Schaden sein.

Die Worte hat er wohl vernommen.
Schön wie der junge Tag ist diese Frau,
und der Hammer treibt den Meißel weiter,
zielstrebig und genau.

Behutsam formte er die Züge
und fühlte kosend mit der Hand,
was mit Hammer und mit Meißel
aus dem rohen Stein entstand.

Er verschwieg ihr nicht die Liebe,
die lange er für sie empfand.
Vorbei? Vergessen soll ich?
Sie nahm schon eines Andern Hand.

Kraftlos wurde nun des Hammers Wucht,
und hart schien ihm der Stein,
und dem Meißel
konnt‘ er nicht mehr Meister sein.

Zu schwer dünkt ihm sein Schicksal,
Gedanken finden keine Ruh',
und im Raume ist ein Flüstern,
warum bin ich kein Stein wie du?

**Der neue Weg**

Ein neuer Weg ist immer Anfang,
kann Erfüllung oder Mühsal sein,
kann zu höchsten Höhen führen,
nur gehen musst du ihn allein.

Tag und Nacht, der Lauf der Dinge,
das Leben zwingt dich in die Bahn
und es scheint noch nicht die Sonne,
die dein Herz erfreuen kann.

Du bist allein mit den Gedanken,
fern scheint, was einst dir Freude war.
Ein neuer Morgen zeigt dir neue Wege,
so, wie die Nacht den Tag gebar.

Begrüß den Tag mit seinem Morgen!
Als neuer Mensch wirst du dann vor ihm steh'n
und frohen Mut's dein Werk beginnen,
ist der Weg auch steinig und noch so unbequem.

Mach die Steine dir zu Treppen,
lass Geist und Hände nicht geschont.
Und am Ende deines Weges
hat sich die Mühe doch gelohnt.

## Elegie der Vergänglichkeit

Du warst meine erste Liebe,
gemeinsam uns're Kinderzeit.
Wir machten wilde Spiele
und niemals gab es einen Streit.

Später dann im Lauf der Jahre,
als ich zum Mann und du zur Frau gereift,
entdeckten wir auch uns're Liebe
und haben bald darauf gefreit.

Ein Dutzend glücklich schöner Jahre
ließ uns die Frucht der Liebe angedeih'n.
Grausam schlug das Schicksal zu
und ich stand an einem Totenschrein.

Der Trennungsschmerz der vielen Jahre
zwang mich unaufhaltsam in die Knie,
er beugte meinen Geist und Rücken,
doch Abschied nahm ich von dir nie.

Denn irgendwann, so steht's geschrieben,
werden wir uns wiederseh'n
und über'm Blau des Himmels
durch schöne Welten geh'n.

Nun steh ich hier vor deinem Bildnis,
die Uhr schlägt zwölf um Mitternacht.
Kein Tag ist je vergangen,
an dem ich nicht an dich gedacht.

Du ruhst schon lang' in kühler Erde.
Warum, frag ich, zerbrach so früh das Glück?
Mein Haar ist grau und sorgentief die Falten,
ich schau zum Himmel auf und suche deinen Blick.

Ich wünscht schon damals, dir zu folgen,
damit dein Leib, der einst so warm und schön,
nicht allein im Moder muss verfallen,
dass wir gemeinsam zu Staub und Erd' vergeh'n.

Leise sprach der Greis die Worte
und eine Träne rann ihm über das Gesicht.
Für mich gab es nur eine Liebe
und die besiegt dein Tod auch nicht.

## Gedanken eines Wanderers

Sommer war's in jenen Tagen,
frisch der Wind und jungfräulich der Tau.
Der Wanderer, er hat nicht schwer zu tragen,
sein Schritt ist fest und kennt sein Ziel genau.

Stille Straßen in der Morgenfrühe,
nur Vogelsang und Hahnenschrei,
ein schmaler Pfad, den er schon oft gegangen,
führt ihn an seiner Liebsten Haus vorbei.

Er verzögert seine Schritte und wünscht,
dass Augen, die ihm so vertraut,
schlummernd noch, im Reich der Träume,
auf den Wanderer herniederschaut.

Im Herzen ist ein stummes Sehnen,
gepaart mit der Gedanken Joch,
des Reihers Schrei, er ist wie eine Bitte,
zähm' dich, Gedanke, fliege nicht zu hoch!

Ein stummer Gruß, ein letzter Blick,
noch ist der Tag nicht ganz erwacht,
ihm ist ihr Lachen, ihre frohe Rede,
wie ein Licht aus Dunkelheit und Nacht.

Er zog des Weges weiter, zufrieden,
mit einem Lächeln im Gesicht,
er wollte, wusste ihre Nähe.
Nur: Sehen - sehen konnte er sie nicht.

## Sankt Nikolaus

Wer stapft hier einsam durch die Gassen?
Sankt Niklaus ist's in kalter Winternacht.
Der Schnee knirscht unter seinen Füßen,
den Rücken beugt die schwere Last.

Er kennt die Hütten armer Menschen,
ein Raum, erhellt von schwachem Licht.
Kinderstimmen, Kinderweinen,
und auf dem Tisch ein spärliches Gericht.

Er tritt hinzu, um ihre Not zu lindern
und gibt den Kindern, die da frierend stehn,
nützliche, auch süße Sachen,
und Dankbarkeit ist ihren Augen anzusehn.

Da stand er nun in ihrer Mitte
und heller ward der Kerzenschein,
und die Kinder sangen:
Sei immer Gast in uns'rer Hütte
und kehre wieder bei uns ein!

**Knecht Ruprecht und der Nikolaus**

Sankt Niklaus war ein frommer Mann,
so sagt es die Legende.
Er half den Menschen in der Not
bis an sein Lebensende.

Sein Wirken wurde Brauchtum
bis in unsre Zeit.
Er konnt‘ die Not allein nicht lindern
und nahm sich Ruprecht zum Geleit.

Dieser war ein strenger Richter,
denn mancher „Tunichtgut“
nahm von den Dingen für die Armen,
die strafte Ruprecht mit der Rut‘.

Ihr seid uns beide sehr willkommen,
eine Rute braucht es nicht,
hier sind nur brave Menschenkinder
und kein einz‘ger Bösewicht.

Wenn's euch gefällt, dann leert den Sack
zur Freude dieser Kinderschar.
Behüt‘ euch Gott, wir sagen Dank
und willkommen auch im nächsten Jahr.

## Tränen und Tau

Gern wär' ich noch im Bett geblieben,
doch Mutter rief:
„Steh auf, mein Schatz,
denn Morgenstund` hat Gold im Mund,
ein kluger Mensch erdachte diesen Satz."

Ich konnt` dem Satz nichts abgewinnen,
denn spärlich war mein Taschengeld,
ein Jahr lang drückt' ich schon die Schulbank
und mir erschloss sich eine neue Welt.

Ich hörte vom Verlieren und Gewinnen,
vom Glanz der Diamanten,
von Edelstein und Gold.
In jedem Märchen werden sie gepriesen,
dort sind sie stets dem Guten hold.

Doch dann, an einem Sonntagmorgen,
weckt' mich heller Sonnenschein,
es glänzte auf des Gartens grüner Matte,
was könnte das wohl sein?

Ich grub und scharrte mit den Händen.
Was für ein Spuk, wo war der Glanz,
nach dem mein Auge gierig sucht?
Enttäuscht, verzweifelt kniete ich im Grase,
und meinem Mund entwich ein Fluch.

Mutter kam und trocknet' meine Tränen.
„Ich glaubte, hier sei Gold und Edelstein."
„Wer nicht irrt, mein Kind, wird nie erfahren,
was glänzt und glitzert, ist oft nur Schein."

Und heute hör' ich noch der Mutter Stimme,
ich wusste damals als kleiner Bub` noch nicht,
in Tau, in Diamant und Tränen,
zaubert nur ein Sonnenstrahl das Licht.

## Das Urteil

Ein Dichter muss es wohl *erleben.*
In Gedanken, an einem stillen Ort,
wär´s nicht zu beschreiben noch zu lesen,
wär´s auch nicht des Dichters Wort.

Um Nietzsches Werke zu zitieren:
„Was man aus Liebe tut,
steht schon immer jenseits
von Böse und von Gut".

Liebe kennt nicht Besitz,
kein weltliches Gericht,
kennt keinen Hass und keinen Groll
und auch die Rache kennt sie nicht.

Kennt nur ihr unerfülltes Sehnen,
wie vor Jahren schon Fontane schrieb:
„Wer hasst, ist zu bedauern,
und fast noch mehr, wer liebt."

Kein Gesetz kann in der Liebe
auf Besitz und Rechte pochen,
das Recht liegt nur in deinem Herzen
und wenn es liebt,
dann hat es Recht gesprochen.

## Der Liebe Wunden

Wer begreift und kann erfassen,
was im Menschen sich verbirgt,
wer mag die Trauer zu ermessen,
der liebend sich geirrt?

Gedanken türmen sich zu Mauern,
dunkel, unüberwindlich hoch,
kein Licht durchdringt die Schatten
und befreit dich von des Zweifels Joch.

Der Abend kommt, die Sonne geht,
die Zeit, sie schwindet unbeirrt
und Müdigkeit wirft dich auf's Lager,
das dir bald zur Folter wird.

Worte, die wir einst gesprochen
und mit unserem Sinn beschwert,
warum wurden sie gebrochen,
ward trügerisch das Glück zerstört?

Die Zeit, sie mahnt dich zu vergessen,
damit dein Dasein nicht betrübt.
Diese Wunden kann auch nicht heilen,
der sie dir einst zugefügt.

## Bei rauem Wind

Bei rauem Wind
im Kampf ums Dasein
fiel mir das Lied
vom Kophta ein.
Aus Goethes Feder
floss die Tinte:
„*Du musst Amboss*
*oder Hammer sein*!“

## Ich wünsche dir Zeit

… eine der köstlichsten Gaben.
Ich wünsche sie dir, um dich darin zu laben.
Ich wünsche dir Zeit, dich zu freu'n und zu lachen.
Ich wünsche dir Zeit für dein Tun und dein Denken,
nicht nur für dich, auch Zeit zum Verschenken.
Ich wünsche dir Zeit, nicht zu hasten und rennen,
sondern Zeit, um zufrieden sein zu können.
Ich wünsche dir Zeit, nicht nur zum Vertreiben.
Ich wünsche, sie möge dir übrig bleiben.
Ich wünsche dir Zeit, um zu dir selbst zu finden,
jeden Tag, jede Stunde als Glück zu empfinden.
Ich wünsche dir Zeit, vergiss alles Streben
und viel mehr Zeit für dein weiteres Leben.

Vom gleichen Schriftsteller erschien auch die folgende Autobiographie:



*Leseprobe:*

**Die Wespen**

Die Monate gingen ins Land und der September neigte sich seinem Ende entgegen. An einem schönen Herbstabend saßen mein Meister sowie Nachbar Brosig und ich auf der Bank unter der großen Linde vor dem Haus. Sie sprachen über den Krieg und die politische Lage. Ich dagegen lernte für meine bevorstehende Zwischenprüfung. „Dieses Ungeziefer ist heute wieder eine Plage!“, klagte Nachbar Brosig und klatschte sich eine der Blut saugenden Mücken aus dem Gesicht.

„Und jetzt auch noch diese verdammten Wespen“, schimpfte der Meister. Die Tiere hatten sich zu unser aller Unbehagen für ihren Nestbau einen Hohlraum unter den Treppenstufen vor der Haustür ausgesucht. Je mehr wir versuchten, sie zu vertreiben, umso aggressiver schwirrten sie um uns herum. Nachbar Brosig wurde es zu dumm. Er stand auf und reckte seine Glieder. „Kein Wunder, dass sie so wild sind. Da drüben steht ein Gewitter am Himmel, da kracht es heute noch gewaltig. Also gute Nacht, hoffentlich geht das Unwetter gut vorbei“, sagte er und machte sich, von einem Schwarm dieser kleinen Ungeheuer verfolgt, auf den Heimweg.

Es wurde zusehends dunkler und das Donnergrollen kam immer näher. Da wollte es der Zufall, dass ausgerechnet mein Meister von einem dieser Biester in die Wange gestochen wurde. „Man müsste dieses Ungeziefer ausräuchern“, sagte er verärgert und ging ins Haus.

„Ausräuchern!“ Das war das Stichwort. Mein Lehrgeselle Walter Heimann hatte mir in einer Mußestunde einmal vorgeführt, was man mit ‚Karbid‘ alles anstellen konnte. Er hielt immer einen Vorrat an kleinen Schachteln bereit. Wenn er spaßeshalber jemanden erschrecken wollte, füllte er ein paar Körnchen Karbid hinein und tröpfelte etwas Wasser darüber, bohrte mit seinem Taschenmesser ein Loch in den Deckel und wartete. Dann zündete er einen an einem langen Haselnussstecken befestigten Docht an und führte die kleine Flamme an das Loch. Das in der Schachtel entwickelte Gasgemisch explodierte daraufhin mit einem lauten Knall.

Noch am gleichen Abend, als die Wespen ihren Flugbetrieb eingestellt hatten, ging ich daran, etwas Karbid zu zerkleinern. Mit Hilfe eines aus Papier geformten Trichters füllte ich die zerstampften Körner in das Einflugloch. Doch das Wichtigste hatte ich in meinem Eifer vergessen: Wasser. In meiner Not zog ich einfach blank und pinkelte in die kleine Öffnung. Kurz darauf hörte ich leises Summen und trat ein paar Schritte zurück, denn ich fürchtete, dass mich die Wespen wegen der Störung angreifen würden. Aufgeregt und mit zitternden Händen fummelte ich ein Streichholz aus der Schachtel, zündete den Docht an und verbrannte mir dabei die Finger.

Grelle Blitze zuckten am Himmel, als ich die Lunte an die Treppenstufen führte. Zeitgleich mit der kleinen Stichflamme, die aus dem Einflugloch herausschoss, erschütterte ein gewaltiger Donner die Umgebung. Erschrocken und mit klopfendem Herzen schaute ich mich nach allen Seiten um. Ich konnte nicht sicher sein, ob nicht doch ein Fenster oder ein Laden geöffnet worden war und irgendjemand mein nächtliches Unterfangen beobachtet haben könnte. Die ersten großen Regentropfen prasselten hernieder und starke Windböen zerzausten die Blätter in der Baumkrone der mächtigen Linde. Ich beeilte mich, so schnell wie möglich in die Werkstatt zu kommen. Dort stellte ich die Lunte an ihren Platz zurück, verschloss das Tor und schlich leise in mein Mansardenzimmer.

Wie immer scheuchte mich die Mutter meines Meisters in aller Frühe aus den Federn, denn eine halbe Stunde später musste das Feuer in der Werkstatt brennen. Der Meister kam morgens nie durch die Seitentür vom Hausflur herein, sondern ging immer um das Gebäude herum und betrat durch das Haupttor die Werkstatt. So auch an diesem Morgen. Freundlich wie immer erwiderte er meinen Gruß. Ich betrachtete kurz seine geschwollene Backe und fragte, „Tut's noch weh?“ Er schüttelte stumm den Kopf.

„Hast du das Wespennest ausgeräuchert?“ fragte er.

„Ja, gestern Abend noch“, sagte ich nicht ohne Stolz. Er trat auf mich zu und legte seine Hand auf meine Schulter. Das tat er immer, wenn er mir etwas zu erklären versuchte. „So, so“, zischte er durch sein schlecht sitzendes Gebiss, das sich vom Oberkiefer gelöst hatte und nun auf der unteren Zahnreihe lag. „Dafür müsste ich dir jetzt die Ohren lang ziehen. Heute nach Feierabend bringst du die Treppe wieder in Ordnung, ist das klar?“

Ich hatte ihn während seiner nicht ganz ernst gemeinten Strafpredigt angesehen und musste mir das Lachen verkneifen.

„Was gibt es da zu grinsen?“, fragte er. „Ihre Zähne, Herr Meister“, brachte ich noch heraus, bevor ich vor Lachen losprustete. Er drückte etwas verlegen die Prothese an den Oberkiefer zurück. „Warte nur, du Milchgesicht, bis du einmal so alt bist wie ich, doch bis dahin gibt es bestimmt bessere Zahnärzte. Aber jetzt geh und sieh dir an, was du angerichtet hast.“

Neugierig und mit nicht mehr ganz reinem Gewissen ging ich hinaus. In der Dunkelheit am gestrigen Abend war mir entgangen, dass sich durch den Druck der Explosion die oberen beiden Treppenstufen verschoben hatten. Reumütig sah ich meinen Meister an.

„Na ja, das haben wir bald“, tröstete er mich, ließ mich vor dem angerichteten Schaden stehen und ging in die Werkstatt zurück. Die Wespen hatten nicht überlebt. Nicht eine einzige schwirrte mehr herum. Inzwischen war der Meister mit einer Brechstange zurückgekehrt und beobachtete lächelnd, wie ich mich bemühte, mit bloßen Händen einen der schweren Steine zu bewegen. „Versuch es mal damit“, sagte er und reichte mir die schwere Eisenstange. Seine beiden Töchter, durch das Rumoren vor der Haustür neugierig geworden, steckten ihre Köpfe zum Fenster heraus.

„Komm, lass mich das mal machen, da braucht man schon etwas mehr Schmalz auf den Rippen“, stichelte er. Die beiden Mädchen kicherten, als ich ihm mit hochrotem Kopf das Werkzeug überließ. Mit ein paar geschickten Hebelbewegungen hatte er die Stufen innerhalb kürzester Zeit an ihre alte Stelle gerückt. „Hast du gesehen wie das geht? Gewaltig ist des Mannes Kraft, wenn er mit einem Hebel schafft“, zitierte er „Jetzt gehen wir erst einmal frühstücken“, schlug der Meister vor. Damit das Schmiedefeuer nicht neu angezündet werden musste, steckte ich ein Stück Holz in die Glut und folgte ihm in die Küche.